走出思想的边界

knowledge-power
读行者

乾隆制造

隐藏在盛世下的崩塌

李正 ◎ 著

清高宗弘历（1711—1799），25岁登基，在位60年，执政63年

皇后

乾隆与孝贤纯皇后富察氏

乾隆元年八月吉日

紫閣元勳

阿桂像

大學士一等
忠勇公傅恒
巨胄元臣與國
休戚早年金川
小建殊績定策
出師惟汝子同
鄭侯不戰宜居
首功
乾隆庚辰春
御題

傅恒像

选自《平定伊犁回部战图》（第一册）

平定伊犁交降
乘時命將定條
枝
天佑人歸捷報
馳幸戰有征安
絕域壺漿簞食
迎王師
兩朝締構敢云
繼百世寧綏有
而思好雨優霑
土宇拓敌心那
爲慰心移
乙亥仲夏月作
御筆

紫光閣

題贊以寵異之又繪其次者五十人
勒臣等擬贊同弇而

閣壁左右則繪平定伊犁回部之圖所以昭旂常垂史牒者烏
奕乎其詳且備矣茲冊復因事綴圖或採之奏牘所陳或徵
諸諮詢所述凡夫行間之奮敵愾冒矢石著勞勩者悉寫其
山川列其事蹟傳其狀貌繼自今恭撫斯圖皆得按帙而指
數之曰是俾也某實任之而先登則某之績分部襄勤則某
之力也是準部之所以殄滅回部之所以戡定也及瞻
郊勞錫宴諸圖則又曰是
聖主所以獎勞臣示渥費慶武咸也若夫
目擊心存如指揮於折衝禦侮之際與所為欽
宵旰運籌臣等獲於前席咨對之餘親聆
天春而凜月盈者則
序文又已舉其繁要而詔示永久焉 臣等因溯出師以來軍書旁午
方略咸仰
聖明指授萬里之外坐照靡遺弦圖所繪戰勝形勢固皆
密勿機宜所燭如燃犀料如聚米者也 臣等管蠡微渺更無能頌
揚萬一云大學士公 臣傅恒大學士 臣尹繼善 臣劉統勳協辦大學士
尚書公 臣阿里袞尚書 臣舒赫德 臣于敏中恭跋

选自《平定伊犁回部战图》（第一册）

右圖十有六幀始於伊犁受降訖於回部獻俘凡我將士廟
壘研陣霆奮席卷之勢與夫賊眾披靡潰竄麋奔鹿駭之狀
靡不摹寫畢肯鴻獻顯鑠震耀耳目為千古臚陳戰功者所
未有幀端各系以
御製詩成於奏凱錄功即事紀實者十追叙時地補圖補詠者六
既裝潢成冊
親製序文冠於冊首並
命臣等恭誌其後伏惟西陲捷伐之役歲不越五周北庭以北西
濛以西二萬餘里咸藉版宇懋此武成大定胥荷我
皇上廟算精詳先幾制勝用以洪迄
靈貺佑順協孚惟時在事諸臣敬稟
睿謨以效忠宣力克建厥勳
策銘酬庸賞延于世聲施炳焉當我師之再克捷也
叙豐功則有
告成太學之碑有勒銘伊犂格登葉爾羗伊西洱庫爾淖兒之碑
闡偉畫則有
西師詩
開惑論而自乙亥軍興迄已卯藏事見諸
宸詠者凡二百二十餘篇咸勒石
武成殿廡用誌始末至若五十功臣則繪像

《万国来朝图》

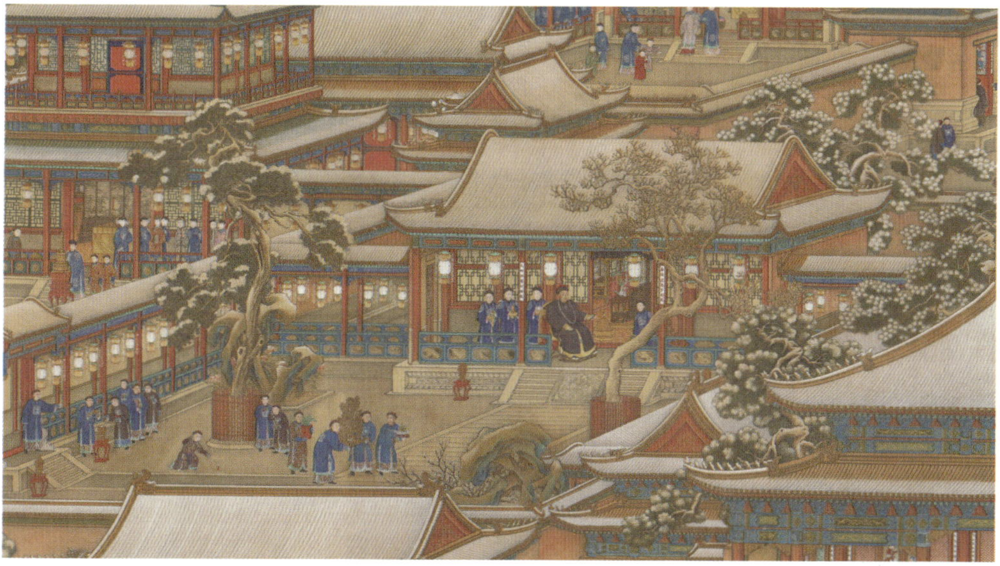

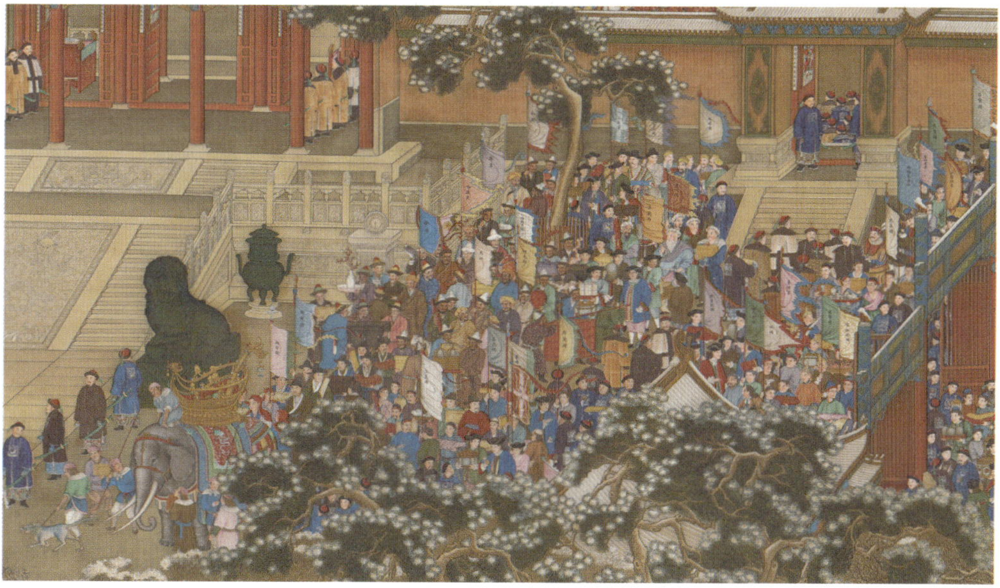

乔治·马戛尔尼,第一代马戛尔尼伯爵

马戛尔尼觐见乾隆

马戛尔尼使团给乾隆进献的西洋钟表

推 荐 序

在历史非虚构写作相遇

张向荣

我第一次联系李正老师的时候,他说他"刚结束中考考务会"。这令我想起了上世纪我读中学时的班主任,一位每天操心着我们的高考,却总是忍不住在课上给我们讲教材上没有的知识、故事和观点的历史老师。李正如今在B站上是拥有百万粉丝的著名UP主,但他一说起中考,历史老师的责任感和本色便会马上显露出来,这大概是他上一本历史作品《成为雍正》大卖的根本原因吧。

历史老师,一定得会给学生们讲故事啊。

现在,《乾隆制造》即将问世,我第一时间读完了这本书。说实话,清史,特别是近代之前的清史我了解得并不多,只零星读过一些文章和著作,既不系统,亦对人物缺少细腻了解。在这个领域,我和他的学生们一样,都是这段历史的普通读者,所以能更清楚地感觉到这本书内容亲切友好,行文朴实流畅。如果你还是清代影视剧的爱好者,那这本书就更对你的胃口了。

简而言之,《乾隆制造》这本书延续了前作的写作方式,也和李正在B

站的传播的知识密切相关。从历史写作者的角度看，这本书还可以留意以下三个特点：

第一，专业性依然有保障。一位对学生考试心心念念的教师，写下的作品在专业性上当然过硬。别的不提，翻一下书中丰富的文献注释就能明白。从注释看，全书并不仅对所引用的《清史稿》《清实录》等常见史料注明了出处，还广泛征引硕博论文、州府县志、笔记、诗集等。这不光体现了文献的丰富和视野的开阔，也看得出作者的专业。一部通俗历史作品，读者读到的只是三两句话的情节描述，但背后的工夫并不含糊。

第二，人物依然是中心。《成为雍正》是以人物为篇章展开的，而且写了许多边缘人物。《乾隆制造》延续了这种做法，写了很多大家在生活中耳熟能详、在屏幕上常常见到，但对他到底在历史中做过什么、其命运如何、历史评价怎样反而未必清楚的人。比如我这个年龄段熟悉的《宰相刘罗锅》里的刘墉、和珅，年轻时喜欢的《铁齿铜牙纪晓岚》里的纪昀，以及后来火爆的《甄嬛传》里的苏培盛。特别是苏培盛，实话说我从前并不知道这个人。李正特意把他拈出来写了一节，读罢，发现此人没有什么惊天动地的事迹，若不是影视剧的加持，他大概率就在历史中淡出了。对这样一个人物，李正写出了他的温情，没有夸大苏培盛的人生以博取眼球，也没有从其身上提炼什么做人经验，而是勾勒了此人在雍正朝和乾隆朝的一段命运的波动，以工笔的细腻，侧面刻画了乾隆皇帝的小心思：对前朝这位并无大过错的宦官宠臣，敲打一番又继续使用，从而树立新君的威望和体统。我觉得，李正对这个人物的刻画，抓住了某些戏剧性的情节，但尤其可贵的是温情和节制，没有借着影视剧而大书特书。节制是历史书写的美德之一，此言不虚。

第三，语言依然可爱可亲。有些人大概会强调，李正的作品和B站的视频密切相关。不过，我从本书的语言感受到的，更多是历史教师三尺讲堂的味道。没有多年对学生在课堂上的循循善诱，就不会有本书行文的娓娓道来。李正时而使用一些通俗生动的修辞，但并不泛滥，更是绝无江湖腔调。

这三个特点，是我看完这本新作后的直接感受。

既然如此，不妨继续谈谈历史非虚构的写作。

我今年到处向人推荐法国历史学者伊万·雅布隆卡写的名为《第三大洲》[①]的文章。文章认为，19世纪以来，写作的地图分成了两个大洲，一个是文学的大洲，一个是非文学的。后者指的是各种统计、研究、调查等。从20世纪开始，一个新的第三大洲正在隐隐出现，它既有文学的面貌，又应用了非文学的工具、方法和成果。简单来说，"第三大洲"代表一种应用社科方法研究，通过叙事方式呈现、追求并表达真实的写作方式。文章末尾宣言式地高呼："这第三大洲仍等待着被探索、被发现。21世纪前景一片光明！"

"第三大洲"，我理解为"非虚构"。这篇文章给了我很深的触动。最近几年，我有一个感觉，读者或观众对真实越来越渴求。比如，据说B站以前最火的是一些影视剧，但现在最火的是各种课堂实录和学科讲解，这虽然是个段子，但看得出大家对求真的关注。再比如，这几年现实题材的非虚构作品颇为火爆，以送快递、做保洁、开出租等为主题的作品征服了很多读者，连散文都能拍成影视剧。当然，这不是说大家不喜欢故事了。恰恰相反，现在的读者和观众既喜欢真实，也喜欢故事。书写真实的故事，就是非虚构，也就是第三大洲的独特风貌。

由此观之，"历史非虚构"也应该扎根在第三大洲的土壤里。现实题材的非虚构，作者可以去实地采访、约见当事人，甚至有的人写的是亲身经历。历史非虚构做不到这一点，但历史非虚构可以依托扎实的文献，提

[①] 收录于吴琦主编《单读.23，破碎之家：法国文学特辑》。——编者注（全文非引文出处的注释，若无特殊说明，均为编者注）

出有根据的观点，进行流畅的叙事。

此外，中国有丰厚的历史叙述传统，体例上有纪传体、编年体、本末体等；种类上有"二十四史"这类以人物为中心的叙事记传，有《读通鉴论》这类历史评论，有《日知录》之类的历史笔记，还有诸如《史记》《汉书》等史书每一篇内容后面的按语……这些都可以成为中国题材的历史非虚构写作拓展边界的借鉴。我也是一个历史非虚构写作的练习者，愿意和李正老师一起，在这个领域共同努力，为读者们写下新的、更好的作品。

2024年7月写于北京

作 者 序

留住他们的余晖

我对清朝历史的兴趣由来已久。

2014年，我在天津师范大学历史学系读书时，"中国古代政治制度史"的课上布置了一份启发性的作业，要求我们任选一位古代官员，通过梳理该官员的官职变迁，分析其所处朝代的官员制度特点。我选的官员是清朝的张廷玉。

为了完成作业，大学三年级的我既翻阅了《清史稿》和《清实录》，也读了张廷玉所写的《澄怀主人自订年谱》，并做比较分析。提交的作业文章，老师评价说还不错。事后回忆，10年前那份大学课后作业，就是我写作清朝历史人物的开端。

关于乾隆朝历史的评述，常常是两极分化的。有人认为，乾隆盛世是中国历史上最为璀璨的篇章之一。正如美国历史学者欧立德所说的："此前中国在世界上处于领先的最后时刻，即乾隆的时代，当时的中国同样拥有强大的军队、政治局面较为安定、民众创造了大量的财富、其文化为很多人所羡慕。"①

同样也有人认为，乾隆朝是中国由盛转衰的关键节点。毕竟，乾隆帝驾崩于1799年，仅41年后，鸦片战争便突然爆发。英国的坚船利炮一下子将中国从可称天朝上国的古代，轰进了屈辱、落后的近代。

在两种相向而行的评价都很流行的当下，我们如何讲述乾隆朝的历史，才会显得更合时宜呢？

乾隆朝历史漫长，情形复杂。乾隆帝是中国历史上执政时间最长的君主，在其60年皇帝生涯和3年太上皇生涯中，国家的最高权柄一直在他手中，从未旁落。在乾隆一人御下的63年间，他前后任用过9位首席军机大臣，分别是鄂尔泰、讷亲、傅恒、尹继善、刘统勋、舒赫德（有史料认为舒赫德曾短暂统领军机处）、于敏中、阿桂、和珅。这9位大臣，性格、品行、能力、办事风格，方方面面近乎迥异。因此，我们当达成一种共识——在乾隆漫长的执政生涯中，他本人的政治选择与用人考量在不同阶段皆有变化。乾隆时代，既是乾隆帝孤独漫长的独角戏，也是一众文臣武将"你方唱罢我登场"的群像戏。

清朝宗室皇宗亲爱新觉罗·昭梿所著的《啸亭杂录》中，记载了乾隆朝局因核心官员更迭而变化的过程，昭梿感慨从傅恒与刘统勋的辅政时期到于敏中与和珅的辅政时期，官场风气日趋腐坏。《啸亭杂录·于文襄之敏》写道："傅文忠（傅恒）、刘文正（刘统勋）诸公相继谢事，秉钧轴者惟公（于敏中）一人，故风气为之一变。其后和相继之，政府之事益坏……"可见，乾隆皇帝一边任用不同官员以缔造自己的时代，另一边也要接受自己的时代充满了这些官员各不相同的烙印与痕迹。

人，是历史的参与者与见证者。本书在叙述乾隆朝历史时，并未站在上帝视角去褒贬乾隆皇帝一人，而是采用以人物为中心的铺叙方式，展现

---

① 欧立德：《乾隆帝》，青石译，社会科学文献出版社，2014，第238页。

了乾隆时代的群像。这其中，既包括前面提到9位首席军机大臣，也包括纪晓岚、刘墉、福康安、海兰察等军政要员；既有乾隆的三代皇后，也有乾隆的母亲钮祜禄氏，还有起于民间的太监总管苏培盛等。他们中绝大多数人堪称乾隆朝的风云人物，但他们的一生走到尽头时，却几乎都留有遗憾。

不同于后世的我们，他们亲眼见证了乾隆朝的经济强盛、文化繁荣和疆土扩张，他们也亲身感受到了乾隆朝的制度僵化、官场腐败与社会矛盾激烈。在这些人中，有为国家献身、忠贞不二的清廉之士，也有忙着捞上最后一笔的硕鼠巨贪。在个人命运与国家命运紧密交织的时代，他们的一生浮沉，本身就是乾隆盛世的见证与国家衰落的缩影。

潜藏在盛世下的崩塌之势，同样也隐藏在乾隆的君臣关系之中。诚然，乾隆在培养讷亲、傅恒、福康安等一众大臣时不遗余力，也在刘统勋病逝后的丧礼上悲痛不已而涕下。可乾隆帝依然公开发表上谕，表示自己治下的时代，不需要名臣，也不会有奸臣，只起用听话之臣。《清高宗实录》载："社稷待名臣而安之，已非国家之福。况历观前代忠良，屈指可数；而奸佞，则接踵不绝，可见名臣之不易得矣。朕以为本朝纪纲整肃，无名臣，亦无奸臣，何则？乾纲在上，不致朝廷有名臣奸臣。"

乾隆帝，欲以一人治天下，然群臣各有意志，两相碰撞，默契、服从、冲突、上下相蒙……各种各样的情形纷至沓来。当乾隆帝凭借集权制度与政治手腕操纵群臣，将国家推向辉煌的顶峰时，其实也早已埋下了在未来崩塌的种子。

当全书完稿，即将与读者见面时，我满心期待，希望自己在键盘敲下的文字带给大家阅读的欢愉，也能让大家看到历史的往昔，感受漫漫长河中，乾隆朝一众古人的悲欢离合。他们曾闪耀于乾隆制造的时代，希望我们能一起在书中留住他们的些许余晖。

最后，感谢一直以来支持我的读者与观众，感谢我的家人，也感谢此书从筹备到出版过程中为之提供帮助的所有人。三观正直一把尺，扎扎实实讲历史。我是李正，翻开下一页，我们从此相见。

李正

2024年8月写于天津

目 录

◎ **纪晓岚**
001 铁齿铜牙的沉默不语

◎ **刘　墉**
021 掀起文狱的宰相之子

◎ **刘统勋**
035 匡正朝堂的乾隆之师

◎ **钮祜禄·讷亲**
055 两朝宠臣的轰然坠落

◎ **章佳·尹继善**
071 总督六省的七旬首揆

◎ **于敏中**
091 天子门生的盛极而衰

◎ **钮祜禄·和珅** 上
113　贫苦好学的青年才俊

◎ **钮祜禄·和珅** 下
135　信仰坍塌的硕鼠巨贪

◎ **富察·傅恒**
157　执掌军机的年轻外戚

◎ **富察·福康安**
179　翻越青藏的卫国将军

◎ **多拉尔·海兰察**
207　百炼成钢的超勇公爵

◎ **章佳·阿桂**
231　四绘紫光的台阁儒将

◎ **舒穆鲁·舒赫德**
253　三落三起的满洲门面

◎ **孝贤皇后**
269　少年夫妻与初恋皇后

◎ **继皇后**
283　风波诡谲的断发迷案

◎ **孝仪皇后**
301　气运颇佳的宫廷少女

◎ **熹贵妃**
315　母子情深的太后温情

◎ **苏培盛**
337　三朝太监的起落浮沉

◎ **乔治·马戛尔尼**
351　远方来客的机遇与遗憾

纪晓岚

铁齿铜牙的沉默不语

纪晓岚，乾隆朝著名文士，晚年官居礼部尚书，在乾隆盛世的光环下，以主持编纂《四库全书》而闻名。然而，这项文化工程背后隐藏着对言论的压制与对思想的控制。一生与文墨为伴的纪晓岚，不得不亲手毁书、删书、改书，面对理想、家庭与个人原则，他该如何抉择？

他是乾隆朝的著名文臣：纪昀，字晓岚。

今人每每提起他，往往想起的是影视剧里那个"铁齿铜牙"的形象——谁也说不过他。历史上的纪晓岚，尽管也和影视剧里一样才华横溢，但他在晚年时，却经常沉默不语，很少发表政治见解。

当年到底发生了什么，才会让这样一个学富五车的才子，晚年时连话都不愿意说了呢？纪晓岚这一辈子，从率真热情到深沉世故，他的人生，包含了许多无奈。

四 持文柄的领袖

纪晓岚出生于雍正二年（1724），直隶献县人。

他的一生和文学结缘，这和他的家庭氛围不无关系。纪晓岚出生时，他的父亲纪容舒就已经是恩科举人了。之后，在纪晓岚7岁时，纪容舒参加会试，考取功名当了官。有这样的经历，纪容舒的学问自然是不俗的。

而且纪容舒不单学问好，也是真的爱读书。我们今天能找到的纪容舒写的作品，既不是休闲读物，也不是八股文合集，而是非常精深的音韵学和考据学作品。他的两部名作《唐韵考》①与《玉台新咏考异》②，都是相关领域的重要典籍。

于是，有这样一个学问好又爱学习的爸爸，幼时的纪晓岚早早就被摁着读书去了。具体有多早呢？在清朝，小朋友读书的年纪通常在8岁左右，比如蒲松龄就是10岁开始读书的。纪晓岚是从何时开始读书的呢？用他自己的话来说：

余自四岁至今，无一日离笔砚。③

他从4岁开始就每天读书了。而且纪晓岚也非常刻苦，此外家里条件尚佳，书也都买得起。他当时的学习状态就是：

三十以前，讲考证之学，所坐之处，典籍环绕如獭祭。④

每天泡都在书海之中。

早早就开始读书学习的纪晓岚，其科举之路更是顺风顺水。17岁考中秀才，24岁考中举人。尤其值得一提的是，他考中举人那年，还拿下了当时乡试的全省第一——省状元。而且特别巧的是，那一届顺天乡试的主考官正是乾隆的老师，我们都不陌生的刘统勋。考完后，纪晓岚还专门去找刘统勋拜了师，两人就此成了非常亲密的座主与门生。眼看纪晓岚的人生

---

① 清代音韵学著作，共五卷。考证了孙愐所著《唐韵》的韵部分合情况。
② 诗歌集《玉台新咏》选录了自汉迄梁有关女性及男女恋情的诗歌，纪容舒的《玉台新咏考异》十卷广泛参考了清以前的众多版本，详加考订，纠正了宋明以来诸本的较多错误。
③ 纪昀：《阅微草堂笔记》卷十一，《槐西杂志一》，韩希明译注，中华书局，2014，第790页。
④ 同上书，卷十五，《姑妄听之一》，第1131页。

就要上青云了，意外很快就接踵而至。

按理说，纪晓岚考完乡试后最应该做的，就是全力以赴地准备转年的会试和殿试，争取一鼓作气考中进士。可我们到现在也不清楚，纪晓岚当时是想奖励自己，抑或出于其他的特殊心理，总之，在他人生早期，他每考取一次功名，就会去娶一个老婆。17岁中秀才，他娶了比自己年长的大老婆马氏；24岁中举人，不得了，过了一年他直接找了一个13岁的小女孩给自己当小妾。娶了新媳妇的纪晓岚每天都在忙些什么，我们无从知晓，但情场得意，考场多半失意。乾隆十三年（1748）的会试考场上，贵为省状元的纪晓岚是没能掀起任何浪花的，直接落榜，在当时算是爆了个大冷门。这一年，他25岁。

人生许多时候都是这样，给你机会，若是没把握住，错过了就得抱憾终身。纪晓岚25岁时会试落榜，两年后，他的母亲张氏就意外染病去世了。纪晓岚最后也没能让他妈妈看到他中进士、入翰林，出人头地的那一天。纪晓岚自己也为母亲的死痛苦不已。母亲刚去世那年的秋天，妻子马氏说自己好久没回娘家了，想去探望一下父母。纪晓岚一边答应了妻子，一边又回想起了往事，放声痛哭道：

> 昔日尔归宁，阿母倚门送。
> 举手引诸孙，濒行犹抚弄。
> 今日尔归宁，抚棺惟一恸。
> 秋尘生穗帏，蛛网垂梁栋。[①]

最终，等纪晓岚三年守孝结束，再次登上考场时，他已经31岁了。而

[①] 纪昀：《送内子归宁》，见贺治起、吴庆荣：《纪晓岚年谱》，书目文献出版社，1993，第13页。

这一次，纪晓岚没有再让家里人失望，直接以二甲第四名的好成绩考中了进士，入了翰林院，正式步入官场。

但凡进入官场的人，没有不想升官的。贪官想升官，是为了贪更多；清官也想升官，毕竟位置越高，能做的事也越多。纪晓岚做官虽然清清白白，但他当时为了升官也算煞费苦心了——他要把握一切机会去拍乾隆的马屁。

我们今天翻开纪晓岚留下来的十六卷诗集，估计有八卷半都是他写给乾隆的"颂圣诗"，也可以理解为"马屁诗"。关键纪晓岚还不是一首一首地写，他每次都是几十首几十首地写。比如乾隆要阅兵，他就写了《西域入朝大阅礼成恭纪三十首》；乾隆要下江南，他就写了《二巡江浙恭纪三十首》。而且最重要的是，纪晓岚的诗，可不仅是数量多，质量也很好。我们随便翻开一首看看：

> 醲化超三古，元功被八纮。
> 圣朝能格远，绝域尽输诚。[1]

恢宏大气，朗朗上口。因此，乾隆没多久就发现：翰林院里这个新来的小伙子是个人才，他写诗的速度和水平跟朕都是很像的。朕要提拔他。

接下来，纪晓岚不仅只用了三年时间就从一个没有品级的翰林院庶吉士[2]升为正五品的詹事府左春坊左庶子[3]，他还在进宫仅五年的情况下，就以36岁"低龄"成了乾隆二十四年（1759）山西乡试的主考官。他是当时

---

[1] 纪昀：《御试土尔扈特全部归顺诗》，见《纪文达公遗集（下册）》卷七，清嘉庆十七年刻本，第17页b–18页a。
[2] 明清时期由新进士中选入翰林院庶常馆学习者。
[3] 清顺治九年（1652）沿置左庶子官职，设满、汉各一人，掌记注撰文，汉员兼翰林院侍读。

全国各省主考官里资历最浅的一个。乾隆的偏爱,谁都能看出来。

成功升官后的纪晓岚具体办事时,可就不只是笑嘻嘻地拍马屁了。他异常认真,且一丝不苟。

纪晓岚当主考官的时候,按惯例,他只需要对最后选出来的试卷进行汇总审查就可以了。可纪晓岚却把每张试卷都亲自看了一遍,光看还不够,他还在这些卷子上做了批注,且批得特别详细——他要让这些考生将来领回试卷之后,能知道自己的问题到底出在哪里。要知道,这可是全省第一、全国第七,绝对的考试型选手亲自写的试卷分析!

纪晓岚本没有必要这样做,但他当时就是愿意付出,想给那些书生指出一条明路。而最后,那些考生即便没考中,单看纪晓岚这份试卷批注,读之也都是异常感动的。比如,当时有个落榜考生,名叫李腾蛟,他本来正难受呢,但他拿到考卷看了批注后,无比感激,觉得纪晓岚是懂自己的。以至于20多年后,待李腾蛟终于考中进士之时,他第一时间就去拜访了纪晓岚。据纪晓岚的回忆,当时的场景是:

(李腾蛟)辛丑成进士时,登余门执弟子礼。[①]

李腾蛟早就已经把纪晓岚当成自己的老师了。

最终,就是凭着这份认真,纪晓岚第一次当主考就选出了不少人才,而且纪晓岚的名声很好。之后,乾隆又连续委任纪晓岚去当乾隆二十五年(1760)的会试同考官,以及乾隆二十七年(1762)的顺天乡试同考官,还有福建的提督学政[②]。几年里,纪晓岚前后4次负责国家人才的选拔。

---

① 李燕妮、李玉明编《三晋石刻大全·运城市芮城县卷》上编,三晋出版社,2018,第368页。
② 俗称"学台",为清代各省教育行政长官,雍正年间始设,辛亥革命后废。

最终，等39岁的纪晓岚要离开京城，前往福建当学政时，自己都忍不住感慨说：

皇恩四度持文柄，远道三年别故人。①

这真是相当风光了。

纪晓岚并没有因受宠而懈怠，而是在选拔人才这件事上更加努力了。像是熬夜判卷做批注，都是家常便饭了。以至于他手底下的人都看不下去了，还会劝他：纪大人，歇一歇吧。可纪晓岚的答复却是：

拭目挑灯夜向晨，官奴莫讶太艰辛。
应知今日持衡手，原是当年下第人。②

你们也别觉得我们在这儿熬夜就是吃苦受累了，咱们这些判卷的人，哪个当年没落过榜？名落孙山的滋味不好受，咱们苦一点，也不过就苦这几个晚上，可咱们要是有一点不仔细，那没准耽误的就是人家一辈子。

因此，我们也不难看出，即便此时的纪晓岚已经身居高位，但他始终都保有强烈的同理心，能真正为底层人考虑。也因此，他后来在主持福建的教育工作时，和当地读书人的关系也是非常好的，好到哪怕后来纪晓岚已经被贬到乌鲁木齐去军前效力——失宠了，有许多福建学子仍然不停地给他写信，安慰他，并把信实名寄到新疆。对此，纪晓岚也特别感动，他写诗道：

---

① 纪昀：《留别及门诸子》，见《纪文达公遗集（下册）》卷十三，清嘉庆十七年刻本，第1页b。
② 同上书，卷十二，第34页b。

迢递隔山川，音书时眷眷。

感此金石心，不逐升沉变。[①]

我和这些学子之间的感情啊，不单单是师生之谊，更是官员与百姓的情谊，那是一种能超越世态炎凉、对彼此相互欣赏的情感。

但就是这样工作认真、才华横溢、品格过硬，且能得到读书人广泛好评的纪晓岚，他到底犯了什么错，以致被贬到了新疆呢？

丧父遭贬的苦难

纪晓岚在福建当学政那几年，尽管工作上顺风顺水，但他的家庭是遭受了一次重大打击的。

乾隆二十九年（1764），当时纪晓岚41岁，他79岁的老父亲纪容舒还在世，后者从河北老家来福建看他。纪晓岚特别开心，就跟父亲说：儿子目前在福建混得不错，官声、名望都很好，您老好好歇歇，明年儿子一定给您办一场风风光光的八十大寿。可纪容舒知道儿子清贫，怕给他添麻烦，待听完纪晓岚的心愿后，死活要回河北老家。纪晓岚拧不过，只能派人将老父亲送回去。

可就在回去的船上，纪容舒突然晕倒，一病不起，接着就死了。

收到消息后的纪晓岚觉得是自己害死了老父，悲痛欲绝，光着脚就往街上跑，一边跑一边哭，史书记载：

[①] 纪昀：《纪文达公遗集（下册）》卷十，清嘉庆十七年刻本，第3页b。

讣至闽，公哀恸欲绝，急切跳奔。①

最后，他还是被身边的几个读书人硬拦了下来。紧接着，纪晓岚就上书乾隆说自己要回家守孝三年。

父与母其实是孩子在面对死亡时的两道屏障，纪晓岚经历青年丧母和中年丧父之后，接下来就只剩他自己一个人去独自面对人生和死亡了。

纪晓岚也的确在父亲死后开始走人生的下坡路。

起初，乾隆三十三年（1768），守孝结束的纪晓岚回到了京城。当时的乾隆还是很想念纪晓岚的，就给他升官，升为从四品的翰林院侍读学士。别看品级好像不高，但这其实已经是当时翰林院中仅次于掌院学士②的职位了。同时，再考虑到纪晓岚45岁的年纪以及他的汉人身份，这其实算是一种特殊升迁了。可好景不长，两个月后，"两淮盐引案"爆发了。

乾隆收到举报，称自乾隆十一年（1746）起，22年的时间里，两淮地区长期存在官商勾结乱象，通过预支盐引，两淮盐区各大盐商共获利1090余万两，两淮盐政任内收取盐商贿赂共计13万两。乾隆龙颜大怒，他不仅决定要将历任两淮盐政全部革职，还秘密派人南下去查抄相关人等的家产。而此前担任两淮盐政时间最长的人就是卢见曾，要知道，卢见曾还有另外一个身份——纪晓岚的姻亲——卢见曾的孙子卢荫文，是纪晓岚的大女婿。

彼时的纪晓岚任职侍读学士，总是待在乾隆身边，或许是纪晓岚揣摩圣意，或许是有知情人透露消息，总之，他提前知道这事了。接着，纪晓岚就做了一个愚蠢无比的决定——他去给卢家人通风报信了。

---

① 严长明、严观编撰《师友渊源录·后案》卷二十，《纪晓岚乌鲁木齐杂诗序》《补纪文达公传略》，中华书局，2021，第695页。
② 翰林院长官。清朝设满、汉各一人，总领侍读学士以下翰林官，掌国史笔翰，备左右顾问。

纪晓岚当时想的无非是让自己的亲家有所准备，哪怕被抄了家，也能给子孙们留点资产。可这卢见曾办事实在是太绝了，在接到消息后，他直接把自己的财产给转移干净了。等乾隆抄家时，只抄出了些什么呢？

查抄卢见曾家产。仅有钱数十千，并无金银首饰，即衣物亦甚无几。[①]

好家伙，连几件衣服都不给乾隆剩。

别说卢见曾这个常年搞盐政的贪污犯，哪怕海瑞转世，拿了朝廷这么多年的养廉银，家中也不至于如此吧？乾隆随即降旨：这定是有人泄密，给朕查，到底是谁干的！当时负责这起案子的人正是刘统勋，一下子就查到了是自己的门生纪晓岚干的。刘统勋是什么人？那是连张廷玉都敢弹劾的主儿，他又怎么可能去庇护一个犯了罪的门生呢？

最终，在刘统勋汇报后，盛怒中的乾隆下令将纪晓岚贬到新疆军前效力。一念之差，纪晓岚就这样离开了京城，动身前往乌鲁木齐，开启了他一生中最痛苦的阶段。

不过，我们这里说他痛苦，倒不是说乌鲁木齐的生活条件不好，当时的新疆已经被乾隆收复、治理得不错了，再加上纪晓岚是被贬官，不是被流放，他去了新疆也还是官员。他前脚到乌鲁木齐，后脚就被当地的将军请进府中当了文案师爷——毕竟他可是翰林出身。

之所以说纪晓岚在新疆过得苦，不是就物质层面而言，是就精神层面而言。

纪晓岚是一个人被贬去新疆的，他的老婆孩子还在京城，这让他很孤独。更要命的是，他被贬的时候，三儿子即将长大成人，因为父亲被贬，一下子连亲事都寻不到——你是罪臣之子，我家的闺女是万万不可能嫁给

[①] 见《清高宗实录》卷八百十四，乾隆三十三年七月初八日。

你的。

而此时的纪晓岚，一个奔五十的老父亲，看着妻子在信中跟自己倾诉的这些苦，他的心理压力我们可想而知。

一个负责任的男人，他或许可以接受自己承受苦难，但是无法接受自己拖累了家人。于是，纪晓岚在乌鲁木齐的日子里每天都在努力工作，他想干出点成绩来，将功补过，早日返京。用他自己的话来说就是：

余从军西域时，草奏草檄，日不暇给，遂不复吟咏。[①]

诗我都不写了，每天就两个字：干活。

而且，当时纪晓岚选择做的事都是跟老百姓的切身利益相关的。

当时，乌鲁木齐有6000多个游民的户口问题一直没有得到解决。它太麻烦了，没人愿意管。纪晓岚四处调查、采访、沟通、写信，最终帮游民们把户口办了下来，也算促进了当地的治安发展。另外，当时的乌鲁木齐有座矿山，属于国家资源，有几百个吃不上饭的老百姓为了生计铤而走险，去偷挖了国家的矿产。当地的军方原本打算派兵把人抓了，全杀了完事。又是纪晓岚拦着，他认为这都是穷人家，活不下去才出此下策，没必要赶尽杀绝。最后纪晓岚领着一队人把矿山给围了，断了粮道，然后把这帮人逼了出来，最后也没处罚，只是说服教育。不仅如此，纪晓岚又用了几个月的时间跑前跑后地给这帮人安排工作，算是完美平息了事端。

如此说来，纪晓岚做这些也算是为民做主了吧？也算是促进当地长治久安了吧？可做这些就能让他重返京城吗？仍然没戏。这些平头百姓的事情，上边是不太在意的。最后是当地的将军看不下去了，说：纪先生啊，

[①] 纪昀：《阅微草堂笔记》卷十六，《姑妄听之二》，韩希明译注，中华书局，2014，第1291页。

您确实是个好人，待在我们这儿也不容易，还是我来帮帮您吧。

接着，在乾隆三十五年（1770）的一次剿匪的行动中，纪晓岚甚至都没上前线，这位不知名的将军就直接给纪晓岚报了一份军功，并送抵京城。当时的纪晓岚既紧张又激动，连给家人写信时都在说：

蒙将军厚遇，开列保举，奏请开复。现虽未得廷谕，大约可沐天恩。[1]

这次，我大概是能回去了。

历史就是这么有意思，纪晓岚忙来忙去都没能得到的恩典，最后却靠着一份谎报的军功得到了。最终，他成功受诏回京。这一年，纪晓岚47岁。

不过，人虽然回到了京城，但朝堂之上，却早已物是人非了。重回翰林院的纪晓岚，再也不是之前那个在翰林院一人之下的侍读学士了，现在的他只是一个正七品的小编修。快50岁的人了，官场生涯又重新跌回了起点。纪晓岚的心情，很绝望。这一时期的他写诗时都在说：

少年意气已萧索，伤禽宁望高飞翻。[2]

受了伤的鸟，就别想着能再展翅高飞了，我这一辈子啊，也就这样了。

可谁也没想到，当初亲手把纪晓岚送到新疆去的他的老师刘统勋，又会在三年后再一次改变纪晓岚的命运。

---

[1] 纪昀：《寄从兄坦居》，见贺治起、吴庆荣：《纪晓岚年谱》，书目文献出版社，1993，第53页。

[2] 纪昀：《题幽篁独坐图》，同上书，第58页。

修书毁人的沉默

事情要从乾隆三十七年（1772）的十一月讲起。

当时的安徽学政朱筠上奏乾隆，建议道：为了避免珍稀古书遗失，建议由朝廷出面收集天下书籍，好加以珍藏，确保文化传承。而这个奏报立刻遭到了时任首席军机大臣的刘统勋的强烈反对。

刘统勋的理由有两个：一是国家事务繁多，官员们没有精力修书；二是贸然收书，必然滋扰百姓生活，于国家治安不利。当然，也有史学家认为，刘统勋当年不支持收书，也是担心过往文字狱的悲剧再度上演。

可现实情况是，时年62岁的乾隆在军事方面已经完成了平定大、小和卓叛乱、收复新疆等一系列壮举了，老年的乾隆早就盼着能有机会在文化思想领域也树立起属于自己这一朝的权威。

于是，乾隆不但当即表示了对搜罗图书的支持，并且还表示书籍收罗上来以后，

按经、史、子、集，编定目录，命为《四库全书》，俾古今图籍，荟萃无遗，永昭艺林盛轨。①

这也就成了《四库全书》编纂工作的最初起点。

刘统勋眼看编纂《四库全书》已成定局，就提了个新请求：

纂辑《四库全书》。卷帙浩博，必须斟酌综核，方免挂漏参差。请将

---

① 见《清高宗实录》卷九百二十九，乾隆三十八年三月二十八日。

现充纂修纪昀……作为总办。①

编纂《四库全书》工程复杂，需要领头人。老夫建议，就由纪晓岚去当这个四库馆的总纂修，全盘负责编书的工作。

这里多说一句。四库馆的行政层级排前二的应该是正、副总裁，总纂修只排第三。只不过前两个是由郡王、大学士等兼任的，只是挂名而已，所以四库馆里真正管事的，还真就是这个排老三的总纂修。

刘统勋推荐当时仅仅是个七品编修的纪晓岚来担任这个职位，争议还是挺大的——步子迈得太大了。可乾隆听完立刻就答应了。至于乾隆为什么答应，原因可能有二：第一，纪晓岚的能力确实够用，这是最重要的；第二，纪晓岚四持文柄，在汉族读书人中很有名望，让他来主持，未来去找汉人收书时的阻力就会小很多。

于是，纪晓岚走马上任，从一个翰林院底层的七品编修摇身一变，成了当时国家"天字号"文化工程的总负责人。

而我们也能想象，年过半百、对人生几乎绝望的纪晓岚在接到这项任命时会有多么激动。他当场就写了谢恩折子：

小臣知遇之隆，于斯为极。恩荣逾分，感激难名。②

臣知道，臣配不上皇上您给的这份恩典，臣一定会好好干，不辜负您的知遇之恩。

有时候，一个人越是觉得自己配不上什么东西，往往就会越努力地去证明自己。据其门人所述，纪晓岚主持修纂《四库全书》的状态是：

---

① 邵晋涵：《邵晋涵集》附录，《佚事》，浙江古籍出版社，2016，第2341页。
② 纪昀：《纪文达公遗集（上册）》卷四，清嘉庆十七年刻本，第1页b。

> 四库全书开馆，吾师即奉命总纂，自始至终，无一息之间。①

纪晓岚每天都在忙活，从来不敢歇着。连乾隆的儿子，后来的嘉庆皇帝都感慨说：

> 四库之储，编摩出（纪晓岚）一人之手。②

从50岁到64岁，整整14年的时间，垂垂老矣的纪晓岚每天都泡在四库馆里，组织着当时国内顶尖的300多个文人，整日都在收书、校对、考证，最后再分门别类，汇总成册。

如此辛劳的14年熬过来之后，纪晓岚是成就与愧疚并存的。

成就在于，纪晓岚的确主持挽救了大量中国古代的孤本、善本，保护了不少书籍；他个人也编了一部中国古代史上最全、最大、最牛的目录书——《四库全书总目》。毫无疑问，这些是非常有成就感的。

但与此同时，纪晓岚也很愧疚。因为在他修书的这14年里，乾隆先后兴起了48起文字狱，比康熙、雍正两朝70多年的总和还要多。而更让人痛心的在于，就在同一时间，乾隆还下令焚毁了大量不利于维护清朝统治的相关书籍：

> 如应禁各书，该省尚有存留之本，即行解京销毁，务宜实力查办，俾搜查净尽，毋得久而生懈。③

---

① 陆以恬：《冷庐杂识》卷一，《四库全书表文》，中华书局，1984，第53页。
② 颙琰：《御赐碑文》，见贺治起、吴庆荣：《纪晓岚年谱》，书目文献出版社，1993，第93页。
③ 见中国第一历史档案馆编《乾隆朝上谕档》（第14册），转引自宁侠：《四库禁书研究》，商务印书馆，2018，第159页。

最终，光是目前有据可查的，就有两三千种书籍被乾隆焚毁了，而实际上，整套《四库全书》一共也只收录了3460余种书。毁掉的书，都快和收集的书一样多了。甚至，哪怕是收集起来的书，也存在着大量的删改，既要删掉对满洲不利的内容，又要编造为数不少的对满洲的赞美。

这一系列的毁书、删书、改书，纪晓岚作为四库馆的总纂修，他一定是参与了的，对于乾隆的要求，他大概率不是默许，而是主动提供帮助。而面对纪晓岚的良好态度和配合意愿，乾隆对他也是屡加封赏。十几年时间，纪晓岚从一个七品的编修跃升到了从一品的礼部尚书，纪晓岚几乎是当时清廷声势最高的汉族文臣。

可纪晓岚也知道自己如今拥有的这一切到底是拿什么换来的。所以，他晚年时经常感慨一句话：

余今老矣，叨列六卿，久无建白，平生恒内愧。[①]

我年纪大了，如今虽有高官厚禄，但我知道，我这个人其实没什么成就，我一辈子活到最后，心里有的也只剩愧疚了。

纪晓岚为了自身也好，为了家庭也罢，在很多事上，他没敢和皇权有对抗和冲突。但不管怎样，我们都至少得承认一点，纪晓岚直到晚年都是个心存百姓的好官。

乾隆五十七年（1792），直隶闹了灾，灾民来京城讨吃食，顺天府不愿意管。纪晓岚都已经69岁了，还在努力上奏，想向乾隆申请开粥厂。申请到了还不够，纪晓岚一把年纪了，三天两头去检查城里各个粥厂的粮食够不够，生怕灾民饿着，最后整整盯了大概10个月，直到灾情平稳过渡，纪晓岚才算忙活完。这对一个老人而言，实属不易。

---

① 纪昀：《纪文达公遗集（上册）》卷九，嘉庆十七年刻本，第58页b。

甚至，嘉庆八年（1803）时，这会儿乾隆都已经驾崩好几年了，而年满80岁的纪晓岚，无论是身份、地位、声望，都已经达到了至高的水准时，他却上了一道十分离奇的奏折——《请敕下大学士九卿科道详议旌表例案折子》。直接让整个官场，就一个问题，进行表态。

事情的背景是，在清朝封建礼教的规定下，一直有一个原则，就是一个女子的清白比她的性命更重要。假如有一个女性被强奸了，那么她只有以死明志才能获得朝廷的嘉奖。一旦她选择苟活下来，她就要一辈子被人指指点点。

而纪晓岚上的这道折子其核心观点就是：

此其势之不敌，非其节之不固，……如悯其同一强奸是杀，而此独所遭之不幸，与未被奸污者略示区别，量予旌表。[①]

一个女性被强奸了，是因为她反抗不过，而不是因为她不想反抗。失去清白，已经是她莫大的不幸了，我们这些自诩有道德的评判者，要做的不应该是羞辱被奸污的女性，而应该是保护她们。只要她们最初在面临不幸时，有为自己的清白抗争的勇气与行为，她们就应该得到朝廷的嘉奖，好让她们能有尊严地活下去。

在男尊女卑的古代社会，能这样为女性发声的官员是不多的。而且，纪晓岚本人当时的身份可说是封建礼教的最高代言人，可在他的80岁，眼看就要入土的年纪，他上了这么一道奏折，逼着众多高官表态，其实是非常不容易的。最后经过官员们的讨论，嘉庆帝最终表示，同意纪晓岚的建议，并昭示全国各省督抚，在今后的案件中要予以执行。

纪晓岚的这道奏折，放在封建社会就是一件功德无量的事情。他以封

[①] 贺治起、吴庆荣：《纪晓岚年谱》，书目文献出版社，1993年，第178页。

建思想最高代言人的身份,去告诉那些遭到伤害的女性,她们命运的不幸,源于坏人作的恶,而不是她们自己的错。若日后再有什么风言风语,说被侵害后活下来伤风败俗,也别怀疑自己,还有谁能比他纪晓岚还懂什么是风,什么是俗?

在上这道奏折的两年后,纪晓岚寿终正寝,享年82岁。在他的丧礼上,不仅有众多文人前来吊孝纪念,连嘉庆皇帝本人也亲自为纪晓岚撰写了碑文,并赐谥号"文达"。嘉庆评价纪晓岚:

> 敏而好学可为文,……授之以政无不达。[1]

朝鲜方面对纪晓岚的评价也很高:

> 文艺超伦,清白节俭。[2]

在这一片称赞声中,没有人会想到,纪晓岚在生前早就给自己写好了一副挽联:

> 浮沉宦海如鸥鸟,生死书丛似蠹鱼。[3]

这官啊,我早就不想当了,如今寿终正寝,也总算是一了百了。既哀叹,

---

[1] 颙琰:《御赐碑文》,见贺治起、吴庆荣:《纪晓岚年谱》,书目文献出版社,1993,第186页。
[2] 纪昀:《纪晓岚文集(第三册)》,孙致中等点校,河北教育出版社,1995,第443页。
[3] 纪昀:《阅微草堂笔记》卷十一,《槐西杂志一》,韩希明译注,中华书局,2014,第790页。

又无奈。

至此,纪晓岚的一生就这样结束了。

但这似乎和我们印象中的纪晓岚完全不一样,纪晓岚的好色,纪晓岚和乾隆、和坤的斗嘴,等等,都哪里去了?这些一方面多为野史,另一方面,也的确和纪晓岚人生的主脉络关系不大。比起一个人的逸事八卦,他这一生的命运起伏与挣扎,才是更为重要的。

再多说一句,历史上的纪晓岚与和珅其实是非常陌生的,二人属于那种既不依附也不对抗、井水不犯河水的关系。而我们早已习以为常的那些笑谈,就让它们都留在影视剧之中吧。

刘墉

掀起文狱的宰相之子

刘墉，其父是深受皇帝信任的朝廷高官刘统勋，他自己是全国第五名的科举进士，而后为官造福一方，百姓有口皆碑。刘墉本人无疑是位清官，在乾隆朝后期也始终不屑与和珅为伍。但在其人生经历中，也曾有过一洗不净的污点——他亲手掀起过两桩文字狱，一时间血流成河。

这位，同样是乾隆朝的著名文臣。

刘墉如今名气颇大，一方面是因为他的民间故事较多，另一方面是因为那部经典中的经典——影视剧《宰相刘罗锅》。只不过，历史上的刘墉，第一，他肯定不是宰相；第二，他大概率也不是罗锅。那摘掉这两个鲜明的标签之后，刘墉到底是个怎样的人呢？就让我们来看看刘墉他这清廉又漫长的一生。

子凭父贵地崛起

刘墉生于康熙五十九年（1720），山东诸城人。与影视剧中的草根形象不同，历史上的刘墉，其实是一个超级"官三代"。

他的祖父刘棨是康熙朝的四川布政使，四川省的二把手。他的父亲刘统勋，我们就更熟悉了，这是雍正二年（1724）的进士，在雍正朝当过皇子弘历的老师，在乾隆朝当过吏部、兵部、刑部、工部四部的尚书，还当过首席军机大臣。因此，说刘墉是超级"官三代"，毫不过分。不过，刘墉虽然出身富贵，但为人并不奢侈，反而从小就清廉上进，读书学习异常刻苦。

前面讲到的纪晓岚，24岁中举，已经算出类拔萃了。那刘墉呢？22岁中举。虽然他后来考进士的过程多有波折，整整10年后才考中，但最后考出的成绩特别好。乾隆十六年（1751），32岁的刘墉以二甲第二、全国第五的成绩考中了进士，入了翰林院。

不仅在考场上春风得意，刘墉在刚进官场时也一样顺风顺水。这一是因为刘墉自身学问好，毕竟殿试成绩全国第五；二也是因为他有个好父亲，刘墉进翰林院的那一年，翰林院的长官正是刘统勋；同时，刘墉早年在官场混得风生水起，还有最重要的第三点——乾隆很欣赏他。

首先，刘墉写字写得不错。大家都知道，"章总"是非常喜欢书法字画的。其次，刘墉初入官场时，恰好是乾隆和刘统勋君臣感情升温的"蜜月期"，爱屋及乌使然，乾隆对刘墉自然也就非常偏爱了。

于是，刘墉早期在翰林院的升迁速度堪称神速。第一年，他只是一个没有品级的翰林院庶吉士。第二年，他就成了正七品的翰林院编修。第三年，离谱的来了：别的翰林官员干上七八年才能捞到一次的乡试主考资格，刚当了两年翰林官员的刘墉被乾隆亲自安排去当广东乡试的正考官了。又过了一年，刘墉又是连升五级，35岁就已经成了从四品的翰林院侍读学士了。

只不过，刘墉当时除了书法好之外，并没有展现出其他过人的才干。大家觉得刘墉能升官，都是因为他的老父亲，以至于刘墉晚年时自己回忆起来，也充满了自嘲之意：

以贵公子为名翰林。[①]

而真正让人们对刘墉的看法发生改变的转机，还得是乾隆二十一年（1756）时刘墉被外放去当了安徽学政。

通常情况下，清朝各省学政的主要任务就是抓教育、和当地的读书人

[①] 李元度编纂《国朝先正事略》卷十六，《刘文正公事略》，岳麓书社，2008，第516页。

多打交道。可刘墉不同意,他认为:男子汉大丈夫,为官一方,一定是要有所作为的。

于是,主管教育的刘墉,很快就盯上了安徽的治安问题。他发现自己身为学政,只能管控那些通过科举考取功名的人,可以对他们进行月课和岁考,来监察他们的日常行为;可一旦面对那些没参加过科举、靠花钱纳捐买取功名的监生,刘墉身为学政就没办法了。毕竟这些监生只花钱、不考试,学政根本管不着他们。又因为这些监生往往是当地乡绅出身,官府就也懒得管他们,导致这些监生经常鱼肉乡里,欺负老百姓。

刘墉看不下去了,上递奏疏:

捐纳贡监,与生员不同。责成教官约束,不足以收实效。请饬州县官,于户婚田土案内,随时稽查,举报优劣。①

我们这些学政,管监生不起作用,他们也不把我们放在眼里,皇上您必须要求当地的行政官员对这些监生严加管控,方可扭转社会风气。

乾隆一看,嗯,有道理。他立刻让礼部开会,制定了一套针对监生的考察方案,然后在全国推行。

如果说在安徽学政任上的刘墉仅仅展示了他对百姓生活的关心和自身的正义感,那三年后,刘墉在江苏当学政时,他的主政风格就十分明显了,一是公平,二是严肃。

乾隆二十四年(1759),40岁的刘墉到江苏走马上任,主管一省教育。当时最大的问题是:江苏的有钱人多,读书人也多,科考压力大,读书人心思也就比较活,各种考试作弊行为屡禁不止。刘墉到了后狠抓作弊,他的想法也很简单——搞教育,连公平都做不到,还搞什么?史书记载:

---

① 见《清高宗实录》卷五百八十七,乾隆二十四年五月二十四日。

昔刘石庵公视学江苏，严肃骏厉，人多畏惮。①

　　别看影视剧中的刘墉总是嬉皮笑脸的，但历史上，早年间的刘墉是个特别严肃的人。而且刘墉不单自己严肃认真，他还受不了别人不认真。

　　当时的江苏吏治可能的确有些松垮，刘墉又呈上一道奏折，直接把整个江苏官场给举报了：

　　府县官多所瞻顾，不加创艾。既畏刁民，又畏生监，兼畏胥役。既不肯速为审断，又不欲太分皂白。科罪之后，应责革者，并不责革，实属阘茸不堪。②

　　江苏官场的这帮人，太次了，既没担当，也不作为。他们当官，底下人谁闹谁有理，地头蛇不敢管，手下的衙役不敢管；判案子也分不出对错，两边都怕得罪，一天到晚只会和稀泥。

　　乾隆收到刘墉的举报后，既生气，又无奈。生气的是，江苏的吏治怎么烂成这样了？无奈的是，刘墉好歹也是40多岁的人了，怎么能这么没脑子？有这么举报的吗？举报了一大堆，一没证据，二没人名，既把同事得罪光了，又没能解决问题。

　　乾隆没办法，最后连下了两道圣旨。第一道，他把两江总督尹继善给训了一顿，江苏这地方你到底是怎么管的？抓紧给朕写一份官情民生报告送上来；第二道是给刘墉的，乾隆先夸了夸刘墉干得不错，紧接着就把刘墉调到山西太原当知府去了——你呢，也别在江苏待着了，然后你也别总

---

① 诸晦香辑《明斋小识》，《笔记小说大观》，江苏广陵古籍刻印社1983年版，第21页；转引自张其凤：《刘墉家族与日照》，山东人民出版社，2013，第119页。
② 见《清高宗实录》卷六百七十，乾隆二十七年九月初二日。

拿学政的身份去干预行政了,朕现在就给你一个知府的职位,看你到底能干出什么成绩。这一年,刘墉43岁。

首次担当父母官的刘墉非常勤奋,而且展示出了不俗的能力。史书记载:

> (刘墉)于吏事以勤慎著称。守太原时,清积案数十,购谷二万余石,储为府仓。①

政治上,他解决了当地的陈年旧案;经济上,他也储备了保本压仓的粮食。思路和能力都是非常强的。

很多时候我们都在思考,什么是民心呢?在封建社会,不让老百姓饿死,百姓有了争端时能做到不拖延、不蒙骗,公正裁决,老百姓就会觉得你是个好官。因此,刘墉肯去清理积案,这一定让很多原本已经对政府不抱希望的百姓重燃了信心,而且陈年旧案往往缺少线索,刘墉能搞定,他一定是有过人的能力的。

当我们今天再翻开史书时,会发现山西本地人对刘墉的评价是非常高的。例如:

> (刘墉)以翰林出为太原知府,……丰裁峻整。习掌故,达政体。②

可就是这样如此出色的刘墉,却在太原知府的任上犯下了一个让自己险些丧命的错误。当时到底发生了什么?

---

① 王轩等纂修《(光绪)山西通志》卷一〇四,《录一之四·名宦录四》,三晋出版社,2015,第4878页。
② 同上。

宦海浮沉的官场

说起来，刘墉这次犯错，还真是够倒霉的。

当时的情况是：刘墉是太原知府，他手底下有个阳曲的知县，名叫段成功，这位段知县先是贪污了一大笔公款，接着又拿一笔钱贿赂了刘墉当时的顶头上司——山西巡抚和其衷。而拿人钱财的和其衷，就得与人消灾。他一边举荐段成功升官，一边又命令刘墉组织太原其他州县的官员帮着段成功补亏空。

刘墉何其刚正？他立刻就拒绝了。可这个时候，刘墉犯了个错误：他没有跟中央举报和其衷。

其实刘墉没举报的原因，今人也好理解。假如这件事落在咱们头上，你在一个地方当市长，手底下的区长贪污了，然后省长过来替这个区长说好话，那你这个市长敢向中央举报省长和区长吗？大概率是不敢的，真有什么差池，市长今后在省长手下怎么安心办事呢？

总之，为了不得罪和其衷，日后好做人，刘墉最后对这事的态度就是既不掺和，也不举报。

待事情败露之后，刑部进行司法判决，和其衷和段成功这二人，一个贪污、一个受贿，肯定都判死刑。可明明没有参与本次行动的刘墉，却因为他是段成功的直属上司，且知情不报，被刑部判了斩监候。

扶同容隐之藩司文绶、知府刘墉，应拟斩监候。[①]

这一年，刘墉47岁。

---

① 见《清高宗实录》卷七百五十八，乾隆三十一年四月初五日。

这样的判罚结果，看起来似乎也有一定道理——你上司枉法，你就敢欺瞒中央？既然忠诚得不绝对，那就是绝对不忠诚。

万幸的是，刘统勋此时健在。68岁的老头，就这么一个儿子了，得法外开恩。当时连乾隆都说：

今伊父大学士刘统勋，年届七旬，止此一子。[1]

刘统勋年纪大了，独刘墉一子，这事就算了。

最后，死刑改流放，但流放，也只流放了一年。转头没几年，刘墉又被乾隆任命为江宁府知府。此时，刘墉已50岁。

经此劫难后，刘墉再次出任地方官时，就更加谨慎小心、清廉自守了。其主政风格，依然既严厉又公正。史书记载：

刘文清公墉……少时知江宁府，颇以清介持躬，名播海内，妇人女子无不服其品谊，至以包孝肃比之。[2]

刘墉在江宁府，名气大、官声好，而且在众人眼中是堪比包拯的好官。

也就是从这个时候起，民间自发地流传了许多关于刘墉清理冤狱、整顿治安的故事。特别有名的清朝说唱鼓词《刘公案》[3]，主要讲的就是刘墉在江宁府主政时的故事。随着在江宁府知府任上的成功，刘墉此后一路高升，乾隆三十七年（1772）时官拜正三品的陕西按察使。可眼看着刘墉离巡抚的位置仅差一步的时候，意外发生了。

---

[1] 见《清高宗实录》卷八百二十五，乾隆三十三年十二月二十二日。
[2] 昭梿：《啸亭杂录》卷二，《刘文清》，中华书局，1980，第53页。
[3] 指清代北京蒙古车王府藏说唱鼓词《刘公案》，讲述了清官刘墉决断疑案，惩办贪官、恶霸的故事。

乾隆三十八年（1773），刘统勋去世了，享年75岁。这一年，54岁的刘墉在自己的事业巅峰期开始了为期三年的守孝。而守孝结束后，官场早已物是人非了。乾隆日渐老去，和珅逐渐崛起。当时的乾隆虽然念着往日和刘统勋的情分，授刘墉从二品的内阁学士，但仅仅过了一年，刘墉就被乾隆派到江苏当学政去了。相当于刘墉虽然领的是从二品官的工资，可干的却是一份自己18年前就干过的工作。

这一年的刘墉58岁了，父亲也不在了。如果再不想办法，他刘墉就算再有本事，这一辈子也大概率只能是个有名无实的内阁学士了。

于是，刘墉为了升官和获取乾隆的信任，干了一件特别臭名昭著的事情。

乾隆四十三年（1778）八月，一个月之内，刘墉连续向乾隆举报数人，并掀起了两场针对汉族文人的文字狱。一场是关于秀才殷宝山的，另一场则是关于已故文人徐述夔的。最终，在刘墉的推波助澜之下，殷宝山被流放；徐述夔则被掘墓分尸，徐家子孙，16岁以上的男丁全部处死，家中女性及15岁以下的男童一律发配到功臣之家为奴。顷刻间，血流成河。

尽管有人说，检举徐、殷二人是刘墉身为江苏学政的职责所在，但这说法实在让人难以信服，也没法为刘墉洗白——他当时讨好乾隆的意图实在太过明显了。刘墉在八月份举报了徐述夔和殷宝山，紧接着十月份，刘墉就主动上奏申请要刊印乾隆的两套御制诗集，供江苏学子学习传阅。从掀起文字狱到刊印御制诗集，刘墉的这套马屁几乎拍得无缝衔接。

而当时已经68岁的乾隆，对刘墉在文字狱中所表现出的忠诚，以及对刘墉吹捧御制诗所表现出的逢迎都是非常享受的。以至于刘墉在失去父亲托举的情况下，仍然在59岁的高龄迎来了自己的官场第二春。

三四年里先后任吏部右侍郎、湖南巡抚和都察院左都御史，最终成功返京。

人是很复杂的。刘墉对百姓的好是真的，但他掀起文字狱，株连文人亲属、伤及无辜也是真的。我们既不能因为喜欢刘墉去洗白他掀起文字狱的罪恶，也不能因为两场文字狱去否定他一生的清廉自守。

那么，我们究竟该如何看待他呢？

刚正却无用的晚年

说起来，刘墉回到京城就任都察院左都御史时，已经是乾隆四十六年（1781）了。这时的和珅已入主军机处，且已经贵为户部尚书兼九门提督，权倾朝野。

说刘墉晚年刚正，就是因为他的确是那时少数几个敢跟和珅对抗的官员之一。

刘墉返京的第二年，就爆发了御史钱沣举报山东巡抚国泰贪污一案。因为牵涉到山东巡抚这种封疆大吏，所以乾隆当时派了四位钦差一起去山东。当时的圣旨是：

尚书和珅、左都御史刘墉、侍郎诺穆亲，驰驿前往涿州、德州，至江省一带，有查办事件。……御史钱沣，并着驰驿前往。[①]

四位钦差到了山东之后，很快就分成了三个阵营：侍郎诺穆亲保持中立，和珅支持贪污犯国泰，刘墉和钱沣站在了一边。

当时为了填补亏空，在和珅的建议下，国泰去找山东的商人借银子，

---

① 见《清高宗实录》卷一千一百五十四，乾隆四十七年四月初四日。

好把政府的银库先填满。没错,如今影视剧中反复翻拍的贪官找商人借钱的经典桥段,其实在历史上是确有其事的。之后,刘墉和钱沣二人来到银库,看到那么多碎银子,一眼就发现了其中的问题。于是,刘墉就找人贴告示去了。史书记载:

> 遂出示召诸商贾来领,大呼曰:"迟来即入官。"于是商贾纷纷具领,库为一空,复往盘他府亦然,案遂定。①

你们的钱,如果不速来拿走,可就充公了。吓得商人们赶紧跑到库房来,都给领空了。最后真相大白,案情明确,当场就把国泰办了。

也因为这场贪污案办得漂亮,63岁的刘墉返京之后再次升官,就任工部尚书兼吏部尚书,已接近自己的人生顶峰。

而当时的朝堂风气,在和珅的带领下,已恶劣不堪了。史书记载:

> 乾隆末,和相当权,最尚奢华,凡翰苑部曹名辈,无不美丽自喜,衣褂袍褶,式皆内裁。……时刘文清公故为敝衣恶服,徜徉班联中。②

朝廷官员在和珅的影响下,基本都穿着华丽的衣服,唯独刘墉穿得破破烂烂,以示清廉。

这话虽然说得似有夸张,但鉴于当时的朝堂风气,也能说基本属实。

刘墉当时主要做的就是两件事:一是自己绝不贪污受贿,保持清白;二是他隔三岔五地给乾隆上折子,弹劾各路官员诸如腐败等违法行为。在这样的情况下,和珅看刘墉越看越不爽,而刘墉自己的处境也越来越尴

---

① 陈康祺:《郎潜纪闻二笔》卷十,中华书局,1984,第517页。
② 昭梿:《啸亭续录》卷二,《刘文清语》,中华书局,1980,第423页。

尬，到最后，连乾隆都有点烦刘墉了。毕竟此时的"章总"已近耄耋之年，他也想歇一歇，多听听吉祥话了。

于是，在乾隆五十四年（1789）时出了件特别邪门的事情。

当时的刘墉除了是工部兼吏部尚书之外，他还有一个身份是上书房的总师傅，主管皇子皇孙的教学工作。可刘墉平时工作太忙了，另外他年纪也大了，平日里上书房去得不多。没想到，乾隆五十四年二月底到三月初那会儿，上书房捅娄子了。史书记载：

自三十日，至初六日，所有皇子皇孙之师傅，竟全行未到，殊出情理之外。①

整整七天，一个礼拜，所有老师都没去上书房授课，乾隆的皇子皇孙们，平白无故多了个七天小长假。

乾隆暴怒——刘墉你到底怎么管的上书房？你平时东上一个奏折，西上一个奏折，到头来，自己的本职工作都干不好吗？盛怒之下，乾隆把刘墉的所有差使都罢免了，并将刘墉降成了侍郎。

我们今天已经很难弄清楚为什么那一个礼拜所有老师都没去上课，除了巧合之外，最大的可能就是和珅在其中搞了鬼。

可刘墉这人，在乾隆朝晚期的状态是：有他在，嫌他碍眼；他不在，朝堂风气又属实太差。于是，在刘墉被贬仅两年之后，没有任何理由地，乾隆让刘墉官复原职了。

只是，这一年的刘墉已经72岁了，行将就木；而另一边，和珅才42岁，年富力强。差距还体现在两人的职位上，刘墉虽然是吏部尚书，但却连内阁大学士都没当上，那他自然也就更没法跟身为军机大臣的和珅相提

---

① 见《清高宗实录》卷一千三百二十四，乾隆五十四年三月初七日。

并论。在这个时候，无论从年纪上讲，还是从官职上讲，刘墉都实在没力气去跟和珅争了。史书记载：

适当和相专权，公以滑稽自容，初无所建白。①

刘墉未攀附和珅，但也未能相抗。所以，刘墉在晚年刚正吗？他的确刚正。可有用吗？也的确没什么用。最后，直到嘉庆二年（1797），刘墉都已经78岁了，才因为资历老，勉强被封为体仁阁大学士，但还是没能进军机处。而后，嘉庆九年（1804），刘墉寿终正寝，享年85岁，谥号"文清"。

之后有人评价说，刘墉的谥号是"文清"，一方面是在赞扬他一生的清廉；但另一方面，也是因为他在文字狱事件上的一些黑点，使他显得不那么正派，让他很难像父亲一样，有"文正"的谥号。这种说法虽然略牵强，但刘墉这一生所取得的功绩，确实有些配不上他后世所得的名气。只能说，他当年主政一方之时，是真的让太原和江宁地区的许多老百姓拥有过一段太平日子，才会被人传颂至今的吧。

好了，以上就是乾隆朝除纪晓岚外最有名的汉人文臣的一生。

---

① 昭梿：《啸亭杂录》卷二，《刘文清》，中华书局，1980，第53页。

刘统勋

匡正朝堂的乾隆之师

刘统勋与乾隆关系密切，他既是弘历当皇子时的老师，也是乾隆执政时的重臣。刘统勋治黄河、正朝纲、执掌军机，亲手塑造了乾隆朝政局最为清明的阶段。然而在他死后，官场风气便急转直下。刘统勋的一生，无论对乾隆本人，还是对乾隆朝朝堂而言，都贡献重大。

大概因为受影视剧的影响，刘统勋如今的知名度似乎既不如他的门生纪晓岚，也不如他的儿子刘墉，但实际上，站在历史的角度来评判，刘统勋在乾隆朝的影响力是远超纪晓岚和刘墉的。

一个最直接的例子就是，刘统勋本人不但是乾隆朝第一位汉人首席军机大臣，他还是乾隆朝唯一一位谥号为"文正"的大臣。

他究竟有何特殊之处，才会凭汉臣的身份在历来崇满抑汉的乾隆那里，获得了如此大的殊荣呢？

刘统勋的一生，刚正又清廉。

硬核、"鸡娃"的童年

刘统勋生于康熙三十八年（1699）。父亲刘棨是康熙朝的进士，以长沙知县起家，后来官至四川布政使，即四川行省的二把手。因此，刘统勋也算得上是一个货真价实的官二代了。

只不过他这个官二代的童年生活过得比许多寻常百姓家的孩子还要苦。因为刘棨是一个非常正统且老派的儒家士大夫，他有着浓厚的政治理想，对子孙的教育极其严格。

前文提到过，纪晓岚算是天才，17岁中秀才，24岁中举人，31岁中进士。而刘棨当年考科举是什么情况呢？11岁补诸生，18岁中举人，28岁中进士。刘棨取得成功的原因，没有别的，就是两个字：刻苦。所以，当刘棨把自己的人生经验运用到刘统勋身上时，我们看到的就是刘统勋异常艰苦的童年了。

在清代，一个小孩正常外出读书的年龄应该在8岁左右。刘统勋呢？史书记载：

（刘棨）严乎子孙，六岁就外傅诵经书，不中程度辄予夏楚，出入跬步无敢嬉戏。①

刘统勋6岁的时候就被他的老父亲轰到外面读书去了。不让在家里读，怕孩子太安逸。而以6岁小孩的大脑发育程度，直接就跟8岁以上的孩童去比、去竞争，这是非常吃力的。"不中程度辄予夏楚"，"夏楚"指的是用教鞭，意思是刘统勋只要有一点背不出来，刘棨抄起鞭子就打。到最后，刘统勋"出入跬步无敢嬉戏"，连走路都一板一眼，根本就不敢玩。

等刘统勋长大一些之后，刘棨当上了山西平阳知府。刘统勋成市长的儿子了，可他的日子过得是真难受——

既长，被服食饮，比于寒素，读书汲古外不得有他嗜好，亦不得妄有所交接。②

意思是，刘统勋在少年时期，不但吃喝穿戴都跟底层老百姓一样，而且在刘棨的要求下，刘统勋不能有任何读书以外的爱好，也不能自由地交朋

---

① 李灉：《质庵文集》，《四库未收书辑刊》第9辑第29册，北京出版社2000年版，第482页；转引自张其凤：《刘墉家族与日照》，山东人民出版社，2013，第32页。

② 同上。

友。因此，刘统勋大概率从小就是一个很孤独的人。

我们今人来看，刘棨这样的教育方式其实是不可取的，教得好，教出一个首席军机大臣；教不好，孩子的一生可就全砸了。而面对如此难受的生活，刘统勋会怨恨他的父亲吗？不会。因为刘棨在某种程度上过得比刘统勋还要苦。

刘棨从知县起步，在没有任何家庭背景的情况下，硬凭着勤政和业绩，一直干到了从二品的布政使。而且他从来没想过怎么媚上，想的只有如何让百姓把日子过好。我们听着是不是觉得很虚伪？可事实是，当时刘棨不但带着老百姓修路养蚕、脱贫致富，在赶上天灾，百姓没收成的时候，刘棨甚至把自己家的地卖了，去替老百姓交税。以至于后来刘棨的老母亲去世时，刘棨和刘统勋居然都没有路费回家奔丧。史书记载：

宁羌民贫，多逋税，（刘棨）遂听民便，蜜栗笋蕨，悉充税，而自卖家中田代之输。……丁母忧。负债不能归。[1]

在古代，父亲的为人对儿子的影响是非常大的。而且以刘棨这样的为官风格，相信刘统勋从小挨打受教育时，刘棨所说的，也一定不是什么"你得好好读书，长大后要当官发财"之类的。他对刘统勋的教育理念大概就是：你今天好好读书，未来才有机会为官一任、主政一方，才能改变这个世界，让老百姓过上好日子。

多年以后，刘统勋已功成名就，在某次主考会试时，一位朱姓考官和刘统勋闲聊，朱姓考官认为个人考取功名即可，对吏事不必太劳心劳力。刘统勋则怼道：

---

[1] 李元度编纂《国朝先正事略》卷五十，《刘弢子方佰事略》，岳麓书社，2008，第1324页。

士亦视有益于世否耳，即试成进士，何足贵！[1]

只是考取公务员而已，有什么可开心的？作为进士，未来当官之时，能对得起你那份职业，让老百姓过上好日子了吗？益当世，这才是身为知识分子该有的追求。

在刘统勋的童年时代，父亲不仅给他带来了严苛的教育，同时也给他注入了非常传统的儒家"达则兼济天下"的价值观。最后，刘棨在刘统勋年仅20岁时，就累死在四川布政使的任上了。有这样一位父亲，刘统勋在未来又会走上怎样一条科考、为官之路呢？

刚毅坚卓的利剑

被"鸡娃"了一整个童年的刘统勋，当他踏上科举道路时，成绩是非常可观的。19岁中举人，26岁中进士，比刘棨当年中进士时还年轻了两岁。

26岁的刘统勋步入官场时，是雍正二年（1724）。作为一名青年进士，他早年一直是被当作文学人才使用的。刘统勋从正七品的翰林院编修起步，用了11年的时间升了8级，到了37岁时，他做到了正三品的詹事府詹事[2]。尽管刘统勋在此期间始终从事的是文书类工作，没有在掌握实权的部门工作过，但就平均水平而言，他绝对算是升官升得非常快的。

---

[1] 姚鼐：《惜抱轩文集》卷十三，《严冬友墓志铭》，黄山书社，2021，第475页。
[2] 詹事府长官，清康熙朝以后遂定其职掌为文学侍从，经筵充日讲官。

刘统勋的升迁和一份赏识是分不开的，这份赏识来自张廷玉。张廷玉不但是刘统勋中进士那一年的会试主考官，同时还在翰林院给刘统勋当了11年的院长。刘统勋既是张廷玉的门生，又是张廷玉的资深下属。

不过与张廷玉相比，刘统勋在雍正朝最幸运的一点则在于，雍正十二年（1734），刘统勋36岁的那一年，他成了彼时尚是皇子的弘历的老师。乾隆后来回忆说：

> 皇考重英贤，率命书房走。……胡（煦）、顾（成天）、刘（统勋）、梁（诗正）、任（启运）、邵（基）、戴（瀚）来先后。其时学亦成，云师而实友。[①]

"刘"，就是刘统勋。

因为弘历在皇子时期被父亲雍正严格限制了与大臣间的交往，所以等他登基后，新皇最熟悉的官员，其实就是当初教过他的那批老师。而刘统勋也就从乾隆朝开始，迎来了自己的腾飞时刻。乾隆元年（1736），38岁的刘统勋连升两级，成了正二品的刑部右侍郎，主官司法。

刘统勋此时身为张廷玉的门生兼乾隆的老师，如果他只是想升官发财的话，其实他只要四处装好人，把乾隆交代的事都办好，那他这一辈子，不说大富大贵，至少也肯定是顺风顺水的。

不过，正如我们前面提到的刘统勋说过的那句话一样，"士亦视有益于世否耳"，官员的好坏标准，最重要的就是这个世界有没有因为你的存在而变得更美好。

刘统勋的一生都在践行着他自己的这句话。

乾隆元年，在刘统勋被封为刑部右侍郎之后不久，他就被安排去浙江

---

① 弘历：《御制诗四集》卷五十八，四库全书本，第12页b。

巡视海塘工程了。乾隆的目的很简单，中国是农业大国，水利工程可说是天字第一号的民生工程，"章总"想多培养几个信得过的治水能臣，便让刘统勋去学习。

而刘统勋，在此前从未接触过治水工作的情况下，从头学起，到最后，他可说是乾隆朝前期的治水第一人。乾隆后来评价道：

直隶河工事务，……刘统勋一人，足资办理。①

这是一种莫大的信任。

刘统勋在学习水利之余，也在观察着官场的种种弊端。很多事，不能因为跟自己没关系，就允许其存在。

刘统勋发现，许多地方督抚、封疆大吏，一换工作地点，就会跟中央申请说要带几个人一起去新地方。理由也几乎清一色说"这个人很好，微臣用着顺手"。刘统勋直接一份奏折同时上给了乾隆和吏部：这算什么？这不就是自己当了大领导之后，找几个心腹亲信，然后越级提拔，给自己当耳目、爪牙吗？大家要是都这么干，日后官员的升迁，到底是该相信制度呢，还是该相信某个人的私人关系呢？

臣伏见新任督抚提镇，往往奏请随带人员，以备委用。……惟是先寄耳目于数人，即付腹心以要缺。补用不循资格，舆论指为私交，更相仿效。②

对此，刘统勋给出了自己的建议：

---

① 见《清高宗实录》卷四百五十七，乾隆十九年二月二十三日。
② 见《清高宗实录》卷四十四，乾隆二年六月十三日。

概停其随带。①

以后无论谁升官换工作,都不许带着之前的下属。如果真觉得哪个下属特别好,就报给吏部,让皇上亲自裁决,再给其下属做进一步的安排。总之,人事变动的处置权限在中央。

于属员内果有才能出众之人,则据实保奏,仰候皇上谕部引见,量才任使。②

刘统勋这道奏折,对一个刚来六部任职的新官员而言,从他个人的角度来看,基本上没有任何好处,还很得罪人;但从官僚体制运行的角度来看,这是促进吏治革新的一大步。

刘统勋的这道折子,真就为公不为私。与此同时,我们还能发现,刘统勋上奏猛归猛,但是他不莽撞。他提出的建议,不仅都合乎大清律例,还强化了乾隆和吏部在人事处置权限上的中心地位。刘统勋这个人,他做什么事,始终都要占着一个"理"字。所以,即便他的刚正伤害到了一些人的利益,那些人还真不好说他什么。

之后,刘统勋又是很快地用实际行动证明了:他参某个人,跟这个是谁完全没有关系,他是对事不对人的。举一个典型的例子,乾隆六年(1741),43岁的刘统勋刚被升为从一品的都察院左都御史,他就连上两道折子,把当时军机处最红的一满、一汉两位军机大臣都给参了。

这俩人,一个是自己的老师兼前领导张廷玉,另一个则是乾隆当时着重培养的满洲新贵讷亲。

---

① 见《清高宗实录》卷四十四,乾隆二年六月十三日。
② 同上。

刘统勋在奏折中先是说，来自张廷玉家族的官员太多了：

> 外间舆论动云"桐城张、姚两姓占却半部搢绅"，此即盈满之候，为倾覆之机所伏。①

家族太兴盛，就容易出问题、翻车，张廷玉家族目前就处在危险的边缘。因此，刘统勋建议，为了保全老臣，请把张氏家族所有官员的升迁，一律暂停三年。

而在参讷亲的奏折中，刘统勋说讷亲虽然工作努力，也没有贪污、擅权的记录，但讷亲承担的事务太多，难免就有人趋炎附势：

> 属官既奔走恐后，同僚亦争避其锋。部中议复事件，或辗转驳诘，或过目不留，出一言而势在必行，定一稿而限逾积日。②

讷亲做事太过尖锐，锋芒毕露，不利于班子团结。刘统勋话里话外的意思就是：建议乾隆减少讷亲的部分职衔，并管束讷亲的行事方式。

两道奏折上递之后，朝堂立刻就炸开了锅——刘统勋这也太猛了，一个父亲早丧、并无根基的汉臣，怎么什么人都敢招惹？张廷玉和讷亲当时在朝堂的地位，一个是汉臣第一，一个是满臣第二，二人都位极人臣。

而乾隆在收到奏折后，非常开心。道理很简单，任何一个君主，都希望当自己在重用某些大臣的时候，会有另外一拨人替自己盯着这些大臣，以确保权力的天平不会过于倾斜。于是，乾隆拿着刘统勋的这两份奏折，

---

① 郝懿行：《晒书堂集》《笔记·目录·上谕》，齐鲁书社，2010，第5533页。
② 李元度编纂《国朝先正事略》卷十六，《刘文正公事略》，岳麓书社，2008，第511页。

对众大臣说：

> 朕思二臣若果声势赫奕、擅作威福，则刘统勋必不敢如此陈奏。……此国家之祥瑞也。①

刘统勋敢这么上奏，就证明张廷玉和讷亲没问题，不用管了。有二位贤臣，还有老师刘统勋这样刚直的人，是我们国家的福气。

这里我们有一个疑问，刘统勋为什么要参张廷玉和讷亲？是为了自己能升官吗？不概率不是的，因为刘统勋已经做到从一品的都察院左都御史了，在品级上，基本属于升无可升的状态。如果刘统勋真的想搞张廷玉和讷亲，他完全没有必要本人亲自跳出来上奏，因为从他上奏的那一刻起，他就成为众矢之的了，即便张廷玉和讷亲有人从军机处腾出位置，空的位置也是不可能直接归他的。

因此，更大的可能是，刘统勋是真的为张廷玉和讷亲好，才上了这两道奏折。凭良心讲，不管是老张也好，讷亲也罢，二人其实都算得上是好官。刘统勋的这两道奏折，细细想来是在救他们。

当时很多本不理解的人，后来也逐渐意识到了刘统勋是一片好心。满洲那边，昭梿就说：

> 刘文正之劾果毅、勤宣，皆侃侃正论有足取者。②

"果毅"是讷亲的封号，"勤宣"是张廷玉的封号，昭梿的意思是：刘统勋这次弹劾，是出于公正而非私心的。汉族文人陈康祺也说：

---

① 见《清高宗实录》卷一百五十六，乾隆六年十二月初四日。
② 昭梿：《啸亭杂录》卷三，《郭刘二疏》，中华书局，1980，第63页。

文正与文和故交，此奏可谓爱人以德。①

鉴于刘统勋和张廷玉那么多年的师生关系，刘统勋上这个奏折，并不是在针对张廷玉，而是在保护张廷玉。

而张廷玉和讷亲二位，他们本人在面对刘统勋的奏折时，态度是什么样的呢？完全相反。

事出之后，张廷玉迅速主动约束了族人，自己也主动淡出了官场。于是，我们会发现，尽管老张晚年因为自己的糊涂和"章总"的一些小心眼，出了一些波澜，但其实老张家的子孙，在乾隆朝后来是没受到过任何打压的，甚至偶尔还会得到乾隆的特殊优待。待遇可是比鄂尔泰的子孙要好多了。

而讷亲对刘统勋的建议十分不以为然，依旧我行我素。讷亲最后还真就败在了做事太过锐利上。平定金川战场上，他和大将张广泗闹翻了，将相不和，最后落了个兵败被赐死的下场。

刘统勋为官刚正，敢于上奏，不仅如此，他的政治眼光和判断力也真是不俗。

这次参奏完，刘统勋在朝堂上的位置就越发特殊了。因为刘统勋之前参奏地方官员违规携带亲信时，就几乎把地方上所有的大吏给参了一遍，如今，他又把中央地位最高的两位官员给参了。

可大家偏偏还能感受到，刘统勋上这些折子，不是为了他自己，确实是为了朝廷，时时占了一个"理"字。于是，时人形容刘统勋在朝堂上的样子是：

公在朝，介然独立，矙然不浑，人多惮其严正。而延接士大夫，又未

---

① 陈康祺：《朗潜纪闻二笔》卷二，中华书局，1984，第352页。

尝不蔼然其可亲也。[1]

刘统勋往那儿一站，是一把刚正肃穆的利剑，但假如你真是个一心为公的人，刘统勋对你便会是和颜悦色的。就像刘统勋批评过讷亲办事风格太过锐利，可见刘统勋本人在为官时，虽然刚正，但并不是一个情商很低的人。而刘统勋除了盯着别人的问题之外，每当需要他自己独立承担使命时，刘统勋也是异常严谨，让人根本挑不出毛病来。

举一个典型的例子。刘统勋多次出面监修水利工程或遇天灾时治水，凡是刘统勋经手的大坝河堤，不但修得又快又好，而且在乾隆一朝，就没有出过事故。这其中，物资调配、人工管理、各级官员的协调，以及最重要的对贪污腐败的防范，刘统勋一定都做得极其严谨，才会有如此出色的成绩。

最终，刘统勋因为治水有功，于乾隆十四年（1749）迁工部尚书，并于乾隆十七年（1752）正式进了军机处，成了名副其实的军机大臣。

作为一个康熙朝出生的人，这一年的刘统勋，已经54岁了。

他这一辈子，就会一直如此兢兢业业、顺风顺水地走下去了吗？并非如此。刘统勋在此后遭遇过一次挫折。只不过这次挫折对刘统勋而言，倒像是因祸得福。

君臣相惜的落幕

这次挫折要从乾隆十九年（1754）讲起。当时准噶尔汗国发生了内

---

[1] 卢文弨：《抱经堂文集》卷第十六，《跋九·刘文正公自书手记跋》，中华书局，1990，第230页。

讧，乾隆就在傅恒的支持下发动了平准战争。想要用兵西北，陕甘总督这个负责管理军需粮草的职位就很关键了，派谁去协办事务呢？

乾隆第一个想到的，就是此前从未出过纰漏的时年56岁的刘统勋。

刘统勋到了战场后，在管理军需粮草方面，依然一点纰漏都没有，而且很有创见。史书记载：

统勋请自神木至巴里坤设站一百二十五，并裁度易马、运粮诸事，命如所议速行。①

刘统勋申请在补给线上设置125个补给站，并制定了各种换马、运粮的规章制度。最后，在平准战争中，清军后勤粮草的补给始终都是无懈可击的。乾隆后来还专门写诗说过：

统勋督陕甘，储需任所胜。②

然而接下来，出意外了。乾隆二十年（1755），平准战争本来获胜了，结果，准噶尔的一个小部落又叛变了，打了清军一个措手不及。当时刘统勋一个文臣在前线，让他押送粮草、保障后勤，这没问题。可如果让他对战场形势做出一个准确判断，那实在是太难了。偏偏刘统勋又不是明哲保身的性格。

于是，当刘统勋在新疆巴里坤接到了败逃回来的定西将军永常时，他就听了永常的建议，一起上书乾隆，建议放弃巴里坤，退守哈密。然而刘统勋不知道的是，乾隆其实收到了两份军报。一份是伊犁将军班第战死于

---

① 赵尔巽等：《清史稿》卷三百二，《列传八十九·刘统勋》，中华书局，1977，第10465页。

② 弘历：《御制诗四集》卷五十八，四库全书本，第18页a。

前线的军报；另一份就是来自刘统勋和永常的这份准备连巴里坤都不要了的军报。

乾隆当即下旨痛斥刘统勋：

附和永常，置班第于不问。①

乾隆可能是因为打了败仗，心情不好，便翻脸无情。他不但把刘统勋给抓了，还把刘统勋的儿子（包括刘墉）也抓了，乾隆甚至把刘统勋的家给抄了。然而就是这次抄家的结果，彻底震惊了乾隆。史书记载：

革职籍，其家甚贫。②

刘家太清廉了，穷得不像样子，连正经的好朝珠都没有一串。因为这次抄家是乾隆临时起意，因此根本不存在转移财产的可能性。乾隆可能也很感慨：朕的这位老师，平日在朝堂上那么横，日子怎么就过成这样了。

最终，乾隆把刘统勋扔进大牢里待了一小段时间，又给放出来了。乾隆后来也的确觉得，这事似乎跟刘统勋没什么关系。乾隆道：

统勋所司者粮饷马驼，军行进止，将军责也。……永常尚不知死绥，何怪于统勋？③

---

① 赵尔巽等：《清史稿》卷三百二，《列传八十九·刘统勋》，中华书局，1977，第10465页。
② 王炳燮：《国朝名臣言行录》卷之十五，光绪十一年刻本，哈佛大学汉和图书馆藏，第1页b。
③ 赵尔巽等：《清史稿》卷三百二，《列传八十九·刘统勋》，中华书局，1977，第10465页。

刘统勋只负责后勤粮草管理，军队行动应该由将军负责。永常这当将军的都不知道要坚守阵地、战死沙场，又怎么能怪刘统勋呢？

在好话坏话都让乾隆说完了之后，刘统勋被释放。并且罕见地，乾隆把本来没收的家产也都还给刘统勋了，可能也是因为根本就没抄出来多少。接着，乾隆很快就给刘统勋恢复官职，让他做刑部尚书。这一年，刘统勋58岁。

正常情况下，一个人遭遇了刘统勋的这种人生大起大落之后，得学会夹起尾巴做人了吧？可刘统勋依然我行我素地去弹劾、处理各路违法官员，遇到天灾就认真兴修水利，甚至开始自学军务了，并且刘统勋之后还兼管了兵部，立了军功。史料记载：

（刘统勋）兼管兵部事务加二级，纪录一次军功加二级。[1]

这就是真正的勇士。在哪里犯错，就一定要在哪里纠正过来，主打一个没有软肋。刘统勋哪怕已经奔六十了，在他被乾隆扔进监狱的那段日子，他大概仍然会回想起小时候，父亲刘棨拿着教鞭打他，问他为什么会背不出来课文的场景。

此后刘统勋在乾隆朝的地位，也就越来越特殊了。简单来说，乾隆朝当时，但凡是什么你中有我、我中有你，牵扯人情太多的、关系到满洲贵族的、牵扯到封疆大吏的案子，只要是办起来有较大难度的，乾隆基本上都会派刘统勋去解决。

一是他公平，二是他敏锐，三是他在朝堂上的形象无比伟岸，凡是他判的结果，官员基本都认可。因为大家都觉得，刘统勋无论是从能力上，

---

[1] 见诸城博物馆藏《乾隆二十六年刘统勋赠曾祖父刘通一品衔、曾祖母王氏一品夫人诰命》。

还是从人情关系上来说,他都是不会冤枉人的。用乾隆的话来说就是:

  统勋练达端方,秉公持正,朝臣罕有其比。故凡谳大狱、督大工,悉命往莅事无勿治者。①

  《清高宗实录》中记载的大案要案,刘统勋一个人就办了至少12件。
  与之相对应地,刘统勋的官位也一路高升,处理的事务也越来越多。六部中,刘统勋当过其中四部的最高长官。最终,乾隆三十六年(1771),前首席军机大臣一等忠勇公傅恒和中间过渡的尹继善两个人在一年之内相继离世后,73岁的刘统勋正式成了乾隆朝第一位长期担任首席军机大臣的汉族官员。
  这个时候的"章总"也是位60多岁的老人了,他身边很多年少时亲近的人都不在了,尤其是小舅子傅恒和皇弟弘昼,二人还是在同一天过世的。所以,乾隆在晚年愈发孤独,而他对刘统勋这位自己年轻时的老师也就显得越发依赖了。
  乾隆三十六年,四川西部的金川土司再次叛乱,乾隆一开始就跟刘统勋商量过怎么办。乾隆主张打,刘统勋主张安抚。结果乾隆不听,非要打。最后,尽管战争起初很顺利,但很快就遭遇了那场著名的木果木之败。乾隆是在热河收到的军报,而刘统勋那会儿正在京中给皇子们上课。乾隆立即发急诏把刘统勋叫来了。乾隆对老师说:朕很后悔当初没听您的,现在前边输了,接下该怎么办呢?

  上曰:"昨军报至,木果木军覆,温福死绥。朕烦懑无计,用兵乎,

---

① 弘历:《御制诗四集》卷五十八,四库全书本,第18页a。

抑撤兵乎？"①

别看刘统勋此时已经70多岁了，但他的神智却非常清醒。他认为开弓没有回头箭，中央打地方，没打的时候可以不打，可一旦开打并且输了头阵，就一定要打到底，不然中央以后就彻底没有权威了。刘统勋道：

日前兵可撤，今则断不可撤。……臣料阿桂必能了此事。②

并建议说让阿桂上，方可取胜。乾隆也说：

朕正欲专任阿桂，特召卿决之。卿意与合，事必济矣。③

咱们二人要是想的一样，这就准能成。

如此来看，乾隆晚年对刘统勋的信任与依靠，明显相当不一般，阵前换帅这么大的事，他把刘统勋叫来商量一番，两个人就这么定了。

只可惜刘统勋年事已高，没能多陪乾隆几年。两年后，乾隆三十八年（1773）的一天，在上朝的路上，刘统勋在轿中昏迷，救治未果而逝世，终年75岁。他和父亲刘棨一样，都死在了任上。

而时年63岁的乾隆，一听说刘统勋出事了，立刻就派福康安他二哥福隆安去送药。可等福隆安到的时候，人已经没了。之后，在刘统勋的丧礼上，60多岁的乾隆也亲自去了现场，当时光看着简陋的灵堂，乾隆就有些受不了了。史书记载：

---

① 赵尔巽等：《清史稿》卷三百二，《列传八十九·刘统勋》，中华书局，1977，第10467页。
② 同上。
③ 同上。

上临其丧，见其俭素，为之恸。①

等乾隆从刘家出来，都快回到宫里了，老皇帝可能是越想越难受，忽然特别失态地当着大臣们的面哭起来了。史书记载：

（乾隆）回跸至乾清门，流涕谓诸臣曰："朕失一股肱！"既而曰："如统勋乃不愧真宰相。"②

要知道，乾隆早年最烦的就是官员把军机大臣和大学士叫宰相，他曾经特地说过：

内阁自明初改置大学士以来，即不复称宰相。③

可如今，乾隆却主动在刘统勋死后叫了他一声"宰相"，放眼整个乾隆朝，刘统勋是唯一的一个。

最终，乾隆钦定谥号"文正"，让刘统勋入贤良祠。而就在刘统勋死后，乾隆朝的吏治急转直下。

刘统勋这一辈子，小的时候受苦，长大了也是个四处修水利、办案的劳碌命，为人不贪不腐，没交下多少朋友，也没过过几天好日子。但刘统勋大概一直到最后，心中都是有那杆秤的——士亦视有益于世否耳？这个世界，真的因为有过我而变好了吗？

---

① 赵尔巽等：《清史稿》卷三百二，《列传八十九·刘统勋》，中华书局，1977，第10466页。
② 同上。
③ 见《清高宗实录》卷九百六十三，乾隆三十九年七月二十一日。

钮祜禄·讷亲

两朝宠臣的轰然坠落

讷亲是由雍正发掘，受乾隆培养的朝廷重臣，为乾隆朝前13年的政治改革做出过重大贡献。讷亲也是乾隆早期最为器重的政治明星。不过，讷亲性格上的缺陷与能力上的短板最终让他在一平金川的军事行动中以一种极不体面的方式退出了历史舞台。

他是乾隆亲自培养的第一位首席军机大臣——钮祜禄·讷亲。

军机处作为清朝的中枢权力机关，本质上是清朝皇帝的私人秘书处，军机处的一切运转都必须在皇帝的直接掌控之下。因此，军机处的总负责人——首席军机大臣（俗称"首席大军机"），必须有贯彻皇帝意志、处理中央和地方日常政务的能力，同时，首席大军机的人选，必须要得到皇帝的高度信任。

乾隆朝的第一任首席大军机西林觉罗·鄂尔泰其实是雍正朝留下的能臣，他虽是当时最恰当的人选，但并非乾隆帝本人满意的选择。直到鄂尔泰因病去世后，乾隆才正式推出了他本人力捧的政治新星讷亲，让后者接替鄂尔泰总理军机处。

然而，乾隆悉心培养的政治新星，在担任首席大军机仅三年后，便身败名裂，惨死京外。

问题来了：讷亲他凭何特质吸引了乾隆，让自己得到了重点培养呢？他又到底有着怎样的问题，导致了自己失败而身死的结局呢？

这位乾隆朝的首席大军机，在他的人生履历中，我们能看到他一路高歌猛进，也能看到他在顷刻间轰然坠落。

家族风波中崛起

根据《镶黄旗钮祜禄氏弘毅公家谱》的记载，讷亲生于康熙四十七年（1708），姓钮祜禄，出身于满洲有名的勋贵家族。

讷亲的曾祖父是后金五大臣之一的额亦都，祖父是乾隆朝的辅政大臣、获封一等公爵的遏必隆。然而，等到遏必隆去世后，承袭遏必隆爵位的却是讷亲的七叔阿灵阿，而非他的父亲尹德。

因此，讷亲家族只是钮祜禄家族的旁系，并不能承袭家族最高的爵位，享受最高的荣誉。不过，接下来出现的重大的政治风波改变了讷亲的命运。

康熙朝中后期，皇子们的夺嫡斗争愈演愈烈，许多满洲家族都牵涉其中，而讷亲他七叔阿灵阿在九子夺嫡斗争中旗帜鲜明地支持皇八子胤禩。史书记载：

四十七年冬，皇太子允礽既废，储位未定，……上召满、汉文武诸大臣集畅春园议诸皇子中孰可为皇太子者。……阿灵阿等书"八"字密示诸大臣，诸大臣遂以允禩名上。①

最后，胤禩夺嫡失败，皇四子胤禛继位，成了我们熟悉的雍正皇帝。钮祜禄家族的爵位传承就发生了一次重大改变。

其实，早在康熙朝末期，阿灵阿就已经去世了，家族世袭的一等公爵降为二等公，传给了阿尔松阿。可即便阿灵阿已经去世，雍正在打击允禩

---

① 赵尔巽等：《清史稿》卷二百八十七，《列传七十四·马齐》，中华书局，1977，第10222页。

的政治势力时，仍然没有放过阿灵阿的子孙。雍正选择直接问罪阿灵阿之子阿尔松阿，并将钮祜禄家族中的世袭爵位移交给了阿尔松阿的六伯、讷亲的父亲音德。史书记载：

> 二等公阿尔松阿，缘罪革退。以其伯音德袭爵。①

这一年是雍正二年（1724），讷亲17岁。

至于雍正为什么选讷亲他爸音德来承袭爵位，则很有可能因为音德在夺嫡斗争白热化阶段主动投靠了雍正。在雍正后续打击老八允禩和老九允禟的活动中，音德就是雍正意志的主要执行人之一。史书记载：

> 至是，正蓝旗都统音德等，将允禩、允禟等，更名编入佐领事，定议奏闻。②

在家族内各种政治风波不断时，少年时期的讷亲始终忙着刻苦钻研学业。雍正四年（1726），年仅19岁的讷亲成功考上笔帖式，进入朝廷工作，开启了自己的官场生涯。

转年，雍正五年（1727），讷亲的父亲音德因病去世。20岁的讷亲在一众兄弟中脱颖而出，被雍正选中，承袭了音德的二等公爵，封号为"果毅"。据记载：

> 正蓝旗满洲都统公音德患病解任，以其子讷亲袭替。③

---

① 见《清世宗实录》卷二十五，雍正二年十月二十八日。
② 见《清世宗实录》卷四十二，雍正四年三月初四日。
③ 见《清世宗实录》卷五十六，雍正五年四月十八日。

讷亲虽然年纪轻，但凭借着自己勤勉、果决的办事风格，深受雍正青睐与重用。乾隆登基后也回忆说：

二等公讷亲，向蒙皇考嘉奖。以为少年大臣中，可以望其有成者。[1]

讷亲常常受到父皇的表扬，在年轻一辈的大臣中，讷亲最被寄予厚望。从这里，我们不仅可以看出雍正对讷亲的喜爱，也可以看出早在雍正朝晚期，弘历就已经对讷亲非常熟悉了。

在雍正的重用之下，青年讷亲迎来了跨越式的升迁。20岁承袭公爵之位的讷亲，当年就一步登天，被任命为从二品的散秩大臣，相当于皇宫警卫部队的副队长。6年后，年仅26岁的讷亲入职军机处，一跃成为雍正朝决策圈的核心人物。

至于雍正为什么要破格提拔讷亲这样一个年轻人，最有可能的答案是雍正有意培养讷亲，让他未来去辅佐弘历。最后也的确如此，雍正十三年（1735），雍正在临终前也的确安排年仅28岁的讷亲去做皇四子弘历的顾命大臣。史书记载：

（雍正）十三年，世宗疾大渐，讷亲预顾命。[2]

那么，在雍正朝运气不错也颇受重视的讷亲，到了乾隆朝之后又会迎来怎样的命运转折呢？

---

[1] 见《清高宗实录》卷九，雍正十三年十二月二十六日。
[2] 赵尔巽等：《清史稿》卷三百一，《列传八十八·讷亲》，中华书局，1977，第10441页。

第一 受恩的明星

讷亲的官场生涯真可谓顺风顺水。在雍正朝本就一飞冲天的情况下，到了乾隆朝，讷亲的风头更上一层楼。

乾隆二年（1737），刚到而立之年的讷亲升任兵部尚书，并兼任议政大臣。转年，31岁的讷亲又在年底调任吏部尚书，再加上其军机大臣的身份，可以说权势极为显赫。

风光之下，暗藏危机。时任左都御史的刘统勋便曾上书说过：

尚书公讷亲，未及强仕之年，统理吏户两部。入典宿卫，参赞中枢，兼以出纳王言，趋承禁闼。……即智力有余，亦苦分身乏术。如或精神劳惫，必至贻误。……又讷亲以一人之身，兼理数处。且时蒙召对，向用方隆。无论所属人员，奔走恐后。即同官寀案（审），亦皆敛手。虽未必至于开贿赂之门，窃威福之柄，然正谓事涉于因公，迹涉于任怨，或反覆驳诘，或寓目不留。出一言而势在必行，定一稿而限逾积日。①

这里，刘统勋一共指出了讷亲三个问题：

第一，讷亲负责的事务太多，即便他的智力可以应付，体力也难以支撑，时间长了，一旦精神劳累，就会耽误中央行政机器的正常运转；

第二，讷亲本身的权力太大，各路下属同僚全都要围着他转，走他的门路，这就增加了系统性腐败的风险；

第三，讷亲执政的个人风格太强，雷厉风行，对官员提出要求后，总是强制对方在十分有限的时间内完成，时间久了，恐怕有擅权的可能。

---

① 见《清高宗实录》卷一百五十六，乾隆六年十二月初四日。

总之，看了刘统勋这道上书，我们能发现，乾隆朝初期的讷亲的确是深受乾隆信任、位高权重的，而刘统勋的核心诉求很明显是希望乾隆对讷亲进行削权。可面对刘统勋指出的讷亲的种种问题，乾隆的反应是什么呢？史书记载，乾隆最后回复刘统勋：

讷亲为尚书，模棱推诿，固所不可，但治事未当，亦所不免，朕时时戒毋自满。今见此奏，益当自勉。①

讷亲为官，模棱两可、推卸责任肯定是不行的，但是有些事情处理不当，也是在所难免的。朕经常告诫他不要自满，相信讷亲如今见了这份奏折，一定会更加自我勉励、多加注意的。

简言之，乾隆没有对讷亲的权力做出任何实质性的限制，只是点到为止地简单提醒。于是，问题来了：讷亲到底有什么过人之处，能让他获得乾隆这么深的信任呢？

讷亲做官有三个不容忽视的优点——忠诚、勤奋、清廉。让我们逐个来看。

第一，忠诚。皇帝用人，忠诚总是第一位的。而讷亲总是能让乾隆感受到自己的纯粹与忠诚。举个例子，乾隆九年（1744）时，讷亲曾到河南、山东、江苏等地查阅营伍、验看河工，见河南、江南军纪废驰，讷亲便给乾隆写了一份非常详实的考察报告。史书记载：

是月，钦差尚书公讷亲奏：查阅河南一省营伍，大略相同；至江南寿春镇，亦不相上下。倘各省官兵，悉以平庸废弛被劾，亦觉听闻未便。请俟

---

① 赵尔巽等：《清史稿》卷三百一，《列传八十八·讷亲》，中华书局，1977，第10442页。

阅看全完之日，通盘比较，其废弛尤甚者，据实参奏处分，其余各标营，通行训饬，俾加整顿。①

看完讷亲这份考察报告，乾隆感慨说：

所见甚是，……览此，即可见外省大吏，无一不欺朕者矣。②

当乾隆认为他能在讷亲这里听到实话、看到真相后，他自然也愿意让讷亲去处理更多的事务。这就是忠诚的力量。

第二，勤奋。如果讷亲只是一个忠诚、肯说实话却别无长处的人，那乾隆虽然会信任他，但不一定会重用他。讷亲之所以能让雍正、乾隆两代君主都十分看重，是因为他本人不仅忠诚，还是一位勤奋可靠的能吏。比如，讷亲曾负责到地方考察河工水利工程，针对不同地区做出了非常专业的分析判断。史书记载：

其勘洪泽湖，请濬盐河俾通江，疏串场河俾达海，并停天然二坝、高堰下游二堤。其勘南旺湖，请以湖中涸地贷贫民耕稼。③

讷亲不仅能根据各地的地形地势给出专业的分析建议，而且在考察堤坝、湖泊之时能兼顾粮食生产与贫民救济。一个忠诚、能干的大臣形象跃然纸上。

第三，清廉。关于讷亲的为人处事，史书中有描述：

---

① 见《清高宗实录》卷二百十三，乾隆九年三月二十九日。
② 同上。
③ 赵尔巽等：《清史稿》卷三百一，《列传八十八·讷亲》，中华书局，1977，第10442—10443页。

> 讷亲勤敏当上意，尤以廉介自敕，人不敢干以私。其居第巨獒缚扉侧，绝无车马迹。①

讷亲这个人，办事勤勉机敏，很得皇帝的心意，且为人以清廉自我约束，官位虽高，人们却从不敢因私求他办事。讷亲还专门在住宅门口拴了一条凶猛的大狗，根本没什么人会接近他的宅第。

因此，这样忠诚、清廉又勤奋能干的讷亲，当然非常受乾隆喜欢。乾隆十年（1745），首席大军机鄂尔泰病逝，讷亲在乾隆的鼎力支持下，坐上了乾隆朝的第二任首席大军机的宝座。这一年，讷亲年仅38岁。

事实上，在鄂尔泰去世前，讷亲在军机处的排位仅为第三，军机处的次席军机大臣是康雍乾时期的老臣张廷玉。换句话说，乾隆强行提拔讷亲是绕过了张廷玉的，以至于乾隆自己都感叹道：

> 自御极以来，第一受恩者，无过讷亲。②

可见讷亲早期在乾隆朝真的很受宠。

不过，讷亲为官的缺陷也十分明显。史书记载：

> 然（讷亲）自恃贵胄，遇事每多豁刻，罔顾大体，故耆宿公卿，多怀隐忌。③

讷亲觉得自己出身好、地位高，道德也过硬，接人待物时常常过于刻薄，

---

① 赵尔巽等：《清史稿》卷三百一，《列传八十八·讷亲》，中华书局，1977，第10442页。
② 见《清高宗实录》卷三百二十五，乾隆十三年九月二十八日。
③ 昭梿：《啸亭杂录》卷一，《杀讷亲》，中华书局，1980，第14页。

导致许多官员都对其心怀不满。

这种情况下，讷亲虽然身居高位，但依然如履薄冰。因为得不到下属与同僚认可和支持的首席大军机，他仕途的容错率注定是非常低的，当他犯错时，同僚甚至不需要落井下石，只消袖手旁观，就足够他喝一壶的。而事实也的确如此，讷亲很快就在一件事情上犯下了无法挽回的错误。

身死金川的结局

要了解乾隆朝一平金川战争的背景，我们需要先了解土司制度。

中国古代的中央政府在管理少数民族聚居区时，考虑到民族与文化的差异，也为了避免冲突，常会采取一种间接统治的方式——只要当地的少数民族首领愿意称臣纳贡，中央政府便会允许该首领以世袭的方式长期统治其民族的聚居区。这些世袭的少数民族土著首领被称为土司。因此，各少数民族聚居区的土司政权，其实就是一个个半独立的割据势力。

乾隆十二年（1747），四川西部的大金川土司莎罗奔野心膨胀，为了扩张自己的势力范围发兵攻打周边土司，严重威胁了中央政府对西南地区的管辖。于是，乾隆决定发兵征讨大金川，并调云贵总督张广泗为川陕总督，主持一平金川的早期战役。史书记载：

十一年，大金川土司莎罗奔为乱，（张广泗）调川陕总督。[1]

---

[1] 赵尔巽等：《清史稿》卷二百九十七，《列传八十四·张广泗》，中华书局，1977，第10401页。

结果，受限于金川地势复杂，且莎罗奔方面碉楼坚固，仗打了一年多，清军不仅损兵折将，迟迟未能取胜，士气也逐渐衰微。

迫于无奈，为了扭转前线颓势，乾隆十三年（1748）四月，乾隆决心派首席大军机——时年41岁的讷亲亲赴四川前线指挥全军，鏖战大金川。乾隆下旨道：

> 惟大学士讷亲前往经略，相机调度，控制全师，其威略足以慑服张广泗。而军中将士，亦必振刷归向，上下一心。从前疲玩之习，可以焕然改观，成克期进取之效。①

可见，此时的乾隆对讷亲抱有极大的期待。

讷亲虽然在行政上表现出色，但讷亲此前从未上过战场，以为自己只消似过去那般"出一言而势在必行，定一稿而限逾积日"——只要盯得够紧，便能一举取胜。只可惜，战场形势错综复杂，态度、战术、勇气，甚至运气都能左右最终的胜利，把问题想得太简单的讷亲，刚到金川便出了岔子。

大金川有一核心要塞，名叫噶拉依，非常难打，想攻下来必须从长计议、好好制定战术才行。然而，讷亲抵达前线后，认为这只因士兵们勇气不足、魄力不够，迟迟不能取胜。于是，讷亲到了前线后力排众议，强行下令，要求全军三天内攻克噶拉依。史书记载：

> 六月，讷亲至军，下令期三日克噶拉依。②

---

① 见《清高宗实录》卷三百十二，乾隆十三年四月十一日。
② 赵尔巽等：《清史稿》卷三百一，《列传八十八·讷亲》，中华书局，1977，第10443页。

讷亲的部署其实严重暴露了他在军事上的无知，他不考察地形、不调研军情，在信息尚未全面了解清楚时，便强行下令进攻。于我方而言，这是在拿士兵的生命开玩笑。现场就有军官劝谏讷亲再考虑考虑，然而，讷亲完全是在拿管理官员那一套去管理军队。据记载，讷亲在部署进攻噶拉依的军前会议上是这样的：

将士有谏者，动以军法从事，三军震惧。①

将士谁敢劝说就军法处置，讷亲这是逼着官兵们去强攻。

实话说，政府里的工作，领导是可以强逼下属去干的，即便下属有时明知领导不对，也能勉强接受。因为在政府里，面对领导的错误意志，下属去执行的代价顶多是浪费一些时间，出岔子了领导担责，而不接受却会有丢工作的风险。因此，政府工作靠强逼还可以推动。

然而，军队里的工作就完全不一样了。最高主帅是很难强逼着一线官兵去作战的，尤其是官兵们意识到主帅的指挥有问题时。在战场上，面对主帅的错误指挥，官兵去执行是可能会没命的。如果自己的牺牲是有意义的还好说，若自己的牺牲没有任何意义，军队就有可能哗变。

最终，讷亲凭借着自己军机处首席大军机的身份强行推动了对噶拉依的进攻，清军的官兵们也算得上努力。只可惜，有些结果，在战前就已然注定了。据史书记载，噶拉依战斗的最终结果是：

噶拉依者，莎罗奔结寨地也。师循色尔力石梁而下，攻碉未即克，署总兵任举勇敢善战，为诸军先，没于阵。②

---

① 昭梿：《啸亭杂录》卷一，《杀讷亲》，中华书局，1980，第14页。
② 赵尔巽等：《清史稿》卷三百一，《列传八十八·讷亲》，中华书局，1977，第10443页。

讷亲部署的这次强攻非但没能取胜，反而导致任举等官兵阵亡。

噶拉依攻坚战的失败，也成了讷亲人生的重大转折点。此前的讷亲，自诩能力、品德无缺，做事雷厉风行，如今经历一次惨败之后，整个人仿佛忽然泄了气。因为他的确不懂军事，又从来不擅长团结周围的同事和下属，噶拉依攻坚战过后，身为主帅的讷亲面对接下来的作战指挥，居然选择了逃避。史书记载：

> 讷自是慑服，不敢自出一令，每临战时，避于帐房中，遥为指示，人争笑之，故军威日损。①

没能拿下噶拉依，还能说胜败乃兵家常事，那么逃避责任、拒绝前线指挥就很不负责了。讷亲丧失信心后，这场仗就完全没法打了。主帅都不相信仗能打赢，士兵又该如何努力呢？

更重要的一点在于，讷亲战败之后，他过高评估了战争的难度。当时清军的兵力已达4万，而大金川的兵力仅有3000余人，拥有超过10倍兵力的讷亲，依然向乾隆上书索要更多支援。讷亲请求：

> 俟明岁加调精锐三万，于四月进剿，足以成功，最迟亦不逾秋令。至粮运紧要。②

讷亲想用7万人，约莫20倍的兵力去打大金川。

讷亲的请求送到中央，乾隆都看不下去了，回复道：

---

① 昭梿：《啸亭杂录》卷一，《杀讷亲》，中华书局，1980，第14页。
② 见《清高宗实录》卷三百二十一，乾隆十三年闰七月十九日。

且大兵有四万之众，彼止三千余人。何以应我则觉有余，而攻彼惟虑不足？①

讷亲你要兵之前，能不能先解释解释，4万人打3000余人，为什么兵力处于劣势的大金川能轻松地应对我们的进攻，而我们的兵力却始终不足以进攻大金川呢？讷亲你要是能奏明目前的4万兵力是如何部署的，未来的3万兵力需要补充哪些不足，朕也能考虑给你资源，你若讲不明白，总不能硬要兵力，去玩数字游戏吧？

然而，即便乾隆意识到讷亲的军事能力有限，也没办法撤回讷亲了。很简单，讷亲此前的地位太高了，他的行动涉及国家颜面，无功而返，必遭人耻笑，大金川战事结束之后，讷亲也只会更加膨胀。史书记载：

上知讷亲不足办敌，谕军机大臣议召讷亲还；又念大金川非大敌，重臣视师，无功而还，伤国体，为四夷姗笑。②

看到讷亲在前线狼狈的样子，乾隆仍想挽救一下，多次下旨令讷亲仔细思考战事，至少也要打两个局部的胜仗出来。乾隆的目的也很简单：他想让讷亲以胜利的姿态回来，平息可能存在的颜面风险。据记载：

上知其不足恃，然欲其稍有捷音，然后召还，以全国体。③

只可惜，讷亲依旧畏战如虎，不敢进攻。

---

① 见《清高宗实录》卷三百二十一，乾隆十三年闰七月十九日。
② 赵尔巽等：《清史稿》卷三百一，《列传八十八·讷亲》，中华书局，1977，第10444页。
③ 昭梿：《啸亭杂录》卷一，《杀讷亲》，中华书局，1980，第14页。

不仅如此，乾隆还收到情报称：讷亲在前线，不仅作战失败，甚至连忠诚度也出了问题——讷亲有意隐瞒了部分失败战役，导致中央军机处信息残缺；且有人发现，讷亲还发过"金川事大难，不可轻举"[1]和"此皆我罪，令如许满洲兵受苦"[2]的牢骚。

这两句牢骚，前一句有甩锅给中央发动战争的嫌疑；后一句则严重动摇军心，养兵千日用兵一时，满洲兵本就以弓马骑射娴熟著称，应是热爱作战的，主帅怎么能直言打仗是受苦呢？

综合而言，讷亲在金川战场上，身为主帅，早期部署未做调研，导致损兵折将；中期指挥拒临前线，又致士气渐损；后期作战也无良方，试图推卸责任于中央。于军法而言，无论讷亲在赴金川战场前的20年官场生涯有多么勤奋可靠，单凭金川战役中的种种糟糕表现，也足以将讷亲杀头。

最终，忍无可忍的乾隆正式下令，由大学士傅恒接任金川前线总指挥，并命侍卫鄂实携讷亲祖父遏必隆的御赐遗刀前往四川军营，将讷亲正法。史书记载：

上封遏必隆遗刀授侍卫鄂实，监讷亲还军，诛以警众。[3]

40余年都在高歌猛进的讷亲，最终还是受军事短板与性格缺陷的影响，在一平金川作战失利后轰然坠落，就此走到了自己生命的尽头，终年42岁。乾隆努力培养的第一位首席大军机，就此宣告退场。

---

[1] 赵尔巽等：《清史稿》卷三百一，《列传八十八·讷亲》，中华书局，1977，第10444页。
[2] 同上书，第10445页。
[3] 同上。

章佳·尹继善

总督六省的七旬首揆

尹继善，清朝历史上升官最快的封疆大吏。一生担任过云贵、川陕、两江三地六省的总督，76岁时担任军机处首席军机大臣，对雍、乾两朝的官场有着巨大影响。尹继善官运昌隆，他虽能力出众、政绩斐然，但面对乾隆时，尹继善依然要时常逢迎拍马，甚至不惜移山填海。

章佳·尹继善，这是一位雍、乾两朝的名臣。

在众多清朝历史人物中，尹继善并不算声名显赫，但他却有着清朝升官最快的纪录。

清朝的封疆大吏中，最为位高权重的，便是全国仅有的9位从一品总督。许多清朝官员辛劳一生，都求总督之位而不得，可尹继善从考中进士到升任总督，一共只用了8年多的时间，论升官之迅速，整个清朝无出其右。以至于乾隆都曾感慨尹继善

> 八年至总督，异数谁能遘？①

除了升官迅速外，尹继善的官场生涯也很漫长，他是仅有的两位既在雍正朝当过地方总督，又在乾隆朝当过首席大军机的臣子之一（另一位是西林觉罗·鄂尔泰）。

因此，尹继善在雍、乾两朝既是高山，也是长河。那么，尹继善他究竟有何过人之处，能拥有如此绵长而绚烂的官场生涯呢？

尹继善一生中侍奉了两代帝王，上不负君，下不负民。

---

① 弘历：《御制诗四集》卷五十九，四库全书本，第14页b-15页a。

两位领导的偏爱

尹继善,字元长,出生于康熙三十四年(1695),姓章佳,老家在东北长白山一带。

尹继善的父亲叫尹泰,在康熙朝曾担任国子监祭酒。国子监是中国古代的最高学府,祭酒就是最高学府的总负责人。因此,尹泰当年的身份有点类似于今天清华、北大的校长。

通过尹泰的个人履历,我们会发现,相较其他满人,尹继善的家庭环境是很不一样的。满洲出身的人应当是热衷弓马骑射的,但尹继善一家却是热衷中原文化的。

在父亲尹泰的教导下,尹继善学习得十分认真,23岁左右,尹继善便考中了举人。

然而,在尹继善刻苦读书的青年时期,他家里其实一直在走下坡路。一是因为尹继善他几个哥哥都没能成才,二是尹继善他父亲尹泰因病提前退休了。换句话说,在相当长一段时间里,尹继善家里都是朝中无人的。

在家道中落之际,康熙六十年(1721),一件足以改变尹泰和尹继善命运的事情发生了。

这一年,康熙派皇四子雍亲王胤禛前往沈阳祭祖。结果,好巧不巧,就在胤禛去祭祖的路上突然天降大雨,不得已,胤禛跑去前国子监祭酒尹泰家借住了一夜。史书记载:

宪皇居藩邸时,命祭三陵,天会雨,因宿于公家。[①]

[①] 昭梿:《啸亭杂录》卷七,《尹文端公》,中华书局,1980,第190页。

老四胤禛同样从小热衷中原文化，所以，胤禛和尹泰两个人这一夜越聊越投机。聊着聊着，胤禛忽然问尹泰："有子仕乎？"①你有儿子在朝为官吗？尹泰也不好意思说"我家目前没人当官"，只是说：我有个儿子叫尹继善，目前已经考中举人了。接着，胤禛听后表示：你应当让尹继善到京城去见我一面。

亲王约见，这是多大的面子！然而，事情常有意外，转年的康熙六十一年（1722），尹继善正准备去拜访胤禛时，康熙皇帝驾崩了，皇四子胤禛继位，成了我们熟悉的雍正皇帝。

王府易登，皇宫难进。彼时还只是举人的尹继善，尽管有约，但没能见到胤禛。因此，尹继善的人生没能找到什么捷径，只有读书这一条路，他必须在科举考试上取得更大的突破才行。求人不如求己，雍正元年（1723），29岁的尹继善成功考中进士。

在进士的引见活动上，尹继善第一次见到了雍正。史书记载：

（尹继善）登雍正元年进士。引见，世宗喜曰："汝即尹泰子耶？果大器也。"②

雍正见到尹继善是非常开心的，不仅惊喜于尹继善是尹泰之子，对尹继善本人的第一印象也非常不错。

尹继善的福气还不只如此。同雍正见面后，尹继善去翰林院担任庶吉士。庶吉士没有品级，相当于翰林院的实习生，先在翰林院实习三年，再根据考核结果授予相应的官职。没想到，就在实习期间，尹继善被另外一

---

① 昭梿：《啸亭杂录》卷七，《尹文端公》，中华书局，1980，第190页。
② 袁枚：《小仓山房文集》文集卷三，《神道碑·文华殿大学士尹文端公神道碑》，浙江古籍出版社，2015，第38页。

个人看上了。这个人就是雍正最亲爱的弟弟、雍正朝"常务副皇帝"——怡亲王允祥。

允祥和尹继善是如何认识的,我们已经无从知晓了。总之,当时允祥主动找雍正申请,问能不能让尹继善来给自己当秘书,雍正爽快地答应了。史书记载:

怡亲王请公为记室,上许之。①

尹继善在给允祥当秘书期间,他的表现如何,虽然没有相关记载,但他应是非常受允祥喜欢的。举个例子,有一年冬天,尹继善跟着允祥外出,当时天气特别冷,可因为家境贫苦,尹继善身上只披了一件羊皮袍子,有些单薄。允祥看到后,当即赐给尹继善一件青色的狐皮大衣,足见允祥对尹继善的关爱。

因此,我们说,尹继善初入官场时,真的非常幸运,得到了皇帝雍正和怡亲王允祥的双重偏爱。早早受到领导重视的尹继善,他又会迎来怎样的官场生涯呢?

八年登顶的总督

尹继善官场生涯的前三年还是比较常规的。尹继善一边在翰林院实

---

① 袁枚:《小仓山房文集》文集卷三,《神道碑·文华殿大学士尹文端公神道碑》,浙江古籍出版社,2015,第39页。

习，一边得空时去怡亲王府当秘书，到了雍正三年（1725），翰林院实习期结束，也只是被授予了正七品的翰林院编修，并没有多特别。

接着，在没有任何明确的功绩记载的情况下，仅仅过了两年，尹继善便连升三级，成了从五品的翰林院侍读。这一年，尹继善33岁。

两年里连升三级，33岁任侍读，整体看，尹继善在官场的前5年，只能说升得比较快，但升迁速度还算正常，并不离谱。但是，在尹继善升任翰林院侍读的那年，他的人生轨迹突然就变了。

尹继善在三月升了翰林院侍读，九月，广东就出了件大案子——时任广东按察使的方愿瑛被弹劾，说有贪墨罪状。雍正派尹继善南下去陪同查案，没想到，查明无误后，雍正居然直接派尹继善临时署理广东按察使的职位。史书记载：

上遣通政使留保等如广东按布政使官达、按察使方愿瑛受赇状，以尹继善偕。鞫实，即以尹继善署按察使。[1]

考虑到按察使是主管一省司法的正三品官员，而尹继善刚刚升到从五品，中间差了五级。此时的尹继善哪怕只是代理广东按察使，也足见雍正对他的重视。

在尹继善入仕的第六年，他开始飞升。年初时，尹继善还只是从五品官，四月份，尹继善就升任从四品的内阁侍读学士。按理说，这已经连升两级了，仅过了四个月，尹继善再次被外放，去署理从二品的江苏巡抚，成了江苏省的一把手。这一年，尹继善年仅34岁。

问题来了：雍正为何会如此重视并越级提拔尹继善呢？尽管尹继善为

---

[1] 赵尔巽等：《清史稿》卷三百七，《列传九十四·尹继善》，中华书局，1977，第10545页。

官前六年的事迹较少,我们很难分析准确原因,但通过尹继善在江苏巡抚任上的表现,不难发现,尹继善是很会当官的一个人。史书记载:

> (尹继善)年三十余即任封疆,遇事镜烛犀刻,八面莹澈,而和颜接物,虽素不善者,亦必寒暄周旋之。①

尹继善虽然年纪不大,但为官做事细心,明察秋毫,洞察细微,与人交往又八面玲珑,待人总是和颜悦色,即便双方关系不好,尹继善也一定会寒暄应酬,不让周围的人难堪。

这里,我们说尹继善会当官,可不是说他是一个年纪不大只知左右逢源的好好先生,而是指尹继善从不在人际关系上给自己制造不必要的麻烦。在关键业务上,尹继善可从不手软,而且他非常有主见。

比如,雍正七年(1729),尹继善实授江苏巡抚,并继续署理江南河道总督,在河道问题上,尹继善不但拒绝了雍正的一项指示,还直接批评雍正的宠臣——时任浙江总督的李卫不懂水利。

当时的情况是,雍正为了治理黄河,想搞一个天然堤坝。结果,这个想法当即被尹继善给否了。恰巧,当时李卫要进京,路过江南河道衙门,也专门找了尹继善一趟,说:

> 卫已奏明,黄水小,开固毋妨。②

我已经跟皇上说过了,黄河水量小,开一个天然坝完全没问题。李卫贵为

---

① 昭梿:《啸亭杂录》卷七,《尹文端公》,中华书局,1980,第191页。
② 袁枚:《小仓山房文集》文集卷三,《神道碑·文华殿大学士尹文端公神道碑》,浙江古籍出版社,2015,第39页。

浙江总督,是尽人皆知的雍正宠臣,同时其官声名望也不错。换了别的官员,前有雍正命令,后有李卫督促,肯定早就去开凿新坝了。然而,尹继善却直接上奏雍正,把李卫参了。奏折原文是:

> 李卫不问河身之深浅,而但问河水之小大,非知河者也。①

李卫想开坝,却不管河流的深浅落差,只考虑河流的流量大小,这完全是不懂水利之举,是在瞎搞!后面,尹继善还解释了,只要开坝,黄河必然泛滥。尹继善这道奏折,不仅是说李卫不懂治河,本质上也是在否定雍正的决议。

当时河道衙门里的幕僚知道尹继善上了这封奏折之后,都吓坏了。他们觉得尹继善这回肯定完蛋了——在他们眼中,在古代的官场里,无论理由有多么正当,也得服从领导的意志才行,尹继善这么愣,肯定是不行的。据史书记载,尹继善

> 方草奏时,幕中客齐为公危,有治装求去者,公不为动。②

有的幕僚知道尹继善上这样的奏折后,直接申请离职了。可没想到,雍正看完尹继善的奏折,非但不生气,反而很开心,回复说:

> 卿有定见,朕复何忧?③

---

① 袁枚:《小仓山房文集》文集卷三,《神道碑·文华殿大学士尹文端公神道碑》,浙江古籍出版社,2015,第39页。
② 同上书,第40页。
③ 同上。

哎，爱卿你想好对策了，朕就不担心了。后来事实证明，尹继善确实有高见。雍正还特别给尹继善加了个太子太保头衔以示鼓励。

尹继善在否定雍正开坝的方案后，很快便提出了自己研究过后的修缮河道的新方案。整个方案非常得体，以至于雍正看后当即写下朱批，夸赞尹继善道：

> 朕嘉悦之怀笔难批谕，汝父积何德，得生汝如此之子也！朕实为汝君父庆喜焉！勉之。①

朕太开心了，言语无法形容的开心，尹继善，你说你爸是积了什么德，才能有你这么优秀的儿子？朕都替你爸感觉到庆幸啊！

尹继善不仅注重同僚关系，自己办事认真、专精业务，他本人在对待百姓生活方面做得也很出色。

其一，尹继善心疼良善百姓，不愿意百姓被管理者盘剥。明清时期，中国的经济重心在南方，政府经常找南方百姓征收粮食，再把粮食运去北方，这个南粮北运的过程往往要借助漕运。而每年征收漕粮时，常有各级官吏盘剥百姓。尹继善便逐一核查漕运征粮的每个环节，重新制定章程，以减轻百姓压力。在尹继善及继任者的努力下，雍正朝乃至乾隆朝早期的漕运之务，都转向了难得的清明状态。以至于史书记载：

> 漕务肃清者凡四十余年，皆文端遗惠也，宜吴人思公至今犹不置云。②

---

① 中国第一历史档案馆编《雍正朝汉文朱批奏折汇编》（第一五册），江苏古籍出版社，1991，第436页。
② 赵翼：《檐曝杂记》卷二，《尹文端公肃清江南漕政》，中华书局，1982，第31页。

"文端"指的就是尹继善,这句话是说,雍、乾两朝40多年来漕运清明,多亏了尹继善当年的努力,因此江苏百姓一直对尹继善念念不忘。

其二,除了心疼良善百姓外,尹继善对误入歧途的百姓也没有一竿子打死。古代有一种现象,叫"杀良冒功",也就是官兵在斩获敌人不多时杀害普通老百姓,假装杀了敌人,以此来彰显自己的功绩。在杀良冒功现象频频发生的年代,尹继善非但从不迫害良民,反而下功夫尽量让浪子们及早回头。史书记载:

(尹继善)居官安静,声名亦好。又闻得不时在外,潜行私访,凡地方光棍,以及窝娼窝赌匪类,俱将其姓名开列一单,实贴巡抚衙门前,以示其悛改敛迹之意。①

尹继善做官清廉安静,名声也很好,他还时常进行秘密访查,查出地方上的各种无赖之徒,以及窝藏娼妓、赌徒的不法刁民后,尹继善也不会第一时间逮捕,而是一边监视、控制,一边把他们的名字都列出来,贴在巡抚衙门门前公示,希望他们及早悔悟。说到底,无非是给这些人一个改过自新的机会。

总的来说,尹继善很会做官,因为他无论是上对领导,还是下对百姓,抑或是对同僚、对业务,都能穿梭各方,游刃有余,还不耽误工作。

时间长了,雍正越看尹继善便越喜欢,不但在雍正九年(1731)七月将尹继善正式升为从一品的两江总督,让尹继善入仕仅八年半,就成了清朝顶级的地方官员——封疆大吏,后来,雍正爱屋及乌,对尹继善的父母也有特别优待。

比如尹继善的父亲尹泰,我们之前提到过,尹泰原本是国子监祭酒,

---

① 见《朱批谕旨》卷一百十六,《朱批祖秉衡奏折》,四库全书本,第15页a。

早在康熙朝就退休了。结果到了雍正朝,老爷子70多岁了,又被雍正请回朝中为官。在雍正七年,雍正还任命尹泰担任东阁大学士。并且,雍正后来亲口承认,他将尹泰升为大学士,纯粹是看尹继善的面子。

至于雍正是怎么承认的呢?这就必须提到尹继善的妈妈了。

尹继善他妈妈姓徐,是尹泰的小妾,并非正妻,在家里的内眷中始终地位不高。雍正后来听说了这件事,就想帮尹继善一把。雍正十一年(1733),39岁的尹继善被调任云贵总督。在赴任前,雍正问尹继善:你母亲可有过封号吗?在清朝,按规定,侧室是不能有封号的。尹继善听后,便摘下帽子,一头磕了下去,想和雍正解释。结果,雍正一下子拦住了尹继善。史书记载:

公叩头免冠,将有所奏。世宗曰:"止。朕知汝意。汝庶生也,嫡母封,生母未封,朕即有旨。"公拜谢出。[1]

雍正的意思是:朕知道,你是庶子,你的嫡母有过封号,但你的亲生母亲一直没能有封号,朕会下旨帮你解决的。雍正说完,尹继善感激涕零。

明明是一件好事,结果圣旨到家之后,尹泰不愿意了,大骂尹继善。尹泰的核心逻辑是:你尹继善想对你亲妈好,连我这个当爹的都不问一句,居然直接找到皇上那里去了,你眼里还有没有我这个爹?

尹泰越骂越气,越气越骂,拎着拐杖就打,把尹继善帽子上的孔雀翎都敲掉了。80多岁的爹,打快40岁的儿子,一时间,全家都鸡飞狗跳。尹继善他亲妈徐氏看见之后,心疼得不行,直接给尹泰跪下了,求尹泰别再打了。跪了半天,尹泰才住手。

---

[1] 袁枚:《小仓山房文集》文集卷九,《书事·稗事二则》,浙江古籍出版社,2015,第193页。

尹泰在家里这一通闹腾，也不知道怎么地就传到雍正耳朵里了。雍正听完也很生气——朕亲自下的旨，尹泰你哪儿来的这么大的脾气啊？转天，雍正就派了4个太监、4个宫女捧着受封要用的衣服、首饰等去尹泰家里，伺候徐氏接受封号。同时，雍正还命令八旗贵族中凡有封号的女同志都打扮隆重点过去祝贺。并且，在这个受封仪式上，雍正还安排了满、汉内阁学士专门给尹泰宣读了一段圣旨。圣旨的原文是：

大学士尹泰，非借其子继善之贤，不得入相。非侧室徐氏，继善何由生？着敕封徐氏为一品夫人。尹泰先肃谢夫人，再如诏行礼。[1]

雍正敲打尹泰：尹泰，要不是你有尹继善这么个好儿子，朕是不会让你入内阁的；要不是有侧室徐氏，也没人能给你生出尹继善这么好的儿子！现在朕要封徐氏为一品夫人，你现在先郑重、严肃地给徐氏说声对不起，再给朕按规定进行后面的行礼！

旨意宣读完，4个太监就按着尹泰给徐氏行拜见礼去了。徐氏看见老爷来了，吓得想站起来，结果被4个宫女摁住了。最终，在尹泰拜完尹继善他妈妈徐氏后，册封典礼正式开始，雍正还把宫里的戏班子临时派去尹泰家里唱曲。最后，在雍正的强行安排下，整个册封仪式还算顺利地收场了。

因此，尽管在人们提起雍正朝的三大督抚，往往是指鄂尔泰、李卫和田文镜，但相较三人，尹继善所获的盛宠不遑多让。那么，雍正驾崩后，尹继善到了乾隆朝是否依然会圣眷长隆呢？

---

[1] 袁枚：《小仓山房文集》文集卷九，《书事·稗事二则》，浙江古籍出版社，2015，第193页。

谨小慎微的晚年

在经历雍正朝的官运亨通后，尹继善在乾隆朝，从一开始就有些被敲打的感觉。

雍正朝晚期，云贵地区爆发苗族叛乱，云贵总督尹继善负责平叛。尹继善虽是文官出身，但谋划平叛的表现十分出色。史书记载，尹继善面对叛军，抚剿结合，

东道抚定攸乐三十六寨，西道攻六囤，破十五寨，降八十余寨。①

很快就平定了叛乱，战绩也是非常出色的。同时，考虑到其治理云贵时也没什么纰漏，尹继善怎么说也应该被褒奖的，结果，乾隆刚正式即位，就把尹继善云贵总督的权力拆分了。史书记载：

乾隆元年，贵州别设总督，命尹继善专督云南。②

尹继善原来管贵州和云南两个省，现在就只负责云南一个省了。虽然名义上仍是总督，但权力范围被缩小了。

可说乾隆对尹继善不信任吧，也不是。史书又记载，转年的乾隆二年（1737），

---

① 赵尔巽等：《清史稿》卷三百七，《列传九十四·尹继善》，中华书局，1977，第10546页。
② 同上书，第10547页。

（尹继善）授刑部尚书，兼管兵部。①

中央六部，尹继善一人兼管两部。乾隆最开始对尹继善的态度，确实有些忽高忽低。

此外，乾隆也似乎有意不让尹继善在中央久留。乾隆二年到乾隆五年（1740），尹继善有过三年短暂的留京经历，从乾隆五年开始，整整25年，尹继善不是在川陕当总督，就是在两江当总督，两边来回交替着干，一直干到乾隆三十年（1765），才被征召回京。

这段漫长的总督生涯，也让尹继善从46岁的壮年人逐渐变成了71岁的古稀老人。而更让尹继善痛苦的在于，比起曾经没事就夸自己的雍正，乾隆却没事就批评尹继善两句。

尹继善注重同僚关系、团结下属，乾隆就发上谕，公开批评尹继善见人说人话，见鬼说鬼话。

有时，尹继善做事情追求事缓则圆，乾隆又指出尹继善这是"大事化小小事化无之见"②，责备尹继善缺乏果敢与担当。

甚至，乾隆二十一年（1756）发生了杨中林案，司法审判时，在明确了主犯死刑之后，尹继善只因将主犯拟定为斩立决，没有定为凌迟，便再次招来乾隆的痛斥。乾隆说尹继善缺乏良知：

汝此等之愧惧亦已多矣，但不能动汝天良，奈何？③

---

① 赵尔巽等：《清史稿》卷三百七，《列传九十四·尹继善》，中华书局，1977，第10547页。
② 见《清高宗实录》卷五百三十，乾隆二十二年正月初三日。
③ 见《宫中档乾隆朝奏折》第15辑，第161页；转引自高翔《尹继善述论》，《清史研究》，1995年第1期。

或许是为了应对乾隆的反复敲打，尹继善的日常除了继续兢兢业业做好本职工作外，还开启了专门针对乾隆的马屁行动。

我们先来说尹继善的功绩。

尹继善三次总督川陕，每次都成功助推了清朝当时重大的军事行动。乾隆五年，46岁的尹继善第一次出任川陕总督，成功组织了对郭罗克部叛乱的平定行动；乾隆十三年（1748），54岁的尹继善第二次出任川陕总督，辅佐时任首席军机大臣的富察·傅恒在翌年年初完成了一平金川的壮举，这也是尹继善和傅恒的第一次合作；乾隆十八年（1753），59岁的尹继善第三次出任川陕总督，为此后清朝对准噶尔的军事行动提前准备了战争所需物资，且勘查了出师之路的路况。

然而，尹继善晚年比较为人诟病的，还是他在两江总督任上过于逢迎乾隆的一系列表现。

我们都知道乾隆曾经六下江南，但我们可能不了解，其中有三次是尹继善负责接待的。而尹继善每次迎接乾隆都颇费心思，可以称得上移山填海般地伺候。

最典型的就是乾隆二十一年九月，62岁的尹继善为了迎接乾隆，不但把江南所有名胜古迹都搜罗了个遍，还大肆人为制造各种景观，曾从地下挖出潜藏的山峰，还直接挖土造湖，以供乾隆观赏。史书记载：

> 尹公三次迎銮。幽居庵、紫峰阁诸奇峰，皆从地底搜出，刷沙去土，至三四丈之深。……又嫌摄山水少，故于寺门外开两湖，题曰"彩虹"、"明镜"。[①]

鉴于尹老头这种过分逢迎的表现，尹继善曾经的工作搭档、乾隆最亲

---

① 袁枚：《随园诗话》卷六，《八六》，浙江古籍出版社，2015，第216页。

爱的宠臣小舅子傅恒,都忍不住让人写诗嘲讽了一下尹继善。诗里有一句是:"名胜前番已绝伦,闻公搜访更争新。"①

江南当地的读书人,看着尹继善的一系列做法,也忍不住吐槽说:

> 尹文端公不爱钱,而善用人,实是好官。惟于上之南巡,有意迎合,伤耗三吴元气,此通人之一蔽。②

尹继善尹大人,当官是清廉自守的,管理是知人善任的,的确是个好官。但是,在乾隆皇帝南巡这件事上,尹大人过分迎合,消耗了江南的民力物力,损伤了江南元气。

不过,实话讲,把谁放尹继善的位置上,面对乾隆南巡,逢迎都会是必然选项。不过,江南当地的老百姓,对尹继善的整体表现还是给出了高评价的。乾隆三十年,71岁的尹继善正式卸任两江总督将回归京城时,江南人民送别的场景还是很感人的。史书记载:

> (尹继善)临行时,吏民环送悲号,公不觉凄怆伤怀,过村桥野寺,必流连小住,慰劳送者。③

尹继善离任时,官吏百姓都哭泣送别,老头70多岁了,也是一再驻留,回首道别。

那么,当古稀之年的尹继善回到京城后,他的工作状态又如何呢?

只能说经过30年的相处,乾隆还是很肯定尹继善的工作能力的,既让

---

① 赵翼:《檐曝杂记》卷二,《傅文忠公爱才》,中华书局,1982,第24页。
② 袁枚:《随园诗话补遗》卷二,第五〇条;见《随园诗话》附录,《批本随园诗话批语》,浙江古籍出版社,2015,第925页。
③ 昭梿:《啸亭杂录》卷七,《尹文端公》,中华书局,1980,第192页。

尹继善担任了文华殿大学士,又让尹继善进了军机处。一年后,尹继善排位第二,仅次于傅恒。可另一方面,也不知道乾隆是什么心态,他没事仍然喜欢拿尹继善寻开心。

大概是乾隆三十一年(1766),乾隆带着一众大臣去打猎。这会儿乾隆虽已五十好几了,但身体依旧很好,两天连着射杀了8只鹿。尹继善本想将拍马屁进行到底,吹嘘了一番乾隆的神武。结果,乾隆立刻把弓给尹继善,说你也试试。

要知道,尹继善已经70多岁了,从云贵到川陕,尽管年轻时没少上战场,可这把年纪还拉弓射箭,也的确是难为尹老头了。最终,乾隆找了一只已经卧倒的鹿,让尹继善去射。尹继善第一箭没中,第二箭也没中,第三箭倒是射中了,可惜没啥威力,小鹿站起来,身上带着箭就跑了。

那么,这个皇帝逗老臣玩的故事,是怎么流传下来的呢?答案很简单,是乾隆他自己写诗时,在批注里专门记下来的。原文是:

廿四日,围中发矢,连毙五鹿。廿五日,行围复殪其三,尹继善见之惊为神异,因命其射一疲卧之鹿,则第三箭始着鹿身,转蹶起带箭而去。①

不过相比早年的屡加批评,在晚年,乾隆和尹继善这对相差约莫20岁的君臣组合,相处温馨的画面倒也挺多。

比如,尹继善晚年身体欠佳时,乾隆也一直会派御医去探望,帮忙诊治。甚至也专门降旨给尹继善,要他务必谨遵医嘱,按时吃药。随着晚年身体越来越差,尹继善感慨说:

---

① 弘历:《大学士尹继善随围因请诗走笔成什调之》诗注,见《御制诗三集》卷六十,四库全书本,第17页a。

> 老马途长力渐疲,素心能得几人知?①

我像一匹老马那样,跑得太远了,也跑得太久了,如今年纪大了,折腾不动了。我那颗纯真的心,到底有谁能懂呢?

老病缠身的尹继善,晚年有过一次十分动人的争辩。乾隆三十四年(1769),清缅战争已到后期,仍不断失利,首席大军机傅恒决定亲自领兵南下,当时各方都已确定,唯独彼时75岁的尹继善一再劝阻。史书记载:

> 文忠(傅恒)奉命征缅甸。文端独抗奏傅恒硕德重望,军旅非所夙娴,况以首辅之尊,从戎边徼,万一奏凯稍迟,有关国体,再四谏沮,至于涕流。②

尹继善说得很清楚:傅恒上次奔赴战场已过去20多年了,不宜前往,而且,首席大军机不能轻易南下啊!说到最后,尹继善痛哭流涕,再三阻拦。

要知道,按当时的军机处排位,傅恒是老大、尹继善是老二,傅恒南下,代表尹继善即将全面代理军机处工作。因此,于私而言,最盼着傅恒南下的应该就是尹继善。可老头晚年时明显没有那么大的权力欲,他早就累了,他心里明白,傅恒不该去的。

无奈,尹继善没能拦住。乾隆三十四年,傅恒挂帅征缅;乾隆三十五年(1770)三月,傅恒染病还朝,同年病逝。傅恒死后,尹继善也按排位成了乾隆朝继鄂尔泰、讷亲、傅恒后的第四位首席大军机。

---

① 尹继善:《尹文端公诗集》卷八,北京大学图书馆藏,第33页a。
② 陈康祺:《郎潜纪闻二笔》卷四,中华书局,1984,第390页。

转年，乾隆东巡时，还专门命尹继善主持朝政大局。可见，这时的乾隆对尹继善的信任已相当深厚了。只可惜，乾隆刚走不久，尹继善便在京病逝了，终年77岁。乾隆听到消息后，专门下令，由内务府出钱置办尹继善的丧礼，并派皇八子永璇前往祭奠，并赐尹继善谥号"文端"。后世称尹继善"尹文端公"。

回首尹继善这一生，庶子出身，刻苦读书，蒙雍正赏识，青年得志，入仕七年督抚江苏，八年修治河道，未及九年即位列总督。此后人生，一督云贵、三督川陕、四督两江，于西南安定、于西北战事、于江南民生，皆有值得称道之处。

若用前文曾引用的一句话为尹继善的一生做注脚，那就该是这句——"尹文端公不爱钱，而善用人，实是好官。"

于敏中

天子门生的盛极而衰

于敏中，乾隆钦点的科举状元，根正苗红的天子门生。曾主管山东、浙江两省的教育整顿，在中央曾任礼部、兵部、刑部、户部高官，是乾隆朝中期的万金油官员，并且屡遭弹劾而不倒，深受乾隆信任。然而，于敏中去世后，却被发现家有巨额遗产，震惊乾隆。

如今，我们在谈到乾隆朝的政治环境时，经常可以听到一个说法：清高宗一朝的吏治衰颓，是以和珅的崛起为标志的。其实还有一种说法也始终流传着——于敏中主持军机处，才是乾隆朝吏治衰颓的真正起点。史书记载：

傅文忠、刘文正诸公相继谢事，秉钧轴者惟公（于敏中）一人，故风气为之一变。[1]

意思是：傅恒与刘统勋两位首席军机大臣死后，于敏中掌握大权，乾隆朝的官场风气立即变了。

于敏中到底是一个怎样的人？他当年到底做了什么，让人觉得是他毁了乾隆朝的吏治？这位乾隆朝的名臣，他一生都极度聪明，却又注定崩塌。

少年中举的天才

于敏中，字叔子，出生于康熙五十三年（1714），老家在江苏金坛。于敏中的家族称得上书香门第，是世代为官的大家族。祖上，自满洲

---

[1] 昭梿：《啸亭杂录》卷七，《于文襄之敏》，中华书局，1980，第207页。

入关以来，连续三代人都考中了进士。

我们大概介绍一下。于敏中的曾祖父于嗣昌，是顺治朝的进士；祖父于汉翔，是康熙朝的进士；叔父于枋，是雍正朝的进士。此外，于敏中的父亲于树范虽不是科举进士，但却在康熙朝的召试中位列一等。多说一句，清朝选官方式既有常规考试，也有特殊考试。科举就是常规考试，而召试是朝廷对有特殊情况的人或对特殊人才进行的补充考试，在皇帝外出巡幸时就地举行。

因此，于敏中所在的金坛于家可说是江苏当地的一个学霸家族，各式各样的考试，于家人都得心应手。所以，出生在这样的家族的于敏中，从小在学业上就拥有远超同龄人的优势。

他有两方面的优势，一是于敏中家里对教育的管理极其严格——这是家族发展的根本；二是于敏中接触到的教育资源都是顶级的，毕竟他的曾祖父、祖父、叔父都是科举考试的胜利者，是能传授切身实践经验的。

有着双重优势的于敏中，他童年过得怎么样呢？答案是非常辛苦，也非常充实。

要知道，在清朝，一个正常的学龄儿童，应该在8岁左右开始上学，而于敏中的启蒙年龄是5岁。据记载：

> 于敏中幼承家学，天资聪慧，五岁启蒙，力学《四书》。[①]

其他小孩尚在玩耍嬉戏的年纪，于敏中已经开始苦读儒家四书了。

其次，于敏中不仅读书时间早，他所面临的监督也很严格。据记载：

[①] 转引自杨雪《于敏中年谱》，硕士学位论文，南京师范大学文学院，2014，第5页。

> 其母亲课读甚严，经常立在窗下屏息静听其读书。①

意思是：于敏中幼时，他妈妈就会躲在窗边静静地听他读书。想必稍有不对，便会严厉矫正。

最后，于敏中接触的教育资源很好，他的老师对他的要求也很高。比如给于敏中开蒙、讲授四书的人其实就是他的爷爷于汉翔，一个康熙朝的老牌科举进士，家学传承，爷爷对孙子的要求自然不低。

所以，在这样严格的童年教育下，于敏中的学业知识一定掌握得不错。想必会有人担心：这样过早、过严、过于高要求的童年教育，会不会让孩童时期的于敏中活得很痛苦呢？答案是完全不会，于敏中甚至极有可能是乐在其中的。

举个例子。于敏中有位姑奶奶，也就是爷爷于汉翔的姊妹，这位姑奶奶早年外嫁后没过多久，丈夫就去世了。之后，这位姑奶奶为了恪守妇道，为了古时候书香门第的尊严和面子，她没选择再嫁。可结果是，面子是保住了，但她家里的经济条件一直不好。因为丈夫走得早，留下的子嗣不多，人丁不旺，难以养家。而且，这位姑奶奶如此恪守妇道，政府也没什么表示，更没表彰，似乎没人认可这位姑奶奶的牺牲与付出。所以，这位姑奶奶常常以泪洗面。因缘巧合，年纪仅六七岁的于敏中遇到了自己这位姑奶奶，就对她说了这样一句话：

> 姑勿悲，儿他日成名，必显扬姑。②

姑奶奶您别难受，等我将来有出息了、成名了，我一定让政府给您一个交

---

① 转引自杨雪《于敏中年谱》，硕士学位论文，南京师范大学文学院，2014，第5页。
② 章学诚：《章学诚遗书》，文物出版社，1985，第149页。

代，宣扬您的事迹，给您认可，不让您白白守了这么多年寡。后来，于敏中功成名就之后，也真的让当地政府表扬了自己这位姑奶奶。

我们通过这件事能发现，于敏中六七岁时就已经非常清楚自己读书的目标是什么了，是为了成名、显扬家族。那么，当一个人明确了自己的目标与使命之后，所受的教育和训练越严格，便会成长得越快。于敏中便是如此，他年纪虽小，但头脑很灵活，做事情也非常有章法。

那么，童年时期的于敏中，他的头脑到底有多灵活、他办事到底有多靠谱呢？

说一件小事。雍正四年（1726），于敏中13岁，于敏中的老爹于树范当时在浙江宣平县当知县，赶上灾荒，要放粮救灾。每逢这种县太爷忙不过来的时候，底下的小吏就会趁机捞一笔。于树范也的确忙不过来，他就吩咐13岁的于敏中帮忙。没想到，少年于敏中干得相当不错。据史书记载：

（于敏中）年十三，从宣平公官舍。会赈饥，公已能经画部署，老吏巨猾，悚息不敢为奸。[1]

于敏中13岁的时候，就能部署一个县的救济工作了，而且其部署思路全面而严谨，使得工作多年的小吏和狡猾之徒都因为畏惧不敢作奸犯科。

从这里，一方面能看出于敏中从小就心细、沉稳，另一方面也能看出官宦家庭出身的于敏中非常了解官府里的各种潜规则。

那我们要问：幼时的于敏中读书刻苦、办事灵活，后来于敏中去参加科举考试，成绩怎么样呢？答案依然是非常出色。

尽管我们今天已经查不到少年于敏中是什么时候考中秀才的，但史书

---

[1] 章学诚：《章学诚遗书》，文物出版社，1985，第149页。

明确记载：

> 雍正七年，（于敏中）举于乡。①

雍正七年（1729），于敏中16岁时便考上举人了。要知道，许多秀才皓首穷经一辈子求中举而不得，天才如纪晓岚，也是直到24岁才中举的。而于敏中16岁就能中举，我们不仅要佩服金坛于家的教育水平，也必须承认于敏中的确是个读书天才。

当然，于敏中的科考之路也并非一帆风顺的，中间也存在小波折。雍正八年（1730），17岁的于敏中去京城参加会试，想来因为他太过年轻，笔力不足，最终遗憾落榜，未能高中进士。

不过有意思的是，于敏中这次进京赶考的失败意外地给他带来了好媳妇。

当时，于敏中他爹于树范正在外地当知县，于敏中的五叔于枋在京城当翰林院编修，为了方便于敏中继续备考，五叔于枋就让侄子借住在家中。

结果，有意思的事情发生了。于枋这当叔叔的，跟侄子于敏中整天待在一起，越看这侄子越喜欢。恰好，于枋那时没儿子，而于敏中是他老爹于树范的第三子。于是，于枋主动找他哥哥于树范问能不能把于敏中过继给自己，让自己能有个儿子绵延香火。史书记载：

> 府君公车北上舍午晴公邸第时，午晴公未有子，爱府君英特，因请于舫斋公嗣府君为子，教督甚至。②

"府君"指的是于敏中，"午晴公"指的就是老五于枋。在五弟于枋的哀

---

① 章学诚：《章学诚遗书》，文物出版社，1985，第149页。
② 见《耐圃府君行述》，转引自刘贝嘉：《于敏中年谱》，复旦大学出版社，2022，第12页。

求下，于树范答应了，把于敏中过继给了于枋。

于敏中也从此有了两位父亲，一个是生父于树范，一个是嗣父于枋。那我们前面提到的于敏中多了个好媳妇又是怎么回事呢？答案是，于敏中被过继后，经常能接触到于枋的同僚，其中，有位跟于枋关系非常不错的翰林官员——诗文大家钱陈群——非常喜欢于敏中。钱陈群想起来自己的媳妇有位侄女叫俞光蕙，小俞的年纪、样貌、品德都很好，她父亲俞兆晟还是当朝的户部侍郎。于是，钱陈群就问于枋和于敏中愿不愿意结下这门亲事。最终，在钱陈群的保媒拉纤之下，雍正十年（1732），19岁的于敏中正式迎娶俞光蕙，迈入了婚姻的殿堂。

所以，于敏中当初那一次小小的会试失利，成功让自己多了个嗣父，多了个如花似玉的老婆，还多了个官拜户部侍郎的老丈人。人生嘛，的确是柳暗花明又一村。

那么，在成婚结亲、感情安定之后，于敏中的生活轨迹又会如何呢？他何时才能在科举中卷土重来，突破举人这一层级，迈向进士的殿堂呢？

乾隆偏爱的滤镜

今天，我们回望于敏中的科举生涯时会发现，于敏中的确是实力与运气并存的。

于敏中在雍正八年参加会试落榜之后，按照会试三年举行一次的惯例，于敏中接下来两次的冲击机会，应该是雍正十一年（1733），他20岁那年，以及乾隆元年（1736），他23岁那年。然而，这两次会试结束后，于敏中也没能成为进士。

其中，雍正十一年那次会试，史书中没有任何关于于敏中的记载，疑似是于敏中为了沉淀知识，主动放弃了这次考试；乾隆元年那次会试，23岁的于敏中的确参加了，却再次落榜。

理论上，于敏中下次再考应该要再等三年，等到自己26岁时去参加乾隆四年（1739）的会试。然而，机会有时候来得很突然。乾隆皇帝为了庆祝自己即位，主动在乾隆二年（1737）加了一轮登基恩科考试，也就是临时又加了一轮会试和殿试。这一次，24岁的于敏中没有再让机会从自己手中溜走，最终以全国第33名的良好成绩稳稳通过会试，直达殿试。

说于敏中实力与运气并存，一是因为会试考了全国第33名，他肯定是有实力的；二是因为这场会试的主考官是康雍乾时期的三朝老臣——军机大臣、大学士张廷玉。按清朝的规矩，在会试中，所有考中的考生都可以认本届主考官为自己的座师，这也在无形中构成了一种独特的政治纽带。于敏中和张廷玉的师生关系就此形成，并且，之后的日子里，每每到于敏中要被升迁的关键时刻，张廷玉都会出面支持于敏中。

不过，会试考了全国第33名与座师是张廷玉，只是于敏中其实力与运气的小表现，要论大表现，还得看之后的殿试。

我们先来看实力。于敏中殿试的答卷被阅卷的大学士评为了全场第四。从会试的全国第三十三，到殿试的全国第四，24岁的于敏中，其实力有目共睹。

但这还没完，很快于敏中就感受到了什么叫真正的运气爆棚。在古代，科举殿试的最终排名得由皇帝钦定。当乾隆御览了大学士呈上来的试卷与拟好的排名后，就说了这样一番话：

卿等所拟第四卷，策语字画俱佳，可置第一。①

---

① 见《清高宗实录》卷四十二，乾隆二年五月初四日。

简言之，乾隆直接把原本排在第四名的于敏中钦点为殿试头名。

因此，从乾隆二年起，24岁的于敏中同时拥有了两大身份：一是大学士张廷玉的爱徒，二是皇帝乾隆钦点的天子门生、头名状元。

于敏中的官场生涯就此开启。

说实话，于敏中这个人真的很聪明，他甫入官场，就迅速意识到了自己的发展方向是什么。比如，身为状元，于敏中最初获得的官衔是翰林院修撰，主要负责编修国史。这种工作本来只是熬资历的，可于敏中非常敏锐，他在日常工作之余，花了大量的时间去学习说满语和写满文。

这一下，于敏中就学到乾隆的心坎里去了。因为，康雍乾时期，大臣的满语学习情况令皇帝十分头疼。彼时，有朝鲜使臣在日记中记载：

> 间巷则满汉皆用汉语，以此清人后生少儿多不能通清语，皇帝患之，选年幼聪慧者送宁古塔学清语。①

大街小巷里不管是满人还是汉人，几乎都用汉语交流，满洲人生的小孩，也基本无法通晓满语。皇帝忧虑得不行，只得定期选拔满洲各家的聪明小孩，把他们送到宁古塔，到东北老家去学满语。

于是，在满洲大臣都不爱学满语的大环境下，于敏中作为汉人状元，反而费大功夫去学习满语，这在乾隆眼里是非常加分的。乾隆大概心里会想：真不愧是朕亲自选的状元，是个懂事的。或许正因此，乾隆看于敏中逐渐有了一层厚厚的滤镜，怎么看都很顺眼。

何况，于敏中学满文确实学得非常不错，他入翰林院仅两年，就被乾隆安排去给满文著作当编辑了。据记载：

---

① 见金昌业：《老稼斋燕行日记》，转引自刘广铭：《朝鲜朝语境中的满洲族形象研究》，光明日报出版社，2013，第157页。

（乾隆四年）清书修撰于敏中，已经授职。①

修了几年书之后，乾隆对于敏中的喜爱也持续升级。毕竟于敏中既是汉人状元，又擅长满文，让这样的人来搞宣传、教化方面的工作，对乾隆而言再合适不过了。因此，乾隆对于敏中委以重用，先是让他担任乡试和会试的考官，积累名望；再让他出任各省学政，主抓一省的人才选拔工作与对读书人的思想教育工作。

具体而言，于敏中在翰林院的前几年先后担任了顺天乡试和京城会试的同考官，接着又在山西乡试担任了正考官，之后，乾隆九年（1744）年底，31岁的于敏中走马上任，去山东当学政。因为在山东干得不错，三年后，34岁的于敏中调任去当时的教育大省浙江担任学政。史书记载：

山东学政于敏中，以调任浙江奏谢，并恳进京聆训。得旨：不必来京，汝在东省，颇属安静，此则律己之道得矣。至于浙省文气浮华，汝当挽其流而示之的，此外更何训汝之有？②

于敏中当时原本想进京听听乾隆的安排，结果，乾隆的指示就一句话：你在山东干得不错，就不用来京请示了，浙江当地士人写文章用词很漂亮，但实际内容却有些空洞，你去浙江的任务就是引导他们回归正途。当然，"章总"的潜台词就是：浙江当地的读书人不是很老实，你去管管，朕希望他们都能像你一样懂事才好。

那么，于敏中在浙江学政的任上干得怎么样呢？还是非常出色。

我们绝不能把于敏中简单地想象成一个善于逢迎满洲统治者的汉人学

---

① 见《清高宗实录》卷九十一，乾隆四年四月二十二日。
② 见《清高宗实录》卷三百三，乾隆十二年十一月三十日。

霸，他毕竟是一个13岁就能负责全县赈济工作、熟悉各类官场潜规则的人。到了浙江后，于敏中实行了大量深入而细致的改革，而且，在于敏中改革的过程中，我们能看到乾隆对于敏中的有力支持。

当时的清朝有一条规定，获得秀才身份的读书人如果连续三届不回籍参加乡试，就要革除秀才身份，重新考。于敏中向中央申请，能不能再给这些人一次机会，先别革除秀才身份。史书记载：

> 浙江学政于敏中奏，浙省生员三次欠考者，请暂缓褫革，咨行游幕地方，催令回籍补考。①

实话讲，于敏中的申请本就是不符合规定的。因此，诸位大学士和礼部商议之后，一致决定驳回于敏中的请求，不能开这个口子。但关键时刻，乾隆却选择违背规定，支持于敏中，他说：

> 大学士会同该部议驳，甚是。但朕念该省士子，其逾限尚系初次，且有七十余人之多。伊等向来读书入泮，亦非容易。若尽行除名，情有可悯。此七十余人，着加恩免其黜革，以示朕格外矜全之意。着勒限催回，补考一次。若仍借端规避，不赴考者，即行黜革。②

各位大学士和礼部你们说的都对，但朕毕竟内心宽仁，这些读书人也不容易，朕决定答应于敏中，再给这些人一次补考机会，若这次他们仍不参加补考，我们再革除他们的秀才身份。

这里，乾隆的违规支持，很明显是对敏中的一份偏爱。有了乾隆的支

---

① 见《清高宗实录》卷三百五十二，乾隆十二年十一月十三日。
② 同上。

持，于敏中也很快获得了浙江当地学子的拥戴。

最终，于敏中通过一系列章程的制定和推行，成功推动了浙江科举制的公平化发展。史书记载：

（乾隆）十二年，（于敏中）视学浙江。衅涤士林，疏剔荒秽，并有成功。天子伟公才器，有意向用。[①]

向用，就是指乾隆有意重用于敏中。

到乾隆十五年（1750），37岁的于敏中迎来了两件大事。一是他的结发妻子俞光蕙在这一年因病去世了；二是于敏中在这一年正式结束了浙江学政生涯，回到京城后直接被乾隆安排进了南书房，由此开启了4年之内连升7级的火速跃升之路。

乾隆十五年时，于敏中还只是从五品的翰林院侍读；乾隆十六年（1751），于敏中升任从四品的翰林院侍讲学士；乾隆十七年（1752），升为正四品的詹事府少詹事；乾隆十八年（1753）三月，升为正三品的詹事府詹事，同年七月再次升官，出任从二品的内阁学士；最后，乾隆十九年（1754），于敏中升任正二品的兵部右侍郎，由此完成了4年之内连升7级的壮举。这一年，于敏中41岁，正值壮年。

考虑到此时于敏中的座师张廷玉已然退出朝堂。所以，于敏中这样非常规的火速升官，只可能源于乾隆本人的偏爱。此外，乾隆对于敏中的偏爱，还不止飞速提拔这么简单，当于敏中受到一些弹劾时，乾隆对他也是袒护有加的。

这里我们举一个典型的例子。乾隆二十一年（1756）正月，于敏中的生父于树范去世了，按规定，于敏中要暂停职务，回家守孝27个月；同年

[①] 章学诚：《章学诚遗书》，文物出版社，1985，第149页。

六月，于敏中的母亲张氏也去世了，理论上也要守孝27个月。正常情况下，于敏中要到乾隆二十三年（1758）的四月，才能完成对父亲的守孝；到乾隆二十三年九月，才能完成对母亲的守孝。可于敏中的丁忧是什么时候结束的呢？答案是乾隆二十二年（1757）的六月。史书记载：

于敏中现将服阕，着来京署理刑部侍郎事务。①

于敏中结束丁忧的日期实际上提前了一年多。

接着就有御史举报于敏中，说他违反了规定——尽管这次于敏中提前结束丁忧是为了遵循朝廷的旨意，但于敏中开始丁忧是因为生父于树范的去世，此后他受命去就任刑部侍郎时，并及时未汇报为母丁忧的相关情况。史书记载：

御史朱嵇，参奏侍郎于敏中：两次亲丧，蒙混为一。……前于敏中守制回籍，陈请归宗，……至于回籍后，复丁母忧。伊闻命暂署刑部侍郎时，未经具折奏明。②

御史朱嵇的这次弹劾，既可以说有道理，也可以说没道理。有道理在于，于敏中接到朝廷诏令时，父亲的丁忧日期已不足一年，而母亲的丁忧日期还有一年多，理论上，于敏中应该再报备一下为母丁忧的相关情况；但也可说朱嵇的举报没道理，因为于敏中在母亲去世时已经向朝廷汇报过了，没必要在接到刑部的任命通知时进行二次汇报。

总之，这次弹劾的讨论空间很大，说于敏中对也行，说他不对也行。

---

① 见《清高宗实录》卷五百四十，乾隆二十二年六月十日。
② 见《清高宗实录》卷五百五十五，乾隆二十三年正月二十七日。

这样一来，到了乾隆那里，他自然对自己的得意门生袒护有加。用乾隆自己的话来说：

若于敏中，才力尚可造就。……刑部侍郎缺出，一时未得其人，是以降旨起用。凡遇宴会，不令与列。①

朕用于敏中，一是因为于敏中能力强，二是因为刑部侍郎官职空缺，一时没有合适的人选。而且，朕也考虑了于敏中的丁忧情况，没让他参与各类宴会。因此，于敏中并未做错什么。

最终，在乾隆的保护下，朱嵇对于敏中的弹劾就此驳回，没了后续。

不过说实话，提前结束丁忧而回归，未能禀报完全，这种事情只能算小问题。于敏中本人的能力还是过硬的，不管是在山东、浙江两省任学政，还是在兵部、刑部当侍郎，于敏中的行政能力都是有目共睹的。再加上他对满洲高层的有意逢迎，乾隆始终觉得于敏中是一个能贯彻自己意志的忠臣。

于是，在朱嵇弹劾案后仅一年，乾隆就调于敏中去担任户部右侍郎。又过了一年，于敏中正式入值军机处，成了清朝当时顶尖的最核心的8位大臣之一。另外7个人分别是：傅恒、来保、刘统勋、刘纶、富德、兆惠和阿里衮。

那么，当47岁的于敏中爬上了军机大臣的位置后，他又会迎来怎样的人生呢？

---

① 见《清高宗实录》卷五百五十五，乾隆二十三年正月二十七日。

盛极而衰的背影

于敏中在军机处的工作，整体上可以分成三部分：一是揣摩上意，专心致志地哄乾隆开心；二是努力确保日常工作不掉链子；三是维系自身的利益。

没错，从于敏中六七岁不到时他对姑奶奶说的那番话我们就能感受到，于敏中从小读书时心里想的就不是圣人为国为民的那套理想信仰，比起谋国，于敏中考虑得更多的是谋身。

先来讲讲于敏中是怎么哄乾隆的吧。

乾隆爱写诗，一生所写诗作超过4万首。很多时候，乾隆并不会直接写在纸上，而是随口吟出，旁边的大臣就要立刻记下来。有时候，大臣手上没有纸笔，乾隆只吟了一遍，也得立即背下来，待有纸笔后记录。在给乾隆记诗这方面，于敏中可以说功底极其深厚。史书记载：

其才颇敏捷，非人之所能及。其初御制诗文，皆无烦定稿本，上朗诵后，公为之起草，而无一字之误。①

乾隆只吟一遍，于敏中一个字都不会错。

如果说记诗、默诗还只是平常功夫，那么关键时刻的政治站队，于敏中就显得更加果断。

举一个典型例子。乾隆三十七年（1772）十一月，安徽学政朱筠上奏乾隆，表示为了避免珍稀古书遗失，建议由朝廷出面收集天下书籍，尤其是明朝《永乐大典》涉及的古书，加以珍藏，以确保文化传承。当时，军

---

① 昭梿：《啸亭杂录》卷七，《于文襄之敏》，中华书局，1980，第207页。

机处的首席大军机还是乾隆的老师刘统勋，而于敏中在军机处只排在第三位。面对朱筠的请求，刘统勋是严词拒绝的，他的理由是：国家事务繁多，别突然在文化领域瞎折腾。也有学者说，这可能是因为刘统勋担心突然在全国收书，会引发大规模的文字狱。总之，刘统勋对收书一事是强烈拒绝的。然而，刘统勋的拒绝，乾隆并不喜欢。

因为乾隆三十七年时，乾隆皇帝已经62岁了，"十全武功"已经打了一大半，乾隆早就盼着能在思想文化领域塑造权威了。因此，有些话乾隆不方便直说，总得有个大臣出来垫话，先赞成朱筠的请求，乾隆才好顺水推舟同意收书。皇帝嘛，总是好面子的。后面的故事大家应该猜到了——当时，不畏惧刘统勋首席大军机的身份，站出来硬跟刘统勋叫板的，正是在军机处排老三的于敏中。史书记载：

安徽学政朱筠请开局搜辑永乐大典中古书。大学士刘统勋谓非政要，欲寝其议。敏中善筠奏，与统勋力争，于是特开四库全书馆，命敏中为正总裁，主其事。[①]

结果，于敏中在这次关于收书的辩论中不仅大获全胜，还成功获得了四库全书馆正总裁的头衔，成了乾隆心腹中的心腹。

转年，随着军机处排在前二的两位军机大臣——刘统勋和刘纶相继因病去世，原本排在第三的于敏中顺位继承，成了乾隆朝继鄂尔泰、讷亲、傅恒、尹继善、刘统勋之后的第六位首席大军机。这一年，于敏中整整60岁。

当初那个5岁便读书启蒙的孩子，用了55年的时间，终于站在了清朝官员的巅峰。

---

① 赵尔巽等：《清史稿》卷三百十九，《列传一百六·于敏中》，中华书局，1977，第10750页。

没想到，在乾隆三十八年（1773）刚刚登到顶点的于敏中，转年的乾隆三十九年（1774）就遭遇了一次重大坎坷——乾隆朝中后期著名的"高云从事件"。

简单来说，乾隆三十九年七月，乾隆皇帝正在避暑山庄休息。忽然，兵部侍郎高朴求见乾隆，表示有宫中太监泄露了乾隆的朱批记载。顺着高朴提供的信息，乾隆很快便锁定了4名嫌疑人：一个是宫中写字处的太监高云从；另外三个则是朝中的左都御史观保、户部右侍郎蒋赐棨以及刑部右侍郎吴坛。整个案件本来和于敏中没什么关系，但很快出现了一个疑点——户部右侍郎蒋赐棨当时还兼顾顺天府府尹的工作，常常不在京城，高云从并没有机会接触蒋赐棨。

于是，刑部就开始审问高云从，问他是如何认识蒋赐棨的，高云从的供词称是通过于敏中认识的。史书记载：

> 云从言敏中尝向询问记载，及云从买地涉讼，尝乞敏中嘱托府尹蒋赐棨。①

于敏中也曾经向高云从打听过乾隆批写的相关内容。当时，高云从家里因为买地问题正在顺天府打官司，高云从就拜托于敏中去联系顺天府府尹蒋赐棨，让后者多加关照；作为交换，将乾隆的朱批内容告诉了于敏中。这是典型的内监与外臣勾结，信息与权力交易。

然而，出了这样大的案子，乾隆居然主动袒护于敏中。乾隆说：

> 于敏中日蒙召对，朕何所不言？何至转向内监探询消息？②

---

① 赵尔巽等：《清史稿》卷三百十九，《列传一百六·于敏中》，中华书局，1977，第10750页。

② 同上。

朕没有什么事隐瞒于敏中，他也没必要向内廷打探消息。最后，于敏中的处理结果是"部议革职，诏从宽留任"①。原本刑部的商讨结果是，于敏中即便不杀，也至少得革职才行，结果，乾隆判了个革职留任，相当于没有处罚。

那么，问题来了：出了这么大的事，乾隆为什么要放于敏中一马呢？这一方面是因为多年的君臣情谊——于敏中毕竟是乾隆在登基恩科中钦点的状元；一方面是因为改良浙江学场风气、编纂四库全书等，于敏中都身先士卒地支持乾隆的决定；还有最重要的一点在于，当时的军机处真离不开于敏中。

"高云从事件"发生在乾隆三十九年，当时正处于二平金川的战争期间，于敏中作为军机处的核心人物，几乎日日夜夜都忙于前线战事的军报总结和物资调配，其中，例如兵马如何运输，每个前线兵丁要分配多少安家银、行装银等，都要花甲之年的于敏中亲自核算，而且，桩桩件件，于敏中都办得极其漂亮，毫无遗漏。

因此，看功、看过、看情面，乾隆最终选择放于敏中一马，并且在二平金川胜利后亲自褒奖了于敏中。乾隆说：

> 大学士于敏中，自办理军务以来，承旨书谕，夙夜殚心，且能巨细无遗，较众尤为劳勤。其前此过失，尚可原恕。着赏给一等轻车都尉，以示格外恩眷。②

乾隆不但原谅了于敏中此前在"高云从事件"中的过失，还专门赐给了于敏中一等轻车都尉的世袭爵位。要知道，于敏中是满洲自入关以来，继张廷玉、岳钟琪后，第三个拿到一等轻车都尉称号的汉臣。

---

① 赵尔巽等：《清史稿》卷三百十九，《列传一百六·于敏中》，中华书局，1977，第10750页。

② 见《清高宗实录》卷一千，乾隆四十一年正月初七日。

从这里我们也能看出，乾隆真的非常宠爱于敏中。此外，乾隆对于敏中的家人也多有照顾。

于敏中的儿子于齐贤，其学习能力比较差，完全没有继承到老爹的智力和勤奋。老爹于敏中16岁中举人，可儿子于齐贤到30岁了还只是个秀才。乾隆看不下去了，主动赏了于齐贤荫生身份。意思是：你不用再接着考科举了，直接入朝为官吧。

于敏中他老婆俞光蕙去世得早，此后于敏中没再娶正妻，只有一个小妾张氏。按惯例，清代官员之妾室不给封号，但乾隆依然赐予于敏中这位侧室"三品淑人"的封号。

因此，我们不得不说，看似冷酷无情且崇满抑汉的乾隆，对自己这位头号天子门生、汉臣于敏中，真的可说非常好。从官位到爵位，从朝堂到家里，都关照得无可挑剔。

乾隆四十四年（1779）年底，66岁的于敏中病逝，乾隆特别安排于敏中进贤良祠，定谥号为文襄。毕竟，在乾隆心目中，于敏中即便犯过小错误，但不论是支持编纂《四库全书》还是在二平金川期间办理军务，于敏中都数有功的。而且，于敏中生前似乎还挺受人爱戴的，史书记载：

阁老于敏中素以廉直闻，皇帝信任之。入阁数十年，事业虽无可言，民誉亦颇不衰。[①]

如果说，于敏中人生的仅止于此，他和乾隆这一生的君臣关系尽管算不上佳话，但至少是体面的。但很快，问题便浮现了。

涉及的第一个问题就是遗产。于敏中一生只有一个儿子，就是他和结

---

① 吴晗辑《朝鲜李朝实录中的中国史料》卷十，《正宗一》，中华书局，1980，第4701页。

发妻子俞光蕙生的于齐贤。于敏中和小妾张氏是没孩子的，而且于齐贤还死在了于敏中前面。所以，于敏中去世后，家里能继承遗产的人其实是于敏中的孙子于德裕。但于敏中的小妾张氏却勾结于敏中的从子于时和，侵占了于家的遗产。于德裕不答应，就告到了朝廷。乾隆一听很担心，怕老臣的孙子受委屈，就专门派了时任九门提督兼军机大臣的和珅亲自去查。

不查不知道，一查吓一跳。一生以清正廉洁自居的于敏中，家里的遗产折算后居然高达200万两。乾隆当时就急了，史书记载：

> 皇帝大怒曰："朕任敏中数十年，知其为廉直，安得有许多资？"[1]

于敏中他不是素称清廉吗？他哪儿来的这么多钱？最后，这价值200万两遗产，乾隆只给了于德裕3万两，剩下的197万两一律充公。

如果事情到此为止也还好，大家装糊涂就是了。没想到，很快又有一件事被曝光了——苏松粮道章攀桂被举报曾经给于敏中修过一座私人花园。要知道，苏松粮道主管苏州府和松州府两个重点经济区的粮食供应和征税，是个绝对的肥差；同时，苏州和松州也是腐败重灾区，这里的官员来示好，于敏中竟也敢接受！可见其理想信念中，谋身远大于谋国。

即便如此，乾隆依旧念着人死为大，没有追究于敏中的罪行，只是表态说：

> 于敏中，受朕深恩，乃听本省地方官逢迎，为之雇匠盖屋。若在生前，必当重治其罪。今已完名而没，姑不深究，以示朕始终保全之意。[2]

---

[1] 吴晗辑《朝鲜李朝实录中的中国史料》卷十，《正宗一》，中华书局，1980，第4701页。

[2] 见《清高宗实录》卷一千一百一十三，乾隆四十五年八月十六日。

只可惜，于敏中生前掩盖的脏事太多，在他死后陆续浮出水面，真是一波未平一波又起。

乾隆四十六年（1781），浙江巡抚王亶望冒赈贪污案曝光，涉案人员存在于甘肃、浙江等多个省，于敏中再次牵涉其中。此刻，乾隆猛然想起，早在乾隆三十九年时，王亶望便在甘肃布政使任上申请开放"捐监"，也就是让有钱人花钱买监生身份，多一条做官通道。那时，军机大臣舒赫德是力阻此事的，但同为军机大臣的于敏中却力保此事。最终，乾隆出于信任，同意了于敏中的建议。

追溯过往，乾隆断定，于敏中家里的巨额遗产少不了王亶望的贿赂。最终，在巨额遗产案、苏松粮道兴修花园案和王亶望冒赈贪污案相继曝光后，乾隆对于敏中的滤镜被现实击碎，随后宣布将于敏中撤出京师贤良祠，并取消家中的世袭爵位。

于敏中一生的是非，到此也终于结束。

回顾于敏中的一生，用一句话总结就是：聪明有能力，唯独不讲大是非。于敏中学满文、修四库、收贿赂，内通宦官、外接朝臣，傅恒、刘统勋竭力打造的相对清明官场生态，于敏中秉权后毁于一旦。因此，史书留给于敏中的那句评价，真的不冤——

傅文忠、刘文正诸公相继谢事，秉钧轴者惟公一人，故风气为之一变。其后和相继之，政府之事益坏，皆由公一人作俑。[①]

和珅的确毁了乾隆朝的官场生态，但追溯源头，于敏中就是腐蚀乾隆朝政治的始作俑者，无可洗白。

---

① 昭梿：《啸亭杂录》卷七，《于文襄之敏》，中华书局，1980，第207页。

钮祜禄·和珅 上

贫苦好学的青年才俊

和珅，乾隆朝历史上前、后半生反差最大的官员之一。和珅，少年英俊聪慧，就读于咸安宫官学，会满、汉、蒙、西番四种语言，然而十几岁便父母双亡，生活日渐拮据，被迫以三等侍卫身份入职宫廷。后因巧合，被乾隆发现其才学，极为重用。和珅为官，起初也想清廉自守，但受李侍尧贪污案之结果的刺激，和珅深感迷茫，以至堕入深渊。

和珅和大人，他不仅是乾隆朝最出名的贪污犯，放眼整个中国古代史，在贪污方面，我们都很难找到比和珅名气更大的人了。

和珅的名气大，一方面是因为他的故事是影视剧取之不尽的灵感源泉，另一方面也的确是因为和珅本人的人生经历实在过于离奇。无论是他被老皇帝乾隆突然重用，还是他被新皇帝嘉庆突然处死，以及他那扑朔迷离的家产数额，和珅始终让人好奇：他到底是个什么样的人？他是否真的像影视剧中那样，是一个只会溜须拍马、欺下媚上的奸臣巨贪呢？他的一生又到底经历了什么呢？

其实，和珅的前半生是比较干净的。

苦中作乐的少年

和珅生于乾隆十五年（1750）。满洲正红旗人，姓钮祜禄。钮祜禄是一个满洲大姓，钮祜禄氏有很多家族分支，既有像讷亲家族那样的满洲勋贵，也有一些特别弱的家族。和珅他家则属于不上不下的。

和珅的家族其实是一个武将世家，从和珅的五世祖尼雅哈纳开始，一直到和珅的父亲常保，和珅家祖上都在满洲的军队里当军官。特别值得一提的是和珅的五世祖尼雅哈纳，他不但是个军官，而且凭着早年间满洲入关时征战山东所立的军功，给家族挣到了一个三等轻车都尉的世袭职位。

因此,和珅家族四代军官,外加一个世袭职位。单看条件,和珅家绝对算得上满洲中上层家庭了。既然出生在这样的家庭,和珅小时候日子应该过得相当好吧?不,恰恰相反,和珅的童年生活非常苦涩。

和珅家族虽然听着挺厉害,但其实是没钱的。当时就有人这样评价和珅的家族:

> 和珅起自寒微,其家虽有轻车都尉世职,……累世武秩,皆无蓄产。[1]

他们家虽然有爵位和世职,但基本上每代人都挣多少花多少,没攒下钱来。史书中也有类似的记载,说和珅"少贫无藉"[2],意思是和珅年轻时特别穷,活得跟个无赖汉似的。

和珅小时候过得苦不仅仅因为穷,在亲情方面,他的童年也有很大的残缺。

和珅的母亲一共生过两个孩子,老大和珅,另一个是比和珅小三岁的老二和琳。母亲在生下和琳后不久就去世了,一说和坤母亲在生和琳的当天就难产而死了。不管哪种说法正确,总之,和珅与和琳这对一母同胞的兄弟,从小就没了妈妈。

之后,父亲常保就在原配死后不久,给和珅跟和琳找了后妈伍氏。史学家们大多认为,和珅兄弟与后妈伍氏的关系并不好。中国社会科学院的冯佐哲教授在提到和珅的少年生活时就说过:

---

[1] 袁枚:《随园诗话》附录,《批本随园诗话批语》,浙江古籍出版社,2015,第935页。
[2] 赵尔巽:《清史稿》卷三百九,《列传一百六·和坤》,中华书局,1977,第10752页。

可能此时其生母已经过世，他与其弟和琳与继母关系不太好，因此经济来源拮据。[1]

幼年丧母，跟后妈的关系也一般，按理说，这就挺难熬的；可更要命的是，和珅12岁那年，父亲常保还被乾隆调走，到福建去担任福州副都统了。当时，一个满洲男人在外边当官，日常花销是非常大的，尤其是武官，相比文官少了许多捞钱的门道，只得靠微薄的工资生活。如此这般，和珅家里的经济条件更是雪上加霜。

母亲早丧，与父亲相隔两地，小和珅就只能带着弟弟和琳，勉强跟一个关系并不亲密的后妈一起生活。这段日子过得如何，可想而知。值得庆幸的是，虽然日子过得苦，也没什么钱，但和珅在读书上却很有天分，也很努力，他也就此改变了自己的人生走向。

大概在10岁之后，和珅凭借自己的努力，被选入了京城当时最著名的八旗子弟学校——咸安宫官学。这所学校由雍正下旨成立，给学生的待遇也非常好，按史书记载：

学生饭食，……除给与官米外，每日每人用肉菜银五分，按月由内库发给。……所需之笔、墨、纸张、弓箭、器皿、骑射之驽马、铺用席毡、温炕木柴、暖手黑炭等物，委官计算数目向各该处领取。[2]

学生由皇家拨款供养，只要进了这学校，吃喝不用愁，所有学习和生活用品都管够，学校甚至会给你发放补贴。

然而这所学校，每年只招80人左右。因此，入学名额肯定是非常紧张

---

[1] 冯佐哲：《和珅评传》，中国青年出版社，1998，第33页。
[2] 见《钦定八旗通志》卷九十七，四库全书本，第14页b—15页a。

的。少年和珅能在家里经济条件一般、父亲官职普通的情况下被选进去，他必然付出了极大的努力。

上学之后，在咸安宫里，不管是弓马骑射还是四书五经，和珅学得都很扎实。尤其在语言方面，和珅更是把自己的天赋展现得淋漓尽致。和珅上学时，满洲入关已经100多年了，很多满人早就汉化了，有的王爷都不太会说满语了。可和珅却会不只一种：

清文、汉文、蒙古、西番，颇通大意。①

满、汉、蒙、西番四种语言都会说。而且不只是会，甚至可以称得上精通。在这四种语言中，满人平常用得最少的应该就是西番语了。但史书中却有记载：

臣工中通晓西番字者，殊难其人。惟和珅承旨书谕，俱能办理秩如。②

和大人的语言文化水平的确很高，不但能说，而且会写。这也从侧面印证了，早年和珅在学校学习时是相当刻苦的。

除了语言造诣高之外，和珅在写诗方面也是很有一套的。上学的时候，有一次，他准备去山中一个寺庙参拜，途中发现路不通，和珅随手题诗一首，读起来颇有道家味道：

数声仙磬青林外，一片云幡夕照西；

---

① 见《钦定八旗通志》卷首六，《大学士三等忠襄伯和珅》，四库全书本，第44页a。
② 同上书，《大学士三等忠襄伯和珅》诗注，第44页b。

>我欲言旋游意倦，砌花啼鸟莫相稽。[①]

不得不说，能被"章总"欣赏的人，写诗的水平大抵不会差。

只可惜，少年和珅在咸安宫用功读书，家中却噩耗频传。在和珅15岁时，常保因为玩忽职守被乾隆撤职了。常保回到京城后，没几年就郁郁而终了。至此，和珅成了一个父母双亡的孤儿。

这个时候，和珅作为家中长子，父亲死后，他肩上的担子更重了。史书中虽然没说伍氏是什么时候过世的，但在和珅家中，至少有三口人要吃饭。除了他和弟弟和琳，还有一个祖上世代都在和珅家族当仆人，从小就给和珅打杂的车夫，名叫刘全。没错，影视剧中的刘全，在历史上确有其人。而且刘全从小就跟着和珅，是一起过过苦日子的，属于患难主仆。因此，在某种程度上，凭刘全跟和珅两个人之间的感情，说刘全是自家人也毫不夸张。甚至，我们纵观和珅的一生会发现，刘全陪伴和珅的时间，比弟弟和琳陪他的时间还要长。

此时的和珅，既带着弟弟，又要养一个仆人，经济压力着实不小。而就在关键时刻，一个人的出现，在一定程度上缓解了和珅的危机。这个人就是时任户部左侍郎的冯英廉。冯英廉虽然姓冯，但他早就入了旗籍，是内务府镶黄旗人。因此，史书提到他时，一般直接叫他英廉。

英廉当时是怎么认识和珅的呢？其实很简单，英廉那时已是花甲之年，他的孙女冯氏恰好到了婚嫁年龄，英廉特别想给自己疼爱的孙女找个好丈夫。

接着英廉就发现，当时的咸安宫中有一个长得又帅、学习又好的青年才俊，叫钮祜禄·和珅。没错，我们对"和珅长得帅"的说法其实是不陌

[①] 和珅：《山半有塔寺，因路隔未游，怅然而返》，见何国松主编《和珅传》，吉林大学出版社，2010，第297页。

生的，历史上的和珅的确容貌姣好，而且他还是中外公认的帅哥。咱们这边的记载是：

（和珅）面白皙而事修饰。①

和珅长得白净，同时又非常注意自己的外在形象。外国那边也同样有记载。乾隆朝后期，英国人马戛尔尼访华，当时负责接待的和珅都已经是奔五十的人了，马戛尔尼见到和珅的当天，他在日记中写了这样一句话：

相国（和珅）……容貌端重，长于语言，谈吐隽快纯熟。②

和相国长得好，语言能力强，而且谈吐非常得体。通过马戛尔尼对和珅外貌的评价来看，从18世纪开始，中西方对人之相貌的审美，应该已是高度一致的了。而且，马戛尔尼说和珅"长于语言"，想来，除了满、汉、蒙、西番语以外，和珅没准还会一些英文。

就这样，一个长得又帅、学习又好的青年和珅，英廉看在眼里，甚是喜欢。和珅作为孙女婿人选唯一的短板可能就是他父母双亡、家里没什么钱了。最后，英廉大手一挥，说：孙女婿你别担心，彩礼也不用你出，婚礼的事，我这个当爷爷的全包了。按和珅的儿子丰绅殷德所说：

太夫人尚幼，最蒙曾外祖怜爱，自教养以及聘嫁，曾外祖为之经理。③

---

① 迦持：《秦鬟楼谈录》，《小说日报》，1914年第5卷第4期。
② 马戛尔尼：《乾隆英使觐见记》，刘半农译，李广生整理，百花文艺出版社，2010，第93页。
③ 见丰绅殷德：《延禧堂诗钞》，转引自冯佐哲：《和珅评传》，中国青年出版社，1998，第33页。

这场婚事，完全是由英廉操持的。

最终在乾隆三十二年（1767），18岁的和珅成亲了，迎娶了英廉的孙女冯氏。和珅在自己最落魄、最穷的时候，能结成这门亲事，他不管对英廉，还是对冯氏，都是非常感激的。后来和珅被处死，各种黑历史满天飞的时候，也没有人说和珅对妻子冯氏不好。实际上，人们普遍承认，和珅不管是落魄还是发达，他对妻子都是非常好的，夫妻俩的感情也很深。冯氏去世时，和珅一边悼念亡妻，一边写下了一首诗：

> 岑寂穗帐空，长往不回顾；
> 似此享荣华，不如守荆布。①

没了你之后，看着这空荡荡的房间，我十分伤感。比起眼前的富贵，我更怀念我们之前一起穿粗布麻衣的日子。

我们不难发现，早年间的和珅就是一个有才华、肯吃苦、兄友弟恭、又夫妻和睦的好青年。那么，和珅又是怎么跳进了官场的大染缸，被染了一身黑的呢？

命运转折的开始

尽管婚后和珅的经济状况得到了一定的缓解，但整体上仍然是比较困

---

① 和珅：《悼亡六首》，见何国松主编《和珅传》，吉林大学出版社，2010，第216页。

难的。一是因为他当时还只是个学生，没当官，也就没有工资收入；二是因为英廉除了冯氏这个孙女之外，大抵还有别的孙辈要照顾，他也确实没那么多资源可以给和珅，能把这场婚礼办下来，其实就不错了。

而和珅自己也比较好面子，也不愿意总是去找自己媳妇的娘家人借钱，所以，和珅在婚后仍然很穷。他一度贫困到了什么程度呢？清朝当时有人提到过这样一件事，说刘全早年间曾经步行5000里，只是为了帮和珅去找和珅的亲外公，也就是他那个早早过世的母亲的爸爸——嘉谟——去借钱。按记载：

> 嘉谟为河库道，……珅少贫，每遣仆刘全徒步往返五千里，求伙助，嘉资以白金五十两。[①]

刘全来回走上5000里，只是为了帮和珅借50两银子。由此可见，当时和珅家中可能已是揭不开锅的状态了。而和珅的外公嘉谟当河库道的时候，恰好是和珅刚结完婚，还没工作的那段日子。于是，如何解决家庭经济困难，就成了和珅在青年时代最紧要的问题。毕竟，一家之主不可能让弟弟和媳妇一直陪着自己挨饿。

在当时，和珅一共有两条路可以选。

第一条路，和珅放弃读书，利用满洲子弟的就业通道，去当一个宫廷侍卫。只要他愿意放弃读书去当侍卫，和珅就可以凭借家中世袭的三等轻车都尉职位，立刻领到一份侍卫职务工资和一份世袭职位工资，一共两笔钱。清朝当时的规定是：

---

① 徐珂编撰《清稗类钞（第七册）》《郭大昌识和珅之奸》，中华书局，2010，第3342页。

其回籍及不能供职，并未及岁，承袭在家闲住者，均停给俸。[1]

有世袭职位者如果当官，能拿两笔钱；如果不当官，一笔都拿不到。

除了放弃读书当侍卫的这一条路，和珅还有第二条路，就是再忍一忍，然后通过考取功名来当官。尽管这条路当官会当得晚一些，但是前途也会更加光明。

和珅是怎么选的呢？他还是选了第二条路。毕竟读了那么多年书，和珅心中还是想要考功名。只可惜天不从人愿。乾隆三十五年（1770），21岁的和珅第一次去参加乡试就没考上。一次考试的失利其实并不能证明和珅当时学得不好，有时候，运气是考试不可忽视的一部分。天才如纪晓岚也是24岁才中的举人，21岁的和珅没考中举人，实在不是什么丢人的事情。

只不过，有一个悲惨的事实是：在这次科举失利后，和珅家的经济条件实在没有办法支撑他去参加下一次考试了。

最终，和珅在23岁从咸安宫官学毕业后，就直接入宫当了一名三等侍卫，结束了自己的科举生涯，开始领死工资养家糊口了。

然而人生有意思的地方就在于，偏偏是这份被迫入宫的侍卫工作，让和珅近距离地接触到了改变他一生命运的人——乾隆。

当时，和珅是一个无父无母、没有背景的23岁的青年侍卫；而乾隆则是一个已经平定金川、收复新疆，执掌朝纲37年的62岁的老年君主了。尽管影视剧中的和珅跟乾隆看着像是同龄人，但二人其实差了39岁，和珅的岁数还没有乾隆头两个皇孙的岁数大。某种程度上，君臣二人算是爷孙辈的隔代人。

考虑到和珅相对一般的家族背景和两人巨大的年龄、地位差距，在正

---

[1] 见《皇朝文献通考》卷九十，四库全书本，第10页a。

常情况下，乾隆是不可能注意到和珅的。但是一件非常偶然的小事发生，让两个人相遇了。

尽管正史中没有记载，但有许多清朝文人笔记和传闻指向了同一件事。和珅被乾隆注意到应该是在乾隆四十年（1775），和珅26岁的时候，有一天，坐在轿中的乾隆正在看边境送来的奏报。奏报中说有一名要犯跑了，乾隆读到后有些生气，就引用《论语》里的句子吐槽了一下。据记载：

> 上偶于舆中阅边报，有奏要犯脱逃者，上微怒，诵《论语》"虎兕出于柙"三语。①

三语，所以乾隆当时一共说了三句话。"虎兕出于柙"出自《论语·季氏篇第十六》，"章总"当时说的这三句话应该是：

> 虎兕出于柙，龟玉毁于椟中，是谁之过与？

老虎和犀牛从笼子里跑了，龟甲和玉石在匣子里被毁了，这到底是谁的过错？意思很明显，乾隆在讽刺负责看守犯人的官员办事不靠谱。

可问题是，当时乾隆身边的这些满洲侍卫都没怎么读过书，听完乾隆这三句吐槽，只能意识到乾隆生气了，但完全听不懂乾隆这三句话背后到底是什么意思，侍卫们都有点发蒙。史书记载：

> 扈从诸校尉及期门羽林之属，咸愕眙互询天语云何。②

---

① 陈康祺：《郎潜纪闻初笔》卷四，中华书局，1984，第88页。
② 同上。

大家就互相问：皇上在这儿念叨啥呢？

就在周围一群文盲的互相询问中，和珅实在听不下去了，接了话：

爷谓典守者不得辞其责耳。①

皇上的意思是，负责看守的官员要为自己的过错负责。所以，这话原本是和珅说给周围其他侍卫的，但乾隆在轿中一听就来精神了——想不到自己周围的侍卫中，有个有文化的。

乾隆立刻掀开帘子问和珅：你之前读过《论语》吗？和珅答：读过。乾隆就有些纳闷——你既然读过书，那你考过科举吗？而和珅说自己考过，而且连哪年考的、考试题目是什么，也都给乾隆禀报了一遍：5年前，庚寅年，我考过一回乡试，题目是论《论语·孟公绰》一节，只不过我才疏学浅没考上，就只能来这儿当侍卫了。

至此，乾隆就更有兴致了，"章总"就问了和珅一句特别有意思的话：你还能背出你当时考卷上的文章吗？于是，和珅就在轿子旁，无比流畅地把自己当年考卷上的文章给乾隆背了一遍。至于乾隆听完之后的反应，史书记载：

上曰：汝文亦可中得也！②

你当年写的这篇文章不错，是应该被选中的。

和珅相当激动。他参加那次乡试，已经是5年前的事了；在宫廷当侍

---

① 陈康祺：《郎潜纪闻初笔》卷四，中华书局，1984，第88页。
② 见陈焯：《归云室见闻杂记》，转引自冯佐哲：《贪污之王》，吉林文史出版社，1989，第25页。

卫，站岗巡逻，也已经干了3年了。和珅还能在关键时刻背出自己当年考卷上的文章，可见，和珅心中一定始终没放下自己当年的那场科考，以及那张让他名落孙山的考卷。

而现在，清朝科举的最高阅卷人不但重新听了自己的文章，而且还承认自己应该被选中，这一定是非常震撼和珅心灵的。此刻把谁放在和珅那个位置上，都一定会把乾隆当成自己最大的知音。就在和珅对乾隆感激涕零之时，乾隆对和珅也产生了极大的欣赏。

首先，和珅长得好，符合乾隆一贯的"颜控"。其次，和珅的能力也很强。作为一个满汉文兼修的满洲人，他既在血统上符合了乾隆"满洲至上"的原则，也在学识能力上有和汉族士大夫相交流的能力。最后，也是最重要的一点，和珅当时是一个无父无母无背景的科举落榜生，一旦乾隆决定重用和珅，他未来在官场唯一的依靠就只有乾隆，其忠诚度会被无限提高。

于是，就在这种君臣间的相互欣赏之下，苦熬了多年的和珅，终于在他26岁的时候迎来了自己命运的转折。只是这一次的转折转得实在有点大了，估计连和珅自己可能都没太适应。

我们可以看一下，当乾隆准备重用和珅之后，和珅的升迁履历。

乾隆四十年，"章总"认识和珅的第一年，26岁的和珅连升六级，从一个正五品的三等侍卫，升为了正二品的正蓝旗满洲副都统。转年，乾隆四十一年（1776），"章总"先是在正月把和珅升为正二品的户部侍郎，三月，乾隆宣布要特别安排和珅进军机处，担任军机大臣。而仅仅过了一个月，四月，乾隆便任命和珅为总管内务府大臣。此外，可能是为了匹配和珅总管内务府大臣的身份，乾隆还在这一年的年底把和珅的旗籍从八旗中下五旗的正红旗抬到了上三旗的正黄旗。翌年，乾隆四十二年（1777），乾隆又把吏部右侍郎和九门提督这两个职位给了和珅。

和珅26岁时还只是一个名不见经传的三等侍卫，而他28岁时就变成了军机大臣、户部左侍郎兼吏部右侍郎、总管内务府大臣、九门提督了。哪怕是傅恒当年从户部侍郎升到军机大臣，都用了整整两年的时间，而现在和珅，从户部侍郎升到军机大臣，却只用了两个月。

因此，有许多人爱说和珅善于逢迎乾隆。朝鲜方面嘲讽和珅对乾隆

言不称臣，必曰奴才，随旨使令，殆同皂隶。①

和珅对乾隆太过谄媚了，乾隆让他干啥就干啥，皇帝使唤他这个大臣，就跟使唤衙门里的差役一样。还说和珅

皇帝若有咳唾之时，和珅以溺器进之。②

乾隆刚一咳嗽，和珅连痰盂都已经递好了。

但凭良心讲，和珅苦了20多年，突然之间，他在乾隆的帮助下实现了人生大逆转，不论是自己的升官，还是家族的抬旗，都多亏乾隆的抬爱。平心而论，和珅对乾隆再怎么感恩和奉承，其实都是能理解的。

而且实话讲，和珅也不是刚一升官就急不可耐地去贪污的，何况，当前时间线还只是乾隆四十二年。与和珅生活在同一时期的清朝史学家章学诚曾有过这样一个说法：

自乾隆四十五年以来，迄于嘉庆三年而往，和珅用事几三十年，上下相蒙，惟事贪婪默货。始如蚕食，渐至鲸吞。③

---

① 吴晗辑《朝鲜李朝实录中的中国史料（下编）》卷十，《正宗一》，中华书局，1980，第4762页。
② 同上书，卷十一，第4840页。
③ 见章学诚：《上执政论时务书》，转引自中国历史文献研究会编《章学诚国际学术研讨会论文集》，北京图书馆出版社，2004，第305页。

在章学诚眼中，和珅从乾隆四十五年（1780）开始贪腐，所以，和珅被起用的最初几年，他其实算是相对干净的。

那么，在乾隆四十五年前后发生了什么呢？

其实值得一提的只有两件事，一是乾隆四十四年年底（1780年初），时任首席军机大臣的于敏中去世了。当然，于敏中也不是什么正经人，只不过跟后来的和珅相比，稍好一点点。除了于敏中的死之外，另一件大事就是，乾隆四十五年年初，31岁的和珅亲手查办了李侍尧的贪污案。在查案的过程中，到底发生了什么呢？

南下反贪的钦差

当时，和珅作为一个没什么背景的年轻的后起之秀，在两年之间突然蹿升，肯定是会招来一些非议的。有一些老派的官员对和珅就很不服气。其中最典型的，就是时任云贵总督的李侍尧。按史书记载：

> 李侍尧……年老位高，平日儿畜和珅，珅衔之。①

李侍尧仗着自己年纪大、官位高，经常像训儿子一样训和珅。所以，和珅对李侍尧也始终心怀不满。

只不过，李侍尧敢这么欺负和珅是有资本的。李侍尧的高祖李永芳是

---

① 吴晗辑《朝鲜李朝实录中的中国史料（下编）》卷十，《正宗一》，中华书局，1980，第4701页。

满洲崛起时第一批投降满洲的明朝将领，并且被清太祖努尔哈赤收为孙女婿。因此，李侍尧家族可以说是和满洲皇家关系最紧密的汉人家族之一。而李侍尧自己从20多岁起就被乾隆亲自从一个官场小白，一步步提拔为一个封疆大吏。因此，不要看和珅现在是乾隆的宠臣，几十年前，和珅还没出生时，李侍尧就已经是乾隆的宠臣了。乾隆没事还经常在大会小会中表扬李侍尧，如：

各省总督老成有识，能办大事，实无出李侍尧之右者。①

所以，和珅虽然记恨李侍尧，但一直没有过什么反击行动。直到乾隆四十五年年初，和珅终于找到了机会。当时，李侍尧手下的一位官员，前云南粮道海宁入京。然后，和珅从海宁那儿听到了一个消息：

侍尧贪浊无厌，畏其消责，尝赂黄金二百两为寿于生日。②

和珅一听，激动坏了——好家伙，没想到你李侍尧还是个贪官啊！过个生日，你就敢收200两黄金？于是，收到消息的和珅，转头就向乾隆把李侍尧举报了。

乾隆听到李侍尧的贪污事迹后，极其震怒，决定派和珅为钦差前往云南，实地彻查李侍尧的贪污罪状。有意思的是，和珅是正月二十六日出发南下的，而乾隆在二月初四又下了一道命令：

---

① 佚名：《清史列传》卷二十三，《大臣画一传档正编二十·李侍尧》，中华书局，1987，第1715页。
② 吴晗辑《朝鲜李朝实录中的中国史料（下编）》卷十，《正宗一》，中华书局，1980，第4701页。

着传谕和珅等于到黔时，传旨舒常令其一同驰驿，前赴云南。……如和珅等到滇，查办李侍尧各款内已得有确据，……解任其云贵总督印务，令舒常署理。①

相当于案子还没查，乾隆就已经找好李侍尧的接班人了，好似他早就知道李侍尧一定有罪一样。不然，贵州巡抚舒常是下属，李侍尧是上司，下属主动登门等着接上司的班，上司要是没被定罪，那就太尴尬了。

而和珅到了云南之后，办起案来真是相当有一套。别看这是和珅第一次办案，他的侦破思路却相当考究。

和珅刚到云南，就把自己手底下的人分成了三拨。第一拨，负责把李侍尧本人给看住；第二波，按照海宁提供的名单，把其他曾经贿赂过李侍尧的官员都控制住；第三波，和珅亲自带人把李侍尧家中的管家和奴才都给抓了。

接着，和珅就按三个分会场，来回区别审问、对口供、连哄带蒙，最后很快就坐实了——李侍尧这些年来贪污索贿了4万余两。铁证如山，李侍尧本人也供认不讳。这4万余两到底是个什么概念呢？按乾隆朝的相关规定：1000两以上斩监候，1万两以上斩立决。贪贿4万余两，已经足够把李侍尧的脑袋砍上4遍了。可正当和珅以为自己大仇得报的时候，乾隆那边的态度却发生了一些微妙的变化。

比如，在收到和珅关于李侍尧贪污罪行的奏报之后，乾隆先把李侍尧立刻免职，无比愤怒地说：

（李侍尧）负恩婪索，盈千累万，……赃私狼藉。如此不堪，实朕梦想

---

① 见《清高宗实录》卷一千一百，乾隆四十五年二月初四日。

不到。①

批评看着严厉，可与此同时，乾隆还说了：

> 李侍尧由将军用至总督，历任各省，二十余年。因其才具尚优，办事明干，在督抚中最为出色。②

乾隆又莫名其妙地把李侍尧夸了一遍，表示自己之前一直很欣赏李侍尧的工作能力。

于是，就在乾隆态度暧昧的情况下，乾隆传旨于和珅，让和珅给李侍尧定罪。

和珅蒙了，老爷子这是什么意思呢？按《大清律例》来判，李侍尧肯定得判斩立决，立即执行死刑；可听老爷子这话中的意思，难道是舍不得杀？于是，时年31岁的和珅就开始动脑筋了。最后和珅决定，宁可违法乱纪，也不能让老爷子不开心。最终，和珅把一个明明白白的斩立决，改判成斩监候——先变成死缓再说。

那么，和珅这次判决，猜中了乾隆的心思吗？答案是，不但完全猜中，而且可说深得君心。和珅作为钦差，他在地方所审定的罪行，最后是要交给中央复核的。正常情况下，在中央负责司法复核的是由刑部、都察院和大理寺所组成的三法司。可乾隆没让三法司复核，反而大费周章地让六部、都察院、大理寺以及通政司一起，来了一个清朝当时最高级别的司法复核方式，也就是以大学士为核心的九卿会审。

---

① 佚名：《清史列传》卷二十三，《大臣画一传档正编二十·李侍尧》，中华书局，1987，第1716页。
② 见《清高宗实录》卷一千一百三，乾隆四十五年三月十八日。

乾隆如此安排，意图其实很明显。既然中央一定要复核，那么如果让最爱抠法律条文的三法司来判，李侍尧一定会被改判为斩立决；但假如多拉一些部门进来，随着不同意见增多，最后才有可能维持和珅的原判，判李侍尧死缓，暂时留他一条性命。然而令乾隆没想到的是，这场由六部九卿三四十人参加的大规模会审，众人最后居然空前团结，都要求将和珅判的死缓改成斩立决。史书记载：

大学士九卿核议尚书和珅等，定拟李侍尧贪纵营私各款，将原拟斩监候之处，改为斩决。①

如此一来，乾隆的心态可能发生了一些变化——你们六部九卿加在一起这么多人，怎么就不如和珅一个人懂我呢？乾隆虽然想保李侍尧，但他也不想有损自己历来严肃反贪的形象，所以最后，"章总"又想了个办法，说李侍尧身为云贵总督，他此番犯了事，对各省督抚也有警诫作用，现在六部九卿复核完了，各省的督抚也该来表一下态吧？看看他李侍尧，到底应该判斩立决，还是斩监候。

各省督抚收到乾隆这份旨意后，第一反应都是：中央有大学士、有刑部、有大理寺，老头让我们表什么态？难道咱们的皇上，又想钓鱼执法了？如果今儿咱们要说李侍尧贪污过万，只需要判死缓，那皇上准觉得咱们一个个都不干净、都贪污，所以会袒护李侍尧。于是，各省督抚纷纷表态称：我们坚决拥护中央的决定，李侍尧作为督抚中的反面典型，必须立斩不赦。史书记载：

---

① 见《清高宗实录》卷一千一百六，乾隆四十五年五月初七日。

> 各督抚，……多请照大学士九卿所拟。①

没想到，最后还是当时的江苏巡抚闵鹗元意识到了问题的核心：老皇帝折腾了这么半天，他可能是想放李侍尧一马。于是，闵鹗元就壮着胆子，冒着被钓鱼执法的风险，写了一道奏折：

> 李侍尧历任封疆，勤干有为，为中外所推服。请援议勤议能之文，稍宽一线。②

李侍尧做官既勤勉又有能力，按法律中"八议"的减刑标准，似乎可以按照"议勤""议能"来判死缓。当然，要不要判死缓，还得看圣上您愿不愿意开恩。

乾隆收到闵鹗元这份奏折后，立刻就开心起来了，他说：

> 诸臣中既有仍请从宽者，则罪疑惟轻。③

既然有人求情了，那证明这个罪该怎么定还是有争议的，那本着圣人的忠恕精神，有争议，咱们就按轻的来判。最后乾隆宣布：

> 李侍尧，着即定为应斩监候，秋后处决。……朕详慎庶狱，一秉大公至正，从不存畸重畸轻之见。④

---

① 见《清高宗实录》卷一千一百十六，乾隆四十五年十月初三日。
② 同上。
③ 同上。
④ 同上。

这明显属于违规的改判，乾隆却专门强调自己是出于严谨和公正而做的定夺，绝对不是有意包庇。这可就是"此地无银三百两"了，因为李侍尧虽然最终判了死缓，可实际上连一年都不到，他就被乾隆放出来做总督了。

最终，在这起李侍尧案的最终判决上，从中央的大学士九卿，再到地方的各省督抚，从头到尾都能猜中乾隆的心思且坚定地和乾隆站在一起的，还真就只有和珅。要知道，和珅本身和李侍尧是有矛盾的，李侍尧受贿也是和珅率先举报的，但和珅最后却能主动放李侍尧一马。

这就证明，和珅始终把乾隆心情的好坏放在自己的个人恩怨之上，他绝对不会因为自己讨厌李侍尧就让乾隆为难。

所以在"章总"眼里，他看和珅真是越看越顺眼——朕果然没有选错人，什么六部九卿、地方督抚，都不如自己亲手培养的年轻人最懂自己，而且关键时刻也是和珅最能顶住压力。

而和珅回京后，再次领到了一大批封赏。不但升为了从一品的户部尚书，还跟皇家结了亲。乾隆传旨，让自己最疼爱的年仅6岁的十公主，也就是和孝固伦公主，与同样是6岁的和珅的长子丰绅殷德定了娃娃亲。定下娃娃亲就证明了，至少未来10年内，只要和珅不出大错，他的地位都会稳稳的，不会被动摇。

31岁的和珅升任尚书、完成联姻、地位日益稳固的同时，人到中年的他也开始思考李侍尧案中那个最关键的问题——乾隆为什么会力保李侍尧呢？这背后到底有没有隐情呢？而最终得知了真相的和珅，又将在之后的官场生涯中发生怎样的改变呢？

截至此时，在和大人人生的前31年里，并未开始贪污。

钮祜禄·和珅 下

信仰坍塌的硕鼠巨贪

和珅，乾隆朝后期的第一宠臣。在其接手内务府与户部，并将议罪银制度规范化后，乾隆朝财政看着府库充盈，但实际上，官员形成了犯罪后交钱免罪的路径依赖，加剧了贪腐，整个清朝官僚体系也日趋腐化堕落。乾隆盛世背后，已然出现了致命的系统性危机。和珅本人的鲸吞巨贪，只是当时国家繁荣与腐败并存的缩影。

和珅是中国历史上知名度最高的贪官，或许没有之一。和大人人生的前31年整体上应该说是相对清白的，那么，在其人生的后19年中，和大人为什么会迅速堕落呢？

我们接着来看一看他为官彻底沉沦、道德光速滑坡的后半生。

而立之年的转变

和珅在初入官场时，非但没有贪污受贿的不良记录，做事反倒是相当勤奋认真的。

乾隆四十五年（1780），31岁的和珅到云南查办时任云贵总督的李侍尧的贪污案。按理说，和珅只是一个查案的钦差，专心查案就可以了。可和珅在一边查案的基础上，另一边同时走访了云南各地，写了一份关于云南吏治和财政的考察报告上交乾隆，而且还针对当时云南当地的官员管理、铜矿开采、官盐滞销、跨境走私等多个问题，都给出了自己的解决方案。以至于，乾隆一度有让和珅直接出任云贵总督的念头。史书记载：

（和珅）奏云南吏治废弛，府州县多亏帑，亟宜清厘。上欲用和珅为总督。①

早期的和珅，非但不是一个贪官，反而是相当勤勉务实的好官。可能和珅最初的想法是：我只有好好干，才能够报答皇上的知遇之恩。然而，和珅很快就发现，政治的实际运行和他在课本上读到的并不一样。其中，对和珅价值观冲击最大的，应该是李侍尧案的真相了。

按乾隆朝的相关规定，地方官员贪污超过1万两就要判处斩立决。可李侍尧在至少贪污了4万两的情况下，却只被判处死缓，甚至最后不到一年就被乾隆重新起用了。

老皇帝放李侍尧一马的原因是什么？表面上的理由是李侍尧多年以来勤政、办事能力强，乾隆不舍得杀。可等到和珅回到京后，他才知道，李侍尧得以活命的原因另有其他。

我们今天去翻阅乾隆朝惩办贪污的档案时，会发现在查办李侍尧案的过程中，乾隆还有一个非常重要的特殊行动。在和珅出发前往云南，在还没有审定李侍尧罪行的时候，乾隆四十五年二月，乾隆就找人把李侍尧在京城的家产给查封了。而负责查封李侍尧家产的人，正是和珅老婆冯氏的爷爷、和珅本人的太岳丈——英廉。我们在英廉当时查封李侍尧家产后给乾隆汇报的奏折中能发现，李侍尧当时在京城的家产除了部分个人资产外，大致上有两类东西：一类是李侍尧给乾隆七十大寿准备的寿礼；另一类是早年李侍尧给乾隆上贡，被乾隆退回来的贡品。

这里简单介绍一下清朝地方督抚的上贡问题。从秦汉时期开始，地方官其实每年都要给皇帝送一些当地土特产。只不过一般都送水果、药材、笔墨纸砚之类的，江南地区的官员可能还会再送一些丝绸、瓷器，这就算

---

① 赵尔巽等：《清史稿》卷三百十九，《列传一百六·和珅》，中华书局，1977，第10752页。

是非常昂贵的了。到了乾隆朝,地方督抚的上贡制度就发生了一些变化。送的频率变高了,之前各省督抚送礼,一年通常送三次——皇上生日送一次,元旦送一次,冬至送一次。而从乾隆朝中期开始,除了传统的三次之外,什么元宵节、端午节、中秋节等,地方官都开始上贡了。这倒不是乾隆主动提的,而是有的地方长官先主动送了,其余各省的长官也就渐渐开始跟着送。

而李侍尧就是各地督抚中送礼送得最勤的那一个。后来,贡品越送越贵。之前各地督抚送的贡品,一般都以土特产为主,而乾隆朝中期以后,土特产拿不出手了,因为"章总"爱上古玩字画了。于是,地方督抚就开始四处淘古董。这其中,率先给乾隆送古玩字画的人也是李侍尧。史书记载:

> 李昭信相国侍尧,……善纳贡献,物皆精巧,是以天下封疆大吏,从风而靡。[1]

各地督抚一年四季争相给乾隆送东西,而且越送越贵,这钱怎么来的呢?无他,剥削老百姓、贪污索贿而来。乾隆朝中期之后,朝廷吏治腐败、贪污横行,很重要的一个原因便是督抚上贡传统的异化,使得本来不贪污的官员为了给乾隆送礼,也不得不开始收受贿赂了。

老皇帝乾隆知不知道自己这边玩命收礼,会导致地方官员的腐败呢?他肯定知道。

理由有两点:

一、乾隆在收礼时,为了表示自己并不贪婪,往往下面送上来九件,他就退回去三件,只留三分之二,以表示自己并非贪财之人。史书记载:

---

[1] 昭梿:《啸亭杂录》卷四,《李昭信相公》,中华书局,1980,第88页。

盖藩镇贡献，有九种物则每以三种还给。①

李侍尧家中的存货大多是当初上贡太多，被乾隆退回来的。

二，除了乾隆会按比例退礼物之外，最能体现他一定知道自己会导致地方腐败的证据就是，他后来亲口说过：

督抚大吏……若专以进献为能事，已非大臣公忠体国之道，况又籍名以为肥身之计。督抚取之属员，属员必取之百姓，层层朘剥，闾阎生计，尚可问乎？②

你们这些督抚大吏这么办，最后遭苦受罪的，不还是老百姓吗？

乾隆话虽然说得漂亮，可礼是照样收的。这样的督抚上贡传统，是直到他死后，嘉庆执政之后才给立刻停掉的。而"章总"则一边公开表示自己不愿意收礼，另一边又悄悄找一些亲信让他们帮自己搜罗各种贡品。其中，乾隆早期最信任的寻贡亲信，就是李侍尧。乾隆曾给李侍尧发过这样一则密诏：

此次所进镀金洋景表亭一座甚好！嗣后，似此样好看者多觅几件；再有大而好者，亦觅几件，不必惜价。如觅得时于端阳进贡几件来。③

"章总"此番话说得颇为有趣。他一边跟李侍尧说不要惜价，别在乎钱；

---

① 吴晗辑《朝鲜李朝实录中的中国史料（下编）》卷十，《正宗一》，中华书局，1980，第4701页。
② 见《清高宗实录》卷一千一百六十，乾隆四十七年七月初九日。
③ 杨伯达：《清乾隆五十九年广东贡物一瞥》，《故宫博物院院刊》，1986年第3期。

但另一边却要李侍尧多进贡——他就没打算给钱。可李侍尧的钱从哪儿来呢？除了贪污索贿，还能有别的钱路吗？

所以，乾隆最后为什么放了李侍尧一马？因为"章总"自己心里清楚，李侍尧这么多年可以说是在奉旨贪污索贿。而且，在英廉把李侍尧家的资产查封了之后，乾隆才发现李侍尧还真没给自己留什么，基本全送皇帝了。乾隆此刻还能杀李侍尧吗？不可能杀的，对乾隆来说，这不是奸臣，这是忠臣。

而李侍尧家中所存贡品透露的这丝玄机，别人不知道，亲自负责查封的英廉肯定知道，于是，和珅也就知道了。和珅恍然大悟——在乾隆朝，贪污是罪过吗？确实是。但只要是为了皇上而贪污，皇上能开心的话，即便贪污了，最后也问题不大。李侍尧已经为我等打好了样。

此时，刚刚升任户部尚书的和珅，他就发现了一个一准能让乾隆开心的神秘制度——议罪银制。

议罪腐败的堕落

议罪银，顾名思义，就是官员犯了错之后，可以通过交钱来赎罪，以此来减轻或避免法律处罚。不过议罪银这项制度，其实还真不是和珅开创的，它是乾隆开创的。早在乾隆二十八年（1763），14岁的和珅还在咸安宫中上学时，乾隆就已经开始向官员收议罪银了。

只是乾隆早年间在收议罪银的时候，不管是处罚对象还是处罚频率，都很收敛。比如，那时的处罚对象基本是地方高官或宗亲；处罚频率也很低，从乾隆二十八年到乾隆四十五年，这17年间，"章总"只收过大约10

笔议罪银。那时候，还真不是想花钱赎罪就能赎罪的。

可这一切，都随着乾隆四十五年和大人担任户部尚书后发生了改变。当时清朝的中央财政一共有两笔钱：一笔是政府财政，在户部，这是国家的钱；另一笔是皇家财政，在内务府，这是皇帝个人的钱。

就任户部尚书之后，和珅就发现了一个问题，在处理官员的时候，一共有两种罚钱的方式：一种是普遍使用的罚俸，也就是扣工资，这其实节约的是国家的钱，也就是户部的政府财政；另一种，乾隆之前很少使用的收议罪银，以此方式收上来的钱不走户部的账，而是直接进入内务府，属皇家花销。简单来说，议罪银收的钱就是归乾隆自己花的。档案记载：

自议之款，不由户部承追，而由军机处查催交内务府，是自行议罪银两，实为内务府特别收入之一项。[①]

和珅主管户部和内务府两个银库，只要自己能保证户部的财政平稳，那内务府的钱自然是越多越好，因为这样老皇帝的开销就有了更多保障。于是，和珅就向乾隆提议，要将议罪银制度化、规范化。

和珅后来曾说：

臣等遵旨，……今将各员自行议罪认罚各项，分晰缮写清单，恭呈御览，嗣后即遵此办理，按季具奏。[②]

将议罪银条理化地记清楚，然后按季度向乾隆汇报数额。当然，和珅跟乾

[①] 故宫博物院编：《〈文献丛编〉全编》（第七册），《文献丛编》第二十五辑《密记档（军机处档）》，北京图书馆出版社，2008，第5页。
[②] 同上书，第14页。

隆也知道这件事并不光彩，所以议罪银的账目都放在军机处的密记处，由和珅亲自管理。

而随着议罪银的制度化，接下来事情的发展就越发有趣了。

首先，乾隆朝中后期，督抚上贡传统的异化已经使大量的官员走上了贪污的道路，吏治腐化了；而议罪银的制度化、规范化发展，相当于又给了这些贪官一条免罪的出路。

所以，当乾隆四十五年督抚上贡和议罪银形成了双重驱动之后，乾隆朝的官场风气很快就不行了。乾隆之后也有过一些反贪行动，但因为制度上的问题，都没能解决。当时，朝廷越是反贪，下面贪污的就越多，官员为了自保，还出现了地方的集团性腐败。以致后来清朝有人评价乾隆朝的官场道：

高宗英明，执法未尝不严。……然诛殛愈众，而贪风愈甚。……非其时人性独贪也，盖有在内隐为驱迫，使不得不贪者也。[1]

不管是督抚上贡也好，议罪银也罢，这两项腐化的制度，待乾隆死后，嘉庆立刻都给废除了。只可惜已经为时太晚，想再扭转风气已经很难了。毕竟嘉庆不是雍正。

在和珅将议罪银制度化之后，他在腐败的官场中，到底扮演了一个什么样的角色呢？他又是怎样堕落的呢？

因为议罪银账簿是放在军机处的密记处的，是个上不得台面的东西，所以当官员真犯错时，该官员若想交议罪银，他其实是不知道要交多少的，他得猜。苏州织造舒文就曾经想交银子抵罪，他上奏请求道：

---

[1] 薛福成：《庸盦笔记》卷三，清光绪二十三年刻本，第8页b—9页a。

恩准奴才缴银二万两稍赎罪愆。①

结果乾隆给的答复是：

令其抚心自问，必如何始得稍安，自行切实议罪迅速复奏。②

潜台词很明显——钱给少了，赶紧想想自己该交多少。最后舒文将价码开到5万两，才算是议罪成功了。

而每当官员不知道自己该交多少钱的时候，他们就会先交一笔钱给和珅，让和珅告诉自己皇上到底想要多少钱。而此前一向以务实为重的和珅，在这个过程中变得来者不拒了。

反观和珅的堕落，有这么几点原因：一，他职业道德方面的操守、自律性不是很强；二，和珅守着内务府和户部两个钱袋子，见过吃过后，也真的开始拿钱不当钱了；三，他很清楚，他收议罪银就是在替内务府收钱，这本来就是个上不得台面的黑心事，连乾隆对此都能讨价还价、安之若素，他这个中间人，还有什么磨不开面的了呢？

于是，从乾隆四十五年，和珅31岁开始，这位清清白白了30年，刻苦读书、努力养家的中年帅哥，终于迈出了贪污腐化的第一步。

有时候人就是这样。一位官员一辈子清廉自守，为什么就这么值得人们尊敬呢？因为官场之上，往往只要犯过一次错误，有过一次污点，就很容易索性放纵到底了。而和珅，就是一个典型。

自从议罪银制度系统化之后，和珅就逐渐扮演起了一个乾隆朝官场收

---

① 上海书店出版社编《清代档案史料选编·乾隆朝（下）》《舒文折二》，上海书店出版社，2010，第395-396页。
② 同上书，《舒文折三》，第402页。

费站站长的角色。想升官,要给和珅交一笔钱;犯错了想遮掩,要给和珅交一笔钱;假如遮掩不住,想通过交议罪银免罪,还要给和珅交一笔钱;哪怕什么错都没犯,单纯想要个保障、买个保险,那也要给和珅交一笔钱。以致史书记载:

> 自和相秉权后,政以贿成,人无远志。①

自打和珅主管户部和内务府之后,想办成点什么事,不花钱,根本不可能。

因此,和珅的吸金速度,我们可想而知。都不用说和珅,后来,就连当初步行5000里只为给主子借50两银子的下人刘全,其家中资产都有20万两白银。有的公事,和珅自己都不出面,直接就让刘全去办。当时,和珅兼任崇文门税务监督,崇文门税关算是当时中国第四大的税收关卡了,所以崇文门税务监督是个绝对的肥差。然而,据史书记载:

> 刘秃子名全儿,并无秃子之名,本系世仆。……一向派在崇文门税务上照管一切。②

这样一个别人挤破脑袋都抢不到的差使,和珅就直接交给刘全去管事了。

从私德的角度讲,也许会有人说,和珅这个主子对下人是真够意思;可从公德和职业操守的角度讲,和珅简直毫无底线,完全把朝堂制度当儿戏。

至此,就产生了两个全新的问题:乾隆到底知不知道和珅在贪污?乾隆为什么不管和珅?

乾隆当然是知道的。

---

① 昭梿:《啸亭杂录》卷四,《松相公好理学》,中华书局,1980,第109页。
② 见《清高宗实录》卷一千二百五十六,乾隆五十一年六月十五日。

原因很简单,和珅这一辈子,一共有三所宅第,都建得极其奢华。一个守着皇宫,一个守着圆明园,还有一个守着承德避暑山庄,都建在乾隆的眼皮子底下。更不用说皇女还是和珅的儿媳妇,这位亲家平常的吃穿用度,乾隆也都是知晓的。

守着皇宫的宅第,就是今天北京的恭王府,占地面积约6万平方米;守着圆明园的宅第,里头还有座别墅。别墅有多大呢?今天北京大学校园内的未名湖,当初就是和珅家别墅花园的内湖。在乾隆朝,和珅的十笏园在京师王公诸园中可称第一。史书记载:

> 其他多诸王公所筑,以和相十笏园为最。①

如此情况,乾隆怎么可能不知道和珅在贪污呢?甚至,不但乾隆知道和珅在贪污,而且和珅也知道乾隆知道自己在贪污。

我们再来回答第二个问题,乾隆不管和珅的原因有三:

第一,乾隆的确是真喜欢和珅。我看见这个人就开心,跟他在一起我舒服。乾隆是有意惯着和珅的。

第二,和珅的能力的确过硬。不管是处理行政事务,还是管理财政收入,和珅在当时的官场都是首屈一指的存在。我们可以看两条记载。在行政方面,史书记载:

> 和珅记性绝佳,每日谕旨,一见辄能默记,乃至中外章奏连篇累牍,仓猝披阅,皆能提纲挈领,批却导窾。以故与闻密勿,奏对咸能称旨。②

---

① 昭梿:《啸亭杂录》卷九,《京师园亭》,中华书局,1980,第295页。
② 徐珂编撰《清稗类钞(第七册)》《和珅记性绝佳》,中华书局,2010,第3425页。

这是什么水平？在不考虑道德的情况下，从行政秘书能力的角度而言，和珅就是一个加强版的张廷玉呀。

在财政方面，因为在其最风光的时期，和珅手里管着4个部门——户部、内务府、崇文门税关、军机处密记处，他手中既有中央最大的两个钱袋子，也攥着这两个钱袋子重要的收入来源。

最后，在和珅的调配下，户部和内务府始终都府库充盈。和珅入主户部之前，户部的存银少则二三千万两，多则六七千万两。和珅入主户部之后，户部的存银，仅看乾隆朝的数据，不算"章总"任太上皇那三年，除了乾隆五十四年（1789）户部存银有过一次暴跌，跌到了6000万余两，其余年份，户部的存银均为七八千万两。和珅在搞钱方面确实是一套的。

其次，更重要的内务府，在和珅的经营下，存银也是水涨船高的。和珅任职之前，一般都是内务府的钱不够花，去找户部借钱。等和珅主管这两个部门之后，情况很快就反过来了。史书记载：

其初，本府进项不敷用时，檄取户部库银以为接济。……其后岁为盈积，反充外府之用。①

除了深得乾隆的喜欢、赏识之外，和珅的个人能力，才是他安身立命的本钱所在。

第三，乾隆不太管控和珅的原因还在于和珅是不玩党争的。有跟和珅关系好的人吗？有。但要说和珅及其拥趸真形成过什么政治势力了吗？还真没有。且这点是有一条证据的。

乾隆死后，嘉庆要处理和珅的时候，很多人都跟嘉庆说：和珅是个像曹操、王莽一样的人，他是个想篡位的奸臣。而军机大臣吴熊光就站出来

---

① 昭梿：《啸亭杂录》卷八，《内务府定制》，中华书局，1980，第225页。

对嘉庆说了这样一句话：

> 和珅贪纵，罪不容诛，若谓有歹心，臣不敢附和。①

和珅贪污，这是一定该死的，但如果说他想篡逆，臣不敢苟同。接着吴熊光给出了自己的理由：

> 凡怀不轨者，必先收拾人心，和珅则满、汉无一归附者，徜使伊中怀不轨，谁肯从之？②

尽管和珅贪污索贿，但他从不邀买人心。到最后，嘉庆杀和珅的时候，哪怕已给和珅列了20条大罪，也没说和珅有过什么结党篡逆的倾向。因为和珅真没这么干。

所以，在乾隆眼中，和珅就是一个对自己高度忠诚、办事能力又强的人，即便他有一些贪污的事迹，但有和珅在，乾隆朝中后期的内务府就不缺钱花。所以，乾隆对和珅的包容度自然很高。

但对"章总"这种中国历史上顶级的权术执政高手而言，他即便因为自己想享乐、粉饰太平而始终留着和珅，但这并不代表他就是完全信任和放纵和珅的。

一大有力的证据就是，和珅在乾隆朝是从来没有当过首席军机大臣的。那个位置长期由正直可靠的阿桂把守着。只不过阿桂的岁数太大了，而且平常除了出去带兵，还要去各地兴修水利。因此虽然阿桂是首席军机

---

① 缪荃孙辑《艺风堂杂钞》卷三，《和致齐相国事辑》，中华书局，2010，第155页。
② 同上。

大臣，但真正主事的还是和珅。不过阿桂的存在就是乾隆的表态——首席军机大臣，必须是个正派的人。

而且除了首席军机大臣的位置，从乾隆五十一年（1786），和珅37岁开始，在乾隆的设计下，军机处始终有五位核心的军机大臣，也就是阿桂、和珅、福长安、王杰、董诰。这五个人中，除了福长安跟和珅是穿一条裤子的，另外三个人跟和珅的关系都非常差。

比如首席大军机阿桂，史书记载：

阿文成公桂与和珅同充军机大臣者十余年，除召见议政外，毫不与通，立御阶侧，必去和十数武，愕然独立。[1]

阿桂当首席大军机这些年，不但从不搭理和珅，而且一见到和珅就离他远远的。

到了王杰那里，就更有意思了。因为和珅这个人比较幽默，从小就喜欢跟人开玩笑。有一天，和珅想跟王杰套近乎，就摸着王杰的小手说：

何其柔荑若尔？[2]

王大人的手真好看呀，真是又白又嫩。结果王杰的反应是：

公正色曰："王杰手虽好，但不会要钱耳！"[3]

---

[1] 徐珂编撰《清稗类钞（第七册）》《阿文成不与和珅通》，中华书局，2010，第3247页。
[2] 昭梿：《啸亭杂录》卷四，《王文端》，中华书局，1980，第103页。
[3] 同上。

搞得和珅当场下不来台。

也许有人会问，和珅会不会去找阿桂和王杰的麻烦呢？和珅也许是想找的，但乾隆不会同意。在乾隆的安排下，阿桂、王杰、董诰三人小组，在军机处的位置空前稳定。因此，乾隆一边用和珅去捞银子、粉饰太平，另一边又用一些标准的士大夫维系平衡，好让和珅做的事情别太过出界，以便将来有回旋的余地。

而在和珅彻底腐化、堕落之后，在这种人为设计的平衡局面中，和珅又会迎来怎样的结局呢？

左右为难的终章

乾隆五十一年的时候，"章总"已经76岁了，身为一个执政50多年的老人，乾隆在晚年非但没有他执政初期那种锐意革新的朝气，反而想不断粉饰太平，把日子给混过去。而且他这种摆烂的心态在乾隆朝后期是非常明显的。

乾隆五十五年（1790）十一月，时任内阁学士的尹壮图因为实在受不了和珅每天收银子平事的胡作非为，给乾隆上了折子，劝乾隆把议罪银给停了：

> 罚项虽严，不惟无以动其愧惧之心，且潜生其玩易之念。请永停罚银之例。[①]

---

① 见《清高宗实录》卷一千三百六十七，乾隆五十五年十一月十九日。

议罪银制实行了这么久,犯事官员都交钱了事,反而不再惧怕国家法律,也更加肆无忌惮。伊壮图过了两天又上折说:

> 各督抚声名狼藉,吏治废弛。经过各省地方,体察官吏贤否,商民半皆蹙额兴叹。①

臣去地方各省走访,问百姓们感觉自己的地方官怎么样,不管是做买卖的,还是种地的,至少一半人皱着眉头唉声叹气。

然而,等这两篇满是大实话的奏折递上去之后,80岁的"章总"立刻驳斥说:

> 朕自御极以来,迄今已五十五年,寿跻八帙,综览万几。自谓勤政爱民,可告无愧于天下。而天下万民,亦断无泯良怨朕者。……若如伊壮图所奏,则大小臣工等皆系虚词贡谀,面为欺罔,而朕五十余年以来,竟系被人朦(蒙)蔽?②

若你尹壮图说的是真的,难道朕这50多年听到的"乾隆盛世"之语,都是大小臣工编造的谎话吗?难道,朕这样一个精明能干的君主,会是一个任人欺骗的昏君不成?

乾隆一通开炮,尹壮图的奏折算是白上了。

可乾隆真的不知道实际情况吗?他真的不知道各地的督抚到底是些什么货色吗?"章总"当然知道。乾隆六十年(1795),85岁的乾隆感慨过一句话:

---

① 见《清高宗实录》卷一千三百六十七,乾隆五十五年十一月二十一日。
② 同上。

> 各省督抚中洁己自爱者，不过十之二三。①

朕手下的督抚中，清官只有两三成而已。

"章总"什么都知道，只是晚年的他已经不想管了，他就只盼着能抱着自己"十全老人"的名号，赶紧把这一辈子过完。

所以，乾隆六十年这个时间段，这对和珅而言，就非常关键了。

乾隆早就说过，等自己执政60年后，就要退位归政，去做太上皇。而当时所有人都知道，乾隆退位后，新皇帝肯定是时年36岁的皇十五子永琰。因为自从乾隆三十八年（1773）起，就只有永琰这一位皇子曾替乾隆给孝贤皇后扫过墓，储君人选实在是再明显不过了。

那么此时46岁的和珅，左边望望85岁的乾隆，右边看看36岁的永琰，傻子都知道谁代表着朝堂的未来。

当时的和珅也是真想过掉头去拥护永琰的。一个典型的证据就是，"章总"在乾隆六十年九月初三结束秘密立储，公布了永琰的皇太子身份，永琰改名颙琰。实际上，和珅在前一天，九月初二，就专门给永琰送玉如意贺喜去了。只可惜，和珅打错了算盘。

永琰作为一个已过而立之年的人，他跟暮年的乾隆不一样。父亲有了自己的"十全武功"，永琰也是想有自己的一番作为的。只要永琰想革新吏治，那么和珅到最后就必是一个死局。

而此时的和珅，他在新、老两位皇帝中间左右为难的地方还有一处。

乾隆在嘉庆元年（1796）退位之后，他的名号虽然退了，但权力可没退。用"章总"宣布立皇太子的诏书上的话来说就是：

---

① 见《清高宗实录》卷一千四百八十四，乾隆六十年八月初七日。

> 凡遇军国大事,及用人行政诸大端,岂能置之不问?仍当躬亲指教。①

尽管朕退位了,大事还是得听朕的。

而与此同时,就在乾隆当了太上皇,颙琰登基成了嘉庆帝之后,还出现了一件特别邪门的事。原本想讨好嘉庆的和珅,居然派自己的老师去监视嘉庆了。史书记载:

> 珅又荐其师吴稷堂省兰与上录诗草,觇其动静。②

即便和珅想找死,也不能如此明目张胆吧?所以有一个猜测就是:这次监视行动,非常有可能是乾隆授意和珅去做的。因为乾隆这么干之后,能够直接达到三个目的:一、确保了他身为太上皇的权力能进一步巩固;二、减少和珅改换城头的风险;三、可以让嘉庆在未来革新吏治时,能够更痛快一些。

总之,从嘉庆元年颙琰正式登基开始,再到嘉庆四年(1799)年初乾隆驾崩之前,在这三年多的时间里,和珅始终没能找到任何机会去缓和自己和嘉庆之间的关系。

而且和珅那么多年的贪污行为,嘉庆当皇子时常年看在眼里,他是无论如何都不可能容得下和珅的。正如嘉庆后来所说,乾隆朝晚期的吏治,坏就坏在和珅身上——

> 州县之所以剥削小民者,不尽自肥己橐,大半趋奉上司;而督抚大吏之所以勒索属员者,不尽安心贪黩,无非交结和珅。是层层朘削,皆为和

---

① 见《清高宗实录》卷一千四百八十六,乾隆六十年九月初三日。
② 昭梿:《啸亭杂录》卷一,《今上待和珅》,中华书局,1980,第27页。

珅一人；而无穷之苦累，则我百姓当之。①

嘉庆的这番话，虽然有为乾隆洗白、把锅都甩在和珅身上的嫌疑，但不得不说，即便让和珅背这个锅，和珅也是绝对不冤的。毕竟，乾隆朝那么多任军机大臣，怎么鄂尔泰在的时候没事、傅恒在的时候没事、刘统勋在的时候没事？哪怕是于敏中在的时候，吏治也没有离谱成这个样子，怎么偏偏是你和珅任军机大臣的时候，把天下搞得民怨沸腾了呢？为人臣子，比起满足君主的私欲，更重要的是匡正君主的行为啊！

而且，乾隆再怎么说，好歹也是一个能为刘统勋之死落泪的皇帝，在乾隆自己的心中，衡量好坏是有一杆秤的。

和珅辅政期间，如果他真的能秉公做事，凭和珅的才干，乾隆朝晚期未必是不能有另外一番光景的。但无奈的是，乾隆在他最摆烂的年纪，遇到了更加摆烂的和珅，君臣二人，终究"相得益彰"地带着整个国家就此走入了深渊。

最终，嘉庆四年的正月初三，89岁的太上皇乾隆终于驾崩了，仅仅过了5天，嘉庆就下令抓捕和珅。紧接着，在正月十一日，嘉庆就宣布了和珅的20条大罪。正月十八日，和珅被一条白练缢死在了狱中，终年50岁。和珅在临终前还写了一首绝命诗：

　　　　五十年前幻梦真，今朝撒手撒红尘。

　　　　他时睢口安澜日，记取香烟是后身。②

当嘉庆收到和珅的绝笔时，也随手在旁边批了一句话，这句话也可以当作

---

① 见《清仁宗实录》卷三十八，嘉庆四年正月二十日。
② 缪荃孙辑《艺风堂杂钞》卷三，《和致斋相国事辑》，中华书局，2010，第153页。

和珅一生的注脚：

小有才，未闻君子之大道也。[1]

最后，和珅这一辈子到底贪污了多少钱呢？嘉庆抄了和珅的家，是不是真的就"和珅跌倒，嘉庆吃饱"了呢？

网上传播最广的那个版本说和珅贪污了8亿两银子，这个数字是不靠谱的。我们目前能查到的最早的关于和珅有8亿两银子家产的记载，是在清朝的一份文人笔记中：

籍没家产，所得凡值八百兆有奇，悉以输入内府。时人为之语曰："和坤跌倒，嘉庆吃饱。"[2]

"兆"的意思是一百万，"八百兆"自然就是8亿了。可问题是，这段记载空有一个数字，并没有任何具体的家产明细，说服力实在是弱了一些。

另外，在嘉庆朝初年，受白莲教起义的影响，户部的存银数量是直线下降的。截至嘉庆三年（1798）尚未抄和珅家时，户部的存银是1918万余两。而抄了和珅的家之后，嘉庆四年、嘉庆五年（1800）和嘉庆六年（1801）的户部存银记录是空白的，没有记载。但嘉庆七年（1802）户部的存银记载是很明确的，那一年户部有存银1945万余两。也就是说，在这4年时间里，户部的存银是没什么大变化的。

要知道，嘉庆可不是一位铺张浪费的皇帝，他跟乾隆不一样，如果真能从和珅家中抄出8亿两银子，嘉庆是不可能短短4年就全花光的。而且，

---

[1] 缪荃孙辑《艺风堂杂钞》卷三，《和致斋相国事辑》，中华书局，2010，第153页。
[2] 徐珂编撰《清稗类钞（第四册）》《嘉庆吃饱》，中华书局，2010，第1569页。

别说嘉庆,哪怕把"章总"从地里刨出来,让他4年花完8亿白银,他也办不到。

所以,和珅到底贪污了多少钱呢?

中国社会科学院历史研究所的学者冯佐哲依据史料进行统计、分析后写成的《和珅家产考实——以辨伪宫中藏〈和珅犯罪全档案〉为中心》一文是比较有说服力的。根据该文,查抄和珅家产的大臣上奏称和珅家有"二两平金三万三千五百五十一两,银三百一万四千九十五两三钱三分";《内务府来文》等档案记载和珅家产内"查出钱五万九千一百二十六吊七百十四文";再加上和珅家中的房产、土地、古玩珠宝等,和大人贪污的总资产折合当时的银价估算,不会超过2000万两白银。

和珅的实际家产,尽管没有8亿两那么夸张,但他贪污的这约莫2000万两,也仍然是中国封建历史上一个贪官所能贪污的最高数额了。而且,我们也很难想象,和珅手中的这约莫2000万两白银,经过层层剥削,再退回基层时,地方上的官吏到底搜刮了多少民脂民膏。我们也不知道,到底会有多少老百姓,因为这约莫2000万两的层层传递,最后流离失所,命丧他乡。

所以,嘉庆的那一句话,还真不是空话:

是层层朘削,皆为和珅一人;而无穷之苦累,则我百姓当之。

古往今来每一个巨贪背后,其实都是无数百姓的血泪与苦难。

如今有人因为和珅的颜值与一些能力而为他"翻案",但平心而言,当初曾目睹和珅全部官场生涯的嘉庆,他最终所给出的那一句评价,对和珅而言,才是恰如其分的——"小有才,未闻君子之大道也。"

富察·傅恒

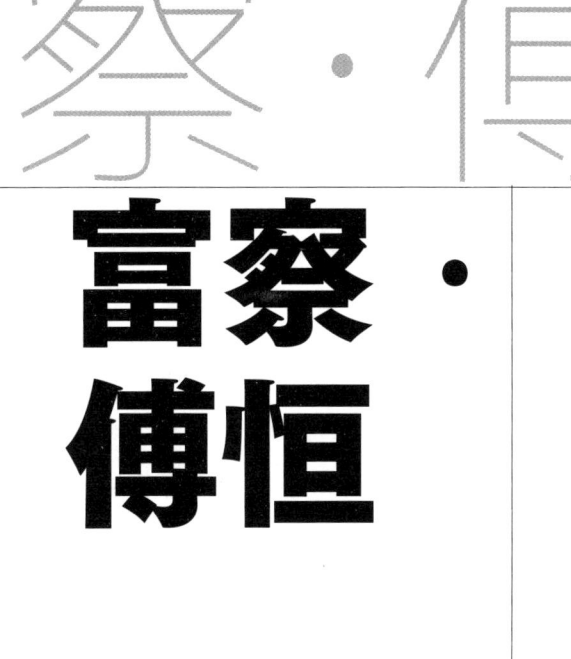

执掌军机的年轻外戚

富察·傅恒，孝贤皇后的亲弟弟，乾隆朝在位时间最长的首席大军机。一平金川，挂帅领兵，创乾隆"十全武功"之首功；平准平回，力排众议，竟乾隆收复新疆之夙愿。傅恒以外戚身份辅政23年，而官场上下心悦诚服，乾隆亦对其偏爱有加。傅恒的一生，从血统、能力、品德、忠诚等多个角度来说，都堪称乾隆帝心中的名臣典范。只可惜，乾隆朝只有一个傅恒，自他死后，无有可比。

傅恒是清朝历史上最年轻的首席军机大臣，24岁进军机处，27岁就成了首席大军机。不过因为他的姐姐富察氏是乾隆的孝贤皇后，所以很多人都认为，傅恒被重用，完全是因为姐夫乾隆疼自家小舅子。但事实真是如此吗？

我们要知道，傅恒当了23年的首席军机大臣，乾隆的"十全武功"，有一半都是在傅恒主持军机处时打下来的。如此成就，单凭有好姐姐就能取得？这样的说法有些不负责。

历史上的傅恒到底是个怎样的人呢？他的一生固然有许多幸运之处，但也满含辛苦。

豪门的坎坷童年

据学者推算，傅恒大抵生于康熙六十一年（1722），他是满洲镶黄旗人，富察氏。富察氏是满洲八大姓之一。傅恒出身豪门，家庭显赫，自傅恒往上的三代人，代代都位高权重。

第一代，曾祖父哈什屯，顺治朝从一品的内大臣，相当于中央禁卫军的副司令；第二代，祖父米思翰，康熙朝的议政大臣兼户部尚书，主管财政；第三代，也就是傅恒父亲这一代，更是涌现出4位大官。

大伯马斯喀，康熙朝的内务府总管，主抓皇家事务，后又当了领侍卫内大臣；二伯马齐，这位大家很熟悉，康熙、雍正两朝的殿阁大学士，位极人臣；三伯马武，这是深得雍正信任的领侍卫内大臣，又是一位中央禁卫军的司令；最后，父亲李荣保，他可能稍差一点，正三品的察哈尔总管，地方军区的司令员。

因此，从家庭角度讲，傅恒可以说是标准的满洲贵族出身。只可惜，这位出身豪门的公子哥，他的童年生活并不幸福。

在傅恒出生后没多久，父亲李荣保就去世了，傅恒自幼丧父。而更痛苦的在于，李荣保死得早，可他生的儿子却不少。李荣保一共有10个儿子，除了老五夭折，其他9位都长大成人了。傅恒排行老十，是年纪最小的那一个。

不过傅恒虽自幼丧父，但依然是在大家庭的关爱中长大的，他和兄弟、堂兄弟、侄子的交流都非常密切。傅恒和哥哥们虽亲近，但他作为幼弟年纪太小，想来傅恒他小时候的玩伴大多是和他年纪相仿，但小他一辈的侄子。

傅恒从小就很善良，家族观念也很强。后来他功成名就了，家里兄弟和侄子侄女有困难时，傅恒都会尽其所能地提供帮助。比如，傅恒他大哥广成有一次因病未能出席工作，即将面临处分时，傅恒主动问询大哥原因，帮大哥向单位做了补充说明。再比如，傅恒的侄女，九哥傅谦的女儿，她嫁给乾隆的六阿哥永瑢时，是傅恒给她置办的嫁妆。还有傅恒堂兄保祝的儿子傅景，这个侄子也遇上了一桩喜事兼难事——傅景的女儿要嫁给乾隆的孙子绵恩，也同样凑不齐嫁妆钱。傅景找堂叔傅恒请求支援，问题是傅恒刚帮了九哥傅谦，自己儿子福隆安不久前娶了媳妇，家里真是有些捉襟见肘了。然而，即便如此，自幼重视亲情的傅恒依然没有拒绝自己这位儿时的玩伴，主动提出抵押自己的公爵俸禄，给侄子傅景凑上了这笔钱。幸运的是，乾隆知道后，不愿意傅恒一大家子过得这么艰难，主动赏了傅景3000两银子，总算没让傅恒寅吃卯粮，抵押俸禄。

此外，傅恒的二哥也很有意思。兄弟俩交往得非常密切，哥俩同朝为官时，乾隆有什么话不好直接对傅清讲，会选择先告诉傅恒，让傅恒给哥哥寄信或私下转述。在脾气有些火暴的傅清心里，傅恒一直是家里柔弱的小弟弟，哪怕傅恒已经出人头地成了首辅大学士，二哥傅清还是会毫无顾忌地训斥傅恒。史书上对傅恒与傅清之间的事情有这样一段记载：

傅襄烈公清……性甚忠鲠，其弟文忠公贵，公尚于人前呵叱之。①

傅恒已经出人头地，可说位高权重，傅清还敢当着其他大臣的面直接教训傅恒。很明显，这定是打小就训惯了。

但这问题不大，傅恒与二哥傅清的关系依然很好。只不过，真正推动傅恒命运齿轮的并非这些男性亲属，而是傅恒最亲近的姐姐富察氏。傅恒6岁那年，姐姐富察氏嫁给了皇四子弘历，此后，傅恒应该时常被叫进宫中玩。乾隆就说过：

孝贤皇后，念经略大学士（傅恒）手足至亲，教导成就，恩意笃挚。②

某种程度上，傅恒就是姐姐富察氏一手带大的。

乾隆和原配夫人富察氏的感情是非常好的，因此，"章总"应该很早就注意到傅恒了。只是这种关注在最初并没有改变傅恒年少时的处境。

傅恒直到乾隆五年（1740），他19岁的时候，才和八哥傅玉、九哥傅谦一起被任命为正六品的蓝翎侍卫。被任命为蓝翎侍卫后，傅恒在几个月的时间里便升为三等侍卫。想来，这和傅恒身上很多难能可贵的品质有

---

① 昭梿：《啸亭杂录》卷九，《拉傅二公》，中华书局，1980，第307页。
② 见《清高宗实录》卷三百三十二，乾隆十四年正月十五日。

关,如史书记载:

> 为椒房懿亲,人实勤谨。①

傅恒虽然是皇后最亲近的弟弟,但从不骄纵,为人处事既勤快又谨慎。

这下子,乾隆看傅恒的眼神都不一样了。乾隆在执政之初,最大的困难就是无人可用——朝堂上都是老爹的旧臣。所以,当时的乾隆非常想培养专属于自己的亲信大臣。傅恒的命运也就此改变。

乾隆先是决定要把傅恒带在身边亲自调教,然后就三天两头地训诫他。用乾隆自己的话来说:

> 傅恒日侍内庭,偶遇小节,朕即防微杜渐,严加教训。②

傅恒哪怕只犯了点小错误,乾隆都会劈头盖脸一通骂。这种时候,傅恒心理上可能会很痛苦,但他在行为表现上还是相当上进的——皇上您骂我,我就改,骂多了、改多了,我最后做的就全是对的了。

乾隆训傅恒,跟如今某些领导辱骂下属的职场霸凌行为是不一样的。因为乾隆训傅恒一般是关起门来亲自训的,从来没听说过有哪个侍卫处的大臣敢越俎代庖地去训傅恒,而且我们也很少见到乾隆会主动公开批评傅恒。而且乾隆调教傅恒是想给傅恒升职加薪,而不是鼓吹狼性文化或"画大饼"来蒙人。傅恒待在乾隆身边没多久就从一个正六品的蓝翎侍卫连升六级,当上了正三品的头等侍卫。

如此训诫两年多之后,乾隆觉得傅恒的办事能力差不多可以了。于

---

① 昭梿:《啸亭杂录》卷一,《用傅文忠》,中华书局,1980,第22页。
② 见《清高宗实录》卷五百七十六,乾隆二十三年十二月初一日。

是，乾隆决心让21岁的傅恒离开自己，到真正的官场上去好好历练一下了。至此，离开乾隆的傅恒，他在官场上的表现又是怎样的呢？

喜忧参半的崛起

说起来，乾隆面对自己亲自培养的傅恒，在提拔时，真是相当偏爱，动不动就越级跳，而且每次都跳得特别凶。

第一跳，史书记载：

（乾隆）七年，授总管内务府大臣，管理圆明园事务。①

乾隆升傅恒为正二品的内务府总管，但是，只负责管理圆明园。很明显，此时乾隆对傅恒其实还不够放心的。只管圆明园事务，意味着乾隆想把傅恒放到眼皮子底下，再多观察观察。甚至乾隆自己都说：

着御前侍卫傅恒补授内务府总管，学习办理。②

就是奔着让傅恒积累经验去的。傅恒干了一年，没出差错。乾隆接着就玩了把大的。

---

① 佚名：《清史列传》卷二十，《大臣画—传档正编十七·傅恒》，中华书局，1987，第1485页。
② 见《清高宗实录》卷一百六十九，乾隆七年六月二十五日。

第二跳，乾隆直接让傅恒去当正二品的户部侍郎，跳去了财政部门。看似平调，但傅恒掌握了全国的钱袋子。而这一年的傅恒，才22岁。让所有人都没想到的是，傅恒刚到户部时，国库的存银是2912万余两，他接管户部一年之后，国库的存银就变成了3190万余两，多了近300万两银子。这是乾隆即位以来，户部存银增加得最多的一次。如此一来，乾隆更加硬气了——朕的小舅子能力属实不俗，朕要提拔他，朕举贤不避亲。

第三跳，满朝上下都傻眼了。乾隆十年（1745），24岁的傅恒先是以户部侍郎的身份被任命军机处行走。再接着，过了两年，26岁的傅恒直接升任户部尚书。再然后，又过一年，乾隆十三年（1748），为镇压四川金川地区的土司叛乱，时任首席军机大臣的讷亲要离京去平叛。乾隆居然干脆让年仅27岁的傅恒官拜从一品的保和殿大学士，正式就任首席军机大臣，统领百官。虽然此时鄂尔泰已经去世了，张廷玉也已经准备退休了，确实也无更好的首席军机大臣人选。但纵观傅恒的履历，其升迁速度实在太快，且傅恒实在太年轻。

这样的跃迁，令人妒慕是难免的。但我们不妨再仔细想想，比起妒慕，更多的，可能还是随之而来的巨大压力。

很多时候，人年轻时太顺遂，并不是什么好事，特别是置身于官场时。道理也很简单，你每一次亮相，必然会面临同僚的嫉妒与攻击，稍有不慎，下场极其惨烈。

比如上一任首席军机大臣讷亲，他是在鄂尔泰死后，由乾隆强行提拔上来的。甚至乾隆自己都说过：

自御极以来，第一受恩者，无过讷亲。其次莫如傅恒。[①]

[①] 见《清高宗实录》卷三百二十五，乾隆十三年九月二十八日。

乾隆最开始对讷亲甚至比对傅恒还好。

讷亲因为升职太快招人嫉妒，再加上讷亲做官虽然清廉，但做事却太过死板。最后结局如何呢？乾隆的亲弟弟和亲王弘昼在朝堂上当着满朝文武的面暴打讷亲，一旁连个拉架的都没有；甚至，当讷亲被外派到金川指挥作战时，手下的人也各种不配合，最后仗打输了，讷亲转年就被乾隆赐死了。当时的讷亲连儿子都没有，直接绝嗣了。正所谓"木秀于林，风必摧之"，讷亲就是个非常典型的例子。

也许会有人说，傅恒不一样，他毕竟是乾隆的小舅子，谁会没事主动招惹他呢？这便是单纯又年轻的想法了。乾隆十一年（1746），25岁的傅恒进军机处未到一年，还没当首席大军机之时，就被御史万年茂举报了。理由是，该御史看到当年八月的宫廷宴会上，有两个翰林学士给傅恒下跪请安，而傅恒没拒绝。翰林院的官员，基本都是天子门生，傅恒要是受了他们的跪拜，那就是绝对的僭越。最后结果如何呢？

乾隆一边说这件事查无实据，是诬陷；另一边也公开表态说：

> 傅恒若妄自矜大，致词臣（翰林院官员等文学侍从）如是趋奉，亦当有应得之罪。①

假如傅恒真的膨胀了，朕是一定会治他罪的。

一个人在古代想把官做好，光是能力强、有皇帝宠，是远远不够的。但凡底下的大臣不配合，或者自己做事不谨慎，分分钟都可能跌落山崖。尤其是给"章总"这样"心胸开阔"的君主办事，他重用你，你办得好，他脸上有光；可你要是办得不好，铁定是要背锅的。讷亲，就是活生生的例子。

---

① 见《清高宗实录》卷二百七十七，乾隆十一年十月二十一日。

那么，年纪轻轻的傅恒，他到底该如何面对这种复杂的官场局势呢？不得不说，傅恒作为一个年仅27岁的百官领袖，他的表现，可以说出人意料地成熟。既稳住了官场，又保全了乾隆的面子。

据史书记载，当时傅恒的为官之道，就是一句话：

敬礼士大夫，翼后进使尽其才。①

简言之，既尊重前辈，又提携后辈。这种话说起来、听起来都很简单，可做起来很难，稍有不周，人家非但不领情，自己头上还得落顶"为人虚伪"的帽子。

那傅恒是怎么做的呢？

可以说，从领导军机处的第一天起，他就表现出了相当大的诚意，并展现出了和他的前任讷亲完全不同的风采。

此前的讷亲，因为深受乾隆信任，始终有一项特权——讷亲可以先单独面见乾隆，然后再到军机处代表乾隆传达旨意。很明显，讷亲想通过上下级间的信息不对称来控制军机处。

傅恒不一样，他一上任：

自陈不能多识，乞诸大臣同入见。②

我年轻，见识短浅，有些事容易理解不到位，以后皇上有什么安排，咱们还是一起去听旨吧。傅恒这是在做什么？这是在让权。于是，其他几位年

---

① 赵尔巽等：《清史稿》卷三百一，《列传八十八·傅恒》，中华书局，1977，第10451页。
② 同上。

长的军机大臣看傅恒的眼神立刻就不一样了——这小伙子,有点意思。

这还不算完。当时的军机处其实是分两个层次的:地位高且年长的是军机大臣,俗称"大军机";地位低的负责干活的且较年轻的是军机章京,俗称"小军机"。当时,大军机们在承接乾隆布置的任务时,往往会偷偷躲起来写报告,不让小军机们知道。可傅恒不一样,史书记载:

至傅恒始命章京具稿以进。①

傅恒是带着小军机们一起写报告的。因为军机处虽对外保密,但若没有皇帝的特殊要求,内部是不需要保密的。

傅恒为什么要带着小军机们一起写报告呢?想来他大概有三个目的:一、表达信任;二、给其他人更多展示能力的机会;三、傅恒他也在表现自己的坦荡——在我这里,没什么是需要躲起来、不能让人知道的,大丈夫无事不可对人言。

傅恒把自己搞得跟透明人一般,这样一来,愿意跟傅恒交往的人就越来越多了。因为和这样一个看上去无心机的人交往,大多数人都是会相对放心的。不过话说回来,当领导,只保持透明、低姿态也不行,因为一旦时间长了,周围人可能真就"不拿豆包当干粮"了。所以,还需要傅恒在关键时刻敢于站出来,主动展现自己的价值。

举个例子。当时乾隆对翰林院有规定,他要求官员既要学汉文,也要学满文。有一天,乾隆突然心血来潮,跑到翰林院去突击考试,让大家用满文来写作文。有个叫钱维城的翰林学士,是乾隆十年的状元,才华横溢,只不过他自诩天资聪颖,觉得满文太简单,所以始终没好好学。结

---

① 赵尔巽等:《清史稿》卷三百一,《列传八十八·傅恒》,中华书局,1977,第10451页。

果在考试当天，钱维城从早晨憋到晚上也写不出来，最后愣是交了张白卷给乾隆。这就把一向重视满洲文化的"章总"气坏了。史书记载：

纯皇帝大怒曰："钱维城以国语为不足学耶，乃敢抗违定制若此。"[1]

说罢，乾隆就准备叫人把钱维城拉走，直接砍了。

当时在场的诸位学士谁也不敢说话。因为一个汉人状元不学满文，这实在太敏感了，事关项上人头，明哲保身为妙。关键时刻，傅恒站了出来：

钱某汉文优长，尚可宽贷。[2]

钱维城他的汉文还是不错的，皇上您就再给他一次机会吧。接着，乾隆又出了一道汉文题目让钱维城写。最终，钱维城顶着压力一挥而就，文章可能确实写得还行，保住了一条命。

经此事后，翰林院里那些读书人又会怎么看傅恒呢？好领导啊！关键时刻，有事他是真上啊！换成别人，谁敢呢？因此，当时的傅恒在同僚心目中的形象，就是一个给你面子、帮你升官、为你出头，打着灯笼都难找的好领导。

除了会做人之外，更加让满朝百官对傅恒心悦诚服的，是傅恒在军事上的赫赫战功。

由此，我们也来到了傅恒人生的最后阶段。

---

[1] 昭梿：《啸亭杂录》卷七，《钱文敏》，中华书局，1980，第187页。
[2] 昭梿：《啸亭杂录》卷七，《钱文敏》，中华书局，1980，第188页。

戎马半生的结局

傅恒第一次上战场，是乾隆十三年的冬天。

乾隆十二年（1747）的春天，四川行省内的金川地区爆发了土司叛乱。乾隆先后派了四川巡抚纪山、川陕总督张广泗、大学士庆复和首席军机大臣讷亲4位统帅领兵去平叛。可结果是，朝廷动用了5万大军，砸了近千万两银子，打了快两年，非但毫无胜算，就连军队的士气也日渐衰退。

在这种情况下，乾隆一发狠，决定要派从来没有上过战场但也从来没有在工作上出现纰漏的时年27岁的傅恒领兵到金川去试一试。消息一出，满朝文武都在阻拦——皇上这是疯了？病急乱投医吗？可乾隆特别斩钉截铁地说：

此任非傅恒不能胜，此功非傅恒不能成。……朕志已定，不必再言。①

但事实上，打仗这种事，其实乾隆自己心里也没底，谁知道傅恒到底行不行呢？而为了让傅恒一战成功，乾隆对他做了三个方面的保护，两个军事上的，一个生活上的。军事上，乾隆一方面给了傅恒一支35 000人的军队，增添了大量兵力；另一方面，又专门给傅恒安排了约400万两的物资。要的就是一次性解决战斗。

乾隆对傅恒在生活上的保护就很有意思了。乾隆直接把吏部尚书达勒当阿派去了前线。派他去干吗呢？

留心视大学士体中若何，如行走从容，则可不必劝阻；倘稍有勉强，

---

① 见《清高宗实录》卷三百二十六，乾隆十三年十月初二日。

伊等即当竭力劝阻。①

达勒当阿，你的主要任务就是提醒大学士傅恒要注意休息，大学士但凡有一点身体不适，你就得拦着，别让他累着自己。之后，乾隆甚至专门派出了自己的御前侍卫达清阿到前线去，主要任务是盯着傅恒按时吃饭。

乾隆为什么会有这么邪门的安排呢？我们应该相信，这一定是因为乾隆太了解傅恒了。个中逻辑，只消仔细一想就能明白。傅恒年纪轻轻就能在朝廷身居高位那么多年，愣是一点差错都没出过，这绝不是一句能力强就能做到的。这是傅恒夙兴夜寐、事必躬亲，熬夜熬出来的。所以，在某种程度上，乾隆是真怕傅恒身体出问题，才做出了这样的安排。

可真出了京城，谁还拦得住傅恒呢？他简直就是一个活脱脱的"肝帝"，天生的统帅。

今天，在有平坦的公路的情况下，一个人从北京步行到金川，每天走8个小时，尚且需要走上六七十天。而200多年前，傅恒带着3万多人，约400万物资，在没有公路的情况下，冬天出发，风雪兼程，只用了45天就抵达了金川。纵观整个行军过程，

沿途行走，部伍甚属整齐。兵丁安静守法，无一人生事者。②

那傅恒是怎么做到的呢？简单来说，就是8个字：事必躬亲，同甘共苦。

当时，傅恒带着军队，每天清早起床后便拔营前进，行至半夜才安营扎寨进行休整。这自然是非常辛苦的。可傅恒一路上不但始终和士兵们同吃同住，在刚过成都的时候，大雪封山，马过不去，傅恒还带头在风雪中

---

① 见《清高宗实录》卷三百二十八，乾隆十三年十一月初六日。
② 见《清高宗实录》卷三百二十八，乾隆十三年十一月初五日。

扯着马绳步行了约70里。这是什么画面？一个豪门公子、皇亲国戚、27岁的百官之首、本次出征的总司令，带头顶风冒雪、不畏严寒，几万兵众看在眼里，是相当振奋的。最后，这支3万多人的部队到四川时，虽劳师远征，但始终斗志昂扬。

更厉害的是，在这么艰难的行军路上，傅恒居然还能一宿一宿不睡觉，勘察沿途的吏治民情，汇总并做成报告发给乾隆。乾隆看到后，有多高兴就有多焦急。傅恒这是疯了？为了做报告又一宿一宿不睡觉啊。傅恒自从离开京城，这一路上，乾隆的慰问信跟写起来不花时间似的往前送，没事还寄点人参之类的，想给傅恒补身体。

以至于史书上，对乾隆和傅恒的关系有了这样描述：

> 皇上于经略大学士傅恒，礼遇既隆，恩意尤备，千里传命，谆复周详，蔼然不啻家人父子之相。[1]

乾隆对傅恒如此这般，二人哪里像是君臣，倒像是父子。

待行军结束，正式抵达金川之后，傅恒的表现更是空前地优秀。无论是情报工作，还是战略战术，都做得异常细致。

傅恒刚到军营之时，立刻就抓了总督张广泗的两个手下，下令杀了。傅恒当时的理由是这二人是敌军的奸细，从事后看，这二人应该真就是奸细。不过所有人都不知道，这一路上如此急行军，傅恒到底是什么时候去做的情报工作。

刚清理完奸细，傅恒就跑到前线勘察地形去了。没多久他就制定了一份特别长的作战报告发给乾隆。报告中先是分析了此前张广泗和讷亲战败的原因主要在于他们盲目从正面强攻，而敌人的碉堡居高临下，所

---

[1] 来保：《平定金川方略》卷十六，四库全书本，第3页b。

以军队死伤惨重。傅恒给出的新作战方略是把大部队拆成小部队,让小部队的士兵自己带着数日的粮草分散突入敌后,接着再分南、北两路合围进攻。

只不过,傅恒的作战方案风险还是很大的,他赌的就是清军的情报工作和战术部署足够细致,以及部队的单兵作战素质足够强硬。不出意料,自傅恒挂帅后,一上来就打掉了敌人的几处碉堡,士气大振。然而在这个关键时刻,乾隆却突然想打退堂鼓。原因有二,一是这场仗从乾隆十二年的春天一直打到了乾隆十三年的冬天,已经打了快两年了,国库里的钱快不够用了;二是有奏报说,傅恒的身体状况似乎出了一些问题。

于是,乾隆下旨要换帅,让傅恒回来养病。可在这个关头,傅恒又怎么可能回去呢?他直接答复说:

臣受诏出师,若不扫穴擒渠,何颜返命?①

皇上您顶着压力派我挂帅出征,我要是没打赢,怎么好意思回朝复命呢?

眼看傅恒不回来,乾隆又下旨,讲明国库是真没钱了,朝廷能接受的底线就是打到乾隆十四年(1749)的四月份,如果到时候还没赢,就得议和了。傅恒当即表示:

定于四月间报捷。②

彼时已经到了乾隆十四年正月了。张广泗他们两年都没打下来的地

---

① 赵尔巽等:《清史稿》卷三百一,《列传八十八·傅恒》,中华书局,1977,第10447页。
② 同上书,卷五百十三,《列传三百·土司二》,第14219页。

方，傅恒竟说要在这一年的四月搞定。结果，也不知道是因为傅恒命好——金川叛军的粮草出问题了，还是因为傅恒的能力太强——几场胜仗把金川那边打蒙了，总之，刚到二月，金川就投降了。乾隆十四年二月，平定大、小金川的战争彻底结束。

最后这场"一平金川"战争，也成了乾隆著名的"十全武功"里的第一功。等傅恒得胜还朝时，乾隆一边让皇长子永璜带大臣到京郊去迎接傅恒，另一边自己在宫里操持着庆功宴的准备工作。最后，在宴会结束、酒足饭饱之时，乾隆宣布要给傅恒建宗祠，更不用说在胜利前夕就已给傅恒封了一等忠勇公的爵位。至此，作为非皇族出身的满洲贵族，在常规状态下，这已是傅恒所能享受的最高爵位了。

在官位和爵位双双登顶之后，傅恒却仍然保持着他一贯的谦卑，从不居功自傲。因为傅恒深知，他从一个19岁的家族幼子、六品侍卫，到如今28岁名满天下的一等公爵，他自己的努力固然重要，但更重要的，还是姐夫乾隆始终在自己背后保驾护航。

封一等公爵后，傅恒的行事准则只有一条——不管出了什么事，只要是乾隆真想干，他都无条件支持，决不后退。

典型的例子就是，准噶尔爆发内讧数年，时机成熟，乾隆欲出兵西北。满朝文武都拦着他不让打，说：皇上您忘了当年先帝打准噶尔输得有多惨了吗？和通泊之战[①]惨败，八旗子弟家家戴孝。就在众臣反对的时候，傅恒挺身而出。史书记载：

惟大学士傅恒，奏请办理。其他尽畏怯退缩，恐生事端。[②]

[①] 清政府征讨准噶尔部噶尔丹策零的战役。雍正九年（1731），清军将领傅尔丹中计，率军深入，中伏，在和通泊大败，仅2000余人生还。

[②] 见《清高宗实录》卷四百七十四，乾隆十九年十月十三日。

173

所有人都不敢冒头，只有傅恒说"打吧，后面的事我来办"。乾隆很满意，他觉得只要有傅恒这句话，那事情就肯定稳了；其他大臣也都不说话了，意思就是：那就交给忠勇公去办吧。

只是这一次，傅恒并没有上前线，而是在军机处负责统筹全局，但同样地不分黑白、不知休息，他不停地核算粮草、分析敌情、统筹各方。乾隆有言：

> 至同朕办理军务者，惟大学士傅恒，与朕一心，日夜不懈。①

下军令状后，傅恒每一天都扑在这场清准战争上。

在傅恒的部署下，乾隆二十年（1755）二月，清军长驱直入，几个月就攻下了伊犁，一举平定了准噶尔。然而就在乾隆欢欣鼓舞的时候，下半年时，准噶尔又叛变了，而且还趁清军主力撤军的时候，打了清军一个措手不及，鄂尔泰的长子鄂容安就是这个时候死在新疆的。于是，朝堂之上，议和的声音再次响起。关键时刻，傅恒再次站了出来，主动请命办理军务。这一年，傅恒34岁。

乾隆二十一年（1756）四月，乾隆派傅恒奔赴前线。不过，傅恒刚动身离开京城没多久，乾隆审度局势，决定换将。乾隆一边叫傅恒回来，一边则表示自己也不打算撤军了，要直接在新疆建立起全面统治。乾隆先在乌鲁木齐、巴里坤和吐鲁番等地全面驻军，平定叛乱后，在惠远城设伊犁将军。乾隆就此彻底平定准噶尔，收复新疆。而这，也实现了康、雍、乾三代帝王的毕生夙愿。

战后，乾隆再次对傅恒大加封赏。他盛赞道：

---

① 见《清高宗实录》卷五百九十九，乾隆二十四年十月二十四日。

定策西师，惟汝予同。①

如果没有傅恒的支持，就没有平准战争的胜利。乾隆除了给傅恒各种封赏之外，还搞了一个紫光阁功臣画像大展厅，把傅恒的画像排在首位，以示嘉奖。只可惜，自古名将难见白头。戎马半生的傅恒，最终迎来了他生命中的最后一战——清缅之战。

当时，缅甸先是骚扰我国的西南边境，长期进行小规模的烧杀抢掠，后来看清廷没反应，变本加厉地入侵，等到乾隆三十年（1765）的时候，缅甸军队大举进攻，几乎要打到云南的腹地了。乾隆忍无可忍，决定对缅甸进行全面反攻。

可谁也没想到，清军却因为前方将领的指挥失误、谎报军情以及各军的配合失误而三战三败，严重损兵折将，连傅恒的亲侄子都死在前线了。清军的指挥系统几乎瘫痪。

打了两年多后，乾隆三十三年（1768），58岁的乾隆问47岁的傅恒：你能亲自去云南一趟吗？而我们都知道，傅恒一辈子都没有拒绝过乾隆。他的答复仍是：没问题，我去。

于是，乾隆三十四年（1769）二月，傅恒南下，三月正式抵达云南。

傅恒还是很稳的。他在勘察地形后，立刻就下令砍树造船，打算水陆并进，围攻缅甸。在傅恒的部署下，战事起初还是相当顺利的。傅恒在七月领兵杀入缅甸，十一月时已突袭了上千里，就快要打到缅甸的首都阿瓦了。但可惜的是，就在奔袭缅甸首都前，攻打最后一道堡垒老官屯时，出意外了。

因为缅甸气候炎热、士兵水土不服，清军军营内爆发了大面积的瘟疫，不少人染病而死，剩下的人战斗力也大为减退。最终，清军在老官屯

---

① 傅恒：《钦定皇舆西域通志》卷首四，四库全书本，第2页b。

久攻不下，3万多人的部队，打到最后不足2万人，损失惨重。许多将领不同意再打下去了，他们主张撤兵。

在史书中，我们看到了温和、谦逊了一辈子的傅恒唯一一次发了火：

> 傅恒怒形于色，即欲缮折参办。①

今天谁要是敢主张撤兵，我立刻就写折子参谁！可当时的条件实在太恶劣了，没多久，傅恒他自己也感染了瘟疫，上吐下泻，一病不起。

等到副将军阿桂将相关情况报告给乾隆后，乾隆立刻下令，叫傅恒马上撤出缅甸返京，留阿桂全权主持前线军事，准备议和。万幸，此时缅甸那边也扛不住了，主动发起了和谈申请。最终，这场战争以双方和谈为结果结束了。

只可惜，战争结束了，傅恒的病却没有好，甚至更重了。回到京城后没多久，傅恒病得连床都下不了了，每天像是活死人一样。乾隆不断派太医去给傅恒看病，赐予傅恒御膳，到最后，连乾隆自己也三天两头地往傅恒家里跑。史书记载：

> 每朝夕遣使存问，赐以内膳羹糜，俾佐颐养。复间数日亲临视疾。②

乾隆三十五年（1770）七月十三日，傅恒于家中去世，年仅49岁。那一天，京城内的另一处宅院中，乾隆的亲弟弟和亲王弘昼也寿终正寝。

在接连失去两位亲近之人后，60岁的乾隆亲自在傅恒的丧礼上到灵前

---

① 见《清高宗实录》卷八百六十一，乾隆三十五年闰五月二十九日。
② 佚名：《清史列传》卷二十，《大臣画一传档正编十七·傅恒》，中华书局，1987，第1496页。

祭酒，并题诗一首：

> 鞠躬尽瘁诚已矣，临第写悲有是哉！
> 千载不磨入南恨，半途乃夺济川材。[1]

朕最后悔的事，就是派了你南下。

也许很多人都会为傅恒扼腕叹息，但他自己在生命的最后一刻，应该是并无遗憾的。在缅甸，那番战况，傅恒一定知道这场战争已经打不赢了，可他还是要打。在某一个瞬间，傅恒或许是真想战死在缅甸的。傅恒身边的人后来说，他这一辈子精通满文，并不擅长汉文，但始终很喜欢袁枚悼念鄂尔泰的长子鄂容安所写的一句诗：

> 男儿欲报君恩重，死到沙场最善终。[2]

---

[1] 佚名：《清史列传》卷二十，《大臣画一传档正编十七·傅恒》，中华书局，1987，第1496页。
[2] 袁枚：《小仓山房诗集》卷十一，《哭襄勤伯鄂公》，浙江古籍出版社，2015，第237页。

富察·福康安

翻越青藏的卫国将军

富察·福康安，傅恒之子，乾隆朝后期军界的代表人物，曾平金川、定台湾、震安南、复西藏、征廓尔喀。福康安以其惊人的军事才华，在乾隆朝立下了赫赫战功。然而，这一系列战绩背后，国家财政被极大消耗，国内的阶级矛盾不断激化。最终，一生戎马的福康安在镇压起义、戡平内乱的过程中病逝于军营。

富察·福康安，乾隆朝最出名的武将之一。

福康安虽然不像纪晓岚、刘墉、和珅一样有着经典的影视剧形象，但他却有着一个我们无比熟悉的、以他为原型的改编影视形象，那就是影视剧《还珠格格》里的福尔康。只不过，比起影视剧里那个每天都在和紫薇谈恋爱的御前侍卫福尔康，历史上的福康安，他的人生经历要精彩得多。

福康安19岁就进了军机处，成了清朝历史上最年轻的军机大臣，而且他还是自满洲入关以来，第一位异姓封王的满洲人，史称"嘉勇郡王"。

历史上的福康安，他到底有何过人之处呢？

福康安的一生，打遍东亚无敌手。

身世显赫的青年

福康安生于乾隆十九年（1754），身世显赫。

父亲是乾隆朝首席军机大臣，一等忠勇公傅恒，孝贤皇后自然就是福康安的姑姑了，那么，乾隆是福康安的姑父，福康安是乾隆的侄子。

不过，福康安与乾隆的亲戚关系还不仅如此。

当时，乾隆的后宫中有一位妃子舒妃叶赫纳喇氏，她是福康安母亲的亲妹妹。也就说，这位舒妃是福康安的亲姨。所以，乾隆不但是福康安的姑父，还是福康安的姨父。

有这样显赫的家庭背景，福康安可以说从一出生就是含着金汤匙的，打小就有无尽的荣华富贵。然而，真正让福康安在一众满洲子弟中鹤立鸡群的，除了他皇亲国戚的身份，还有他童年时的特殊经历。

福康安虽然是傅恒的儿子，但他其实是被姑父乾隆亲自养大的。用乾隆自己的话来说就是：

福康安由垂髫豢养，经朕多年训诲，至于成人。[1]

"垂髫豢养"，就是说福康安还只是个披头散发的小孩的时候，乾隆就开始教导他了。福康安后来也回忆过这段经历。他41岁的时候，在奏折里对乾隆说道：

窃奴才幼叨豢养，长沐生成，四十年来备蒙劬育隆恩。[2]

"劬育"，辛苦的培育，其实指的就是父母对孩子的养育之恩了。这40年来，乾隆对福康安，就像父亲对儿子一样。

乾隆不仅是福康安的姑父、姨父，在某种程度上，他也可以算作福康安的养父。或许就是因为福康安和乾隆之间过于亲近的关系，以致始终有人说福康安是乾隆的私生子，说乾隆给傅恒戴过绿帽子。

这种说法无异于造谣。我们今天看到的所有关于"福康安是乾隆私生子"的说法或者资料，基本是清亡以后出现的，几乎没有清朝的史料可以做依据。福康安是乾隆私生子的说法甚至可能不是野史的造谣，而是文学

---

[1] 见《清高宗实录》卷一千二百九十六，乾隆五十三年正月十二日。
[2] 见福康安：《福康安奏疏》，乾隆五十九年五月十七日奏。

的虚构。

但是仔细思索一系列谣言的源头，我们会产生疑问：乾隆为什么会把福康安接进宫中亲自养大呢？台湾历史学者黄一农先生做过一个分析。

在福康安出生的前一年，乾隆十八年（1753）的时候，乾隆的皇十子夭折了，年仅3岁。这位皇十子，其实就是舒妃唯一的儿子。考虑到在福康安出生前，傅恒已经有两个儿子了，而且都顺利长大了，黄一农教授推测：福康安出生后，乾隆有可能是为了安抚舒妃的丧子之痛，才把福康安接进宫中的。福康安毕竟是舒妃亲姐姐的孩子，自己的亲外甥，是有血缘关系存在的。

因此我们说，福康安的人生起步便获得了在乾隆朝一个非皇族出身的满洲子弟所能拥有的最高分的开局了。养父乾隆，父亲傅恒，大清朝的一号人物、二号人物都是他"爸爸"。这谁能比？

在这种环境下长大的福康安，会就此成为一个沉溺于安逸生活的纨绔子弟吗？想都不要想。因为不管是傅恒也好，乾隆也罢，他们教导孩子都是相当严格的。

乾隆历来主张"满洲至上"，一张嘴就是"咱们满洲子弟，弓马骑射的传统不能落下；读书写诗的功夫，也一定要比汉人强"。傅恒虽然不像乾隆这么夸张，但他一辈子都是以勤勉谨慎著称的，工作辛劳，上了战场比谁都能吃苦。因此，在教育孩子这件事上，傅恒多半也不会心软。纵观傅恒那几个儿子，也的确个个是人才。

于是我们会发现，福康安从小就文武两手抓。论文，福康安的汉文和书法水平都相当不错；论武，福康安14岁出任三等侍卫，16岁升任二等侍卫。虽然这其中有受乾隆偏爱的影响，但结合福康安此后在战场上的英勇表现，他少年时期的拳脚功夫也一定是过硬的，以至于乾隆会如此放心大胆地起用他。

当然，人生怎么会是一帆风顺的呢？福康安17岁那一年，意外发生了。他的父亲傅恒，因为出征缅甸感染了瘴疠，回到京城后没几个月就不治身亡了。

傅恒去世时年仅49岁。而且，在某种程度上，傅恒也是被姐夫乾隆一手带大的。傅恒去世的那年，乾隆60岁，他在出席傅恒丧礼时，老泪纵横地写了一首诗去追念傅恒。其中一句特别感人：

> 平生忠勇家声继，汝子吾儿定教培。①

傅恒你放心，你的儿子就是朕的儿子，朕一定会把他们培养好的。

做事历来简单直接的乾隆又会怎样培养福康安呢？

单看福康安接下来的升迁速度，说是私生子都不足以形容乾隆对他的偏爱，因为乾隆对亲儿子也没有这么好。乾隆在傅恒死后的头几年，对福康安进行了疯狂的委任和升迁，不难看出这其中寄托着"章总"对傅恒的强烈哀思，和对富察家男人的强烈期待。

我们大概看一下福康安早年的升迁履历。

在傅恒去世的当年，年仅17岁的福康安就升任了正三品的头等侍卫；转年，18岁的福康安升任了正二品的户部右侍郎，管理财政。到这儿，乾隆够胡来了吧？还不够。一年之后，乾隆宣布：

> 命户部侍郎福康安，在军机处学习行走。②

就这样，福康安年仅19岁就成了清朝许多官员一辈子都可望而不可即的军机大臣。可问题是，此时的福康安只是一个19岁的小青年，既没展现过任

---

① 弘历：《御制诗三集》卷九十一，四库全书本，第30页a。
② 见《清高宗实录》卷九百八，乾隆三十七年五月初八日。

何卓越的政治能力，也没有立下过任何足以服众的军事功勋，大家又会怎么看待他呢？这不就是一个仗着裙带关系和皇帝偏爱混饭吃的典型的贵族二代吗？

那么，少年得志的福康安，他自己会甘心当一个躺在亡父功劳簿上吃老本的公子哥吗？答案当然是否定的。

威震四方的神将

福康安的军旅生涯，可以说从一开始就充满了传奇色彩。

福康安身为傅恒的儿子，又被乾隆亲手带大，乾隆是不会轻易派他去前线冒险的。乾隆三十六年（1771）年底，机会来了。当时四川西部的大、小金川土司爆发了二次叛乱，乾隆便发动了二平金川的战争。这场战争的进程，起初可以说无与伦比地顺利。

负责在前线领兵的主要是两个人，一个是西路军的温福，一个是南路军的阿桂。当时温福带着西路军打了不到一年，快把小金川的领地推平了。在所有人眼中，金川军和清军的战斗力根本不在一个水平线上。

于是，乾隆传旨给温福和阿桂，说：你俩仗打得不错，朕准备先给你俩升个官，但是要升官呢，得有新的官印，朕决定派新任军机大臣福康安专程去给你俩送一趟。

其将军，及副将军印信，着派侍郎副都统福康安，驰驿赍送前往，即留军营为领队大臣。①

乾隆还专门指定，让福康安去当时连战连捷的西路军将领温福那儿当一个领队大臣。这一年，福康安未满二十。

"章总"的意图真是再明显不过了，就是想安排侄子去镀金。

结果谁也没想到，福康安刚到西路军，一年不到，温福就捅了大娄子。当时的情况是，温福因为早期的仗打得太顺利，轻敌了，指挥失误，把兵力搞得过于分散，直接导致金川军完成了一次无比成功的"斩首行动"——西路军大本营被端了，史称"木果木之败"。这也是二平金川战争中清军的最大的失败。

一仗打下来，主帅温福被杀，全军阵亡将士超过3000人；物资共损失粮食1.7万余石、白银5万余两、火药7万余斤、大炮5位。

而当时年仅20岁的福康安差点死在这场战役中。史书记载：

木果木兵溃，贝子（福康安）以众寡不敌，且战且退。行至刮耳岩，疹胀坠马。家人恐惧，委之而遁。②

大溃败的时候，福康安一边战斗一边撤退，突然身体不适，从马上跌了下来，而他周围的人因为太过害怕，居然没管他，都跑了。

眼看着福康安就要死在战场上的时候，一个叫王贵的士兵不知从哪儿冒了出来，他不但发现了在呻吟的福康安，还背着他一路逃跑，一直跑到了阿桂的军营，才救下了福康安这条命。

---

① 见《清高宗实录》卷九百二十二，乾隆三十七年十二月十三日。
② 余金：《熙朝新语》卷十五，道光六年刻本，第3页b-4页a。

> 重庆营战兵王贵,见贝子呻吟草中,奇其状貌,负而疾驰七十里。①

紧接着,阿桂立刻就把福康安送到大后方的城中养着去了。

没错,福康安最早上战场打仗的时候,非但没打赢,还差点连命都丢了。这一年的福康安年仅20岁,他人生的前19年,是锦衣玉食的19年,如今第一次上前线,没到一年就出了这么凶险的事情。换作其他人的话,在那种情况下,还敢再去前线吗?平安而论,换作普通人,多半会借口自己坠马受伤了,然后就名正言顺地在大后方一直养着。

可福康安之所以是未来的名将福康安,就在于他遭了这次迎头痛击之后,还是选择义无反顾地冲回军营,要跟金川军血战到底。

福康安会这么选和他所受的家族熏陶是分不开的。傅恒当年就是死战不退的;此外,福康安的堂兄明瑞也是乾隆朝的一代名将,之前战死沙场了。富察家的男人,在乾隆朝,有一个算一个,只有战死沙场的好汉,没有临阵脱逃的懦夫。

福康安这一次重返前线后的表现,绝对对得起他们富察家的名号。无论是比吃苦,还是比战绩,福康安都拿得出手。

大家本来对福康安的印象是一个养在深宫中来前线镀金的贵族官二代,是个养尊处优的富家少爷。可今天我们翻开史料,能看到的关于福康安在二平金川战事中的记载,都是什么样的呢?

> 贼夜乘雪陟山,……福康安闻枪声,督兵赴援,击之退。②

---

① 余金:《熙朝新语》卷十五,道光六年刻本,第4页a。
② 赵尔巽等:《清史稿》卷三百三十,《列传一百十七·福康安》,中华书局,1977,第10917页。

贼屯山麓，乘雨筑两碉，福康安夜率兵八百冒雨逾碉入，杀贼。①

基本是福康安大晚上顶风冒雪和敌人干架的战斗记录。

最邪门的一次，阿桂派福康安去攻打格鲁克古山，此处地势很高，易守难攻，清军怎么也打不上去，正当周围的人不知道该怎么办的时候，福康安说：没事，我有办法。史书记载：

（福安康）率兵裹粮，夜逾沟攀崖，自山隙入当噶海寨，克陡乌当噶大碉、桑噶斯玛特木城石卡。②

福康安亲自领兵，带着一支部队出发，每个人都揣好了干粮，半夜就穿河沟、爬悬崖去了。最终，福康安小队顺着后山的山缝钻进敌寨，把敌人打败。

尽管史书上对这次战斗的描写只有短短一句话，但在此次微型战斗的背后，福康安的事先筹备、路线规划、战前动员和临阵指挥一定都安排得非常妥当，才能一击制胜。福康安在二平金川的战争过程中，他不仅展现出了吃苦耐劳和勇猛坚毅的军人素质，甚至在某种程度上变成了一个在战争中学习作战的指挥家。

按《清实录》的记载，福康安在二平金川的战场上，三年中，他指挥、参与的大大小小的战斗一共有29次，而他的战绩是29胜0负。

这一数据着实惊人。乾隆在中央收到相关奏报时，也是龙颜大悦。于是，战争还没结束，"章总"就给了22岁的福康安"巴图鲁"（勇士）称

---

① 赵尔巽等：《清史稿》卷三百三十，《列传一百十七·福康安》，中华书局，1977，第10917页。
② 同上书，第10918页。

号。待战争胜利后，乾隆给福康安封了三等嘉勇男爵，后来又御赐绘图紫光阁，还赏双眼花翎、许紫禁城骑马。一时间，风光无限。这一年，福康安23岁。

富与贵，可能是父母留下来的；但尊重与声誉，还得靠自己凭能力挣出来。福康安的个人能力不仅仅体现在战场上取得的军事成就，官场行政水平，福康安一样是过硬的。

乾隆朝中后期，东三省的满洲贵族们生活日渐汉化，许多人都不会满语和骑射。但因为他们个个出身名门，很有背景，当地官员也不太敢管。于是，乾隆四十二年（1777），乾隆把刚从金川回来的年仅24岁的福康安派去东北当从一品的吉林将军。乾隆下旨：

吉林将军员缺，着福康安补授，俾令加意整顿彼处习气。[①]

福康安，你去好好整顿那帮贵族的生活作风。

别看福康安这个时候年仅24岁，但这种事还真就只有他办得了。道理很简单，想整顿东北满洲贵族，就必须要派一个出身比他们更高贵的满洲贵族才行，不然压不住。福康安，论出身，是富察·傅恒的儿子；论能力、论功绩，是刚从金川的血海尸山中爬出来的战功卓越的满洲巴图鲁。因此，福康安就是那种出身和能力全都可以封神的顶级贵族。

福康安到了东北后，很快就把这帮贵族收拾了——有工夫提笼遛鸟是吧？全都给我改练弓马骑射。除了整顿当地贵族的散漫风气之外，福康安还把那些本不归他管的户口清查和司法审判也办得井井有条，展现出了相当出色的行政能力。乾隆表扬道：

---

① 见《清高宗实录》卷一千三十五，乾隆四十二年六月二十一日。

将军福康安，才具明干，秉性公忠。①

在某种程度上，福康安和傅恒年轻时简直一模一样，工作起来事无巨细，有着非常勤奋、严谨的作风。以至于，此后乾隆在地方上不管遇到什么问题，他都喜欢让福康安去解决。道理很简单，关系上，信得过；能力上，靠得住。

比如三年后，乾隆遇到了一个特别棘手的经济问题——京城里造钱的铜不够用了。铜不够用，钱就造不出来；钱造不出来，经济就会停滞；经济一旦停滞，就随时有可能爆发社会危机。

当时京中的铜为什么会不够用呢？其实不是那时的中国没有铜矿了，而是铜矿的主要产地云南省境内的铜矿运不上来。生产力不足，运输力不足。究其原因，主要还是乾隆一朝国家连年征战，云南当地的许多马匹运到缅甸和四川去当战马了，用于运输的马匹明显不足。没有马，就只能靠人运，而人运比马运慢太多了。更何况，云南铜政弊废，铜矿采集、运输过程中还存在偷漏、走私现象。

这事该怎么解决呢？其实乾隆也不知道该怎么解决。既然大家都不知道怎么办，那按照乾隆的逻辑，不如让福康安去实地考察，找办法解决。于是，乾隆四十五年（1780），"章总"一纸调令，就把福康安从大东北直接调往了大西南，就任云贵总督。

时年27岁的福康安刚一到任，就开始着手解决云南的铜运问题。他当时的解决思路是非常明确的——三步走战略。

第一步，核查各地矿产数量，加大对相关人员的管控。总而言之一句话：严查督管、压榨人力，先把铜运上去再说。取得的效果如何？用乾隆的话来说就是：

---

① 见《清高宗实录》卷一千一百三，乾隆四十五年三月十八日。

> 今福康安到滇未及一载，即已将应运京铜扫数全清。①

可福康安也知道，这么硬来，偶尔一两次兴许能行，但终究不是长久之计。毕竟人不是牲口，给再多的钱，也不可能让他们一直"996"（早上9点上班，晚上9点下班，一礼拜工作6天）地去运铜。

于是，福康安的第二步就是规划运输路线，减少不必要的人力浪费。从这里我们能看出，福康安当领导是非常能聆听下属意见的。比如，当时的云南镇雄知州屠述濂通过考察，制定了一套综合考察了地形与资源分布的全新运输方案，上报给了福康安。福康安是从一品的云贵总督，屠述濂只是个从五品的知州，他俩能对上话，可见福康安在当地的勤政与贤明。福康安收到奏报后，立刻就转发给了云南各级官员，他让同僚们详阅并表态，确定这个方案是否可行。

> 云南布政司会同按察司、迤东道，查照前案逐一悉心妥议，详复查夺，勿再延搁。②

简单来说就是三个字：马上办。

而在整个铜运问题的解决过程中，福康安所做的最后一步是他自己亲自顺着屠述濂给出的运输路线实地走了一遍，最终确定这套方案的确比之前的方案更为方便。

此前，各级官员的反馈也都呈上来了，纷纷表示赞同。无疑虑后，福康安才给乾隆上了一道奏折，提出方案——《筹改铜铅转运章程》。这一章程正式施行后，困扰中央多年的云南铜运问题才算正式解决了。以至于

---

① 见《清高宗实录》卷一千一百二十六，乾隆四十六年三月初四日。
② 屠述濂纂修《镇雄州志（乾隆）》卷六（上），《铜运改站禀稿》，第35页b。

后来福康安离任了，不再担任云贵总督了，乾隆还在奏折中嘱咐继任的云贵总督富纲说：

一切应行筹办事宜，着照福康安原定章程，实力办理。①

也许会有的朋友会说，这次铜运危机的解决，怎么看都是那位镇雄知州屠述濂比较关键，毕竟是他给出的方案。不过问题是，在福康安去云南之前，屠述濂就已经在云南了，多半已提出过类似的方案。怎么之前的地方长官就没采纳他的意见呢？

此处多说一句，福康安的军事成就往往是和乾隆朝另外一位名将海兰察一起打下来的。有些人喜欢一边捧高海兰察，一边贬低福康安。可事实是，海兰察和别人一起打仗时常有败仗，和福康安在一起时，几乎百战百胜。这里倒不是说海兰察不好，海兰察非常厉害，只是福康安的细腻心思和领导才能是我们不应该忽视的。所以，解决云南铜运危机一事，福康安发挥了不可替代的作用。

在解决完云南铜运问题后，乾隆也发现，福康安是真的好用。于是，后来但凡有什么棘手的事，几乎都派福康安去办。比如四川闹"啯噜匪"，情况严重，乾隆就把福康安在云贵总督的任上调为四川总督，兼任成都将军，负责剿匪。不到一年，福康安荡平全省"啯噜匪"。

接着，乾隆四十九年（1784），石峰堡起义爆发。一个叫田五的回人起兵反清，起义的规模很大。乾隆又派福康安去当陕甘总督，负责督战平叛。福康安六月到了前线，当月就平叛成功，堪称神速。在平定"石峰堡

---

① 见中国第一历史档案馆藏《军机处录副奏折》，《云贵总督富纲、云南巡抚刘秉恬奏为接奉谕旨办理铜务事》，乾隆四十六年十二月二十六日呈奏；转引自王瑰《从新见禀文奏稿谈乾隆朝福康安对云南铜运的整顿》，《历史档案》，2020年第4期。

起义"后，福康安也凭借军功再次获得了爵位升迁。他由此前的嘉勇男爵升为嘉勇侯。这一年，福康安31岁。

按理说，短短几年之间，福康安已经历任了吉林将军、云贵总督、四川总督、陕甘总督，基本上把我国的东北、西南、西北给逛了一遍。就算福康安是个铁人，也受不了如此折腾，怎么也该让福康安歇歇了吧？可没办法，东南的台湾又捅娄子了。

乾隆五十一年（1786），因为台湾当地官府长期盘剥百姓，老百姓实在活不下去了，出现了一次大规模的农民起义。具体的规模有多大呢？据史书记载：

约计诸罗、漳化两县，乌合贼众不下数十万人。①

这支农民军的首领叫林爽文，其指挥作战的水平不差。起义军一开始就暴打了台湾总兵柴大纪的军队，迅速占领了台湾的多个县城。

而乾隆这边不停地走马换将，试图平定叛乱。

起初，乾隆派福建的水师提督和陆路提督两班人马去台湾平叛，然而没打赢。接着又让闽浙总督常青亲自挂帅，带着8000人去打林爽文。这可是正规军啊，按理说应有捷报。结果刚到台湾，常青就被起义军围堵在城中出不来了。最后，常青派了个人出来给乾隆送信求援：

请再调广东兵四千，京兵一千，湖广兵四千，贵州兵二千。②

---

① 见中国第一历史档案馆藏《军机处录副奏折》，乾隆五十二年十二月二十七日福康安奏折；转引自郑天挺主编《清史（上编）》，天津人民出版社，2011，第313页。
② 见《清高宗实录》卷一千二百八十三，乾隆五十二年六月十九日。

皇上,您再派1.1万人,才足以击败林爽文。

乾隆一看,这常青也不靠谱啊。没办法,还是得用福康安。八月,乾隆下令:

> 现在谕令福康安前来行在,面授机宜,令其前赴台湾。①

本来远在西北的福康安,跑了个对角,去东南打林爽文了。

说起来,乾隆也是真对得起福康安。常青打台湾时,乾隆起初只给了8000兵士,而等常青申请再加1.1万人时,乾隆直接换帅了。如今,福康安要去台湾了,福康安拿到前线的军事奏报后对乾隆说:1万人看来也不够,必须要有数万人才行。总之,打林爽文拖不得,要打就必须是碾压之势的速胜。最后乾隆表示同意,陆陆续续派往台湾约4万人,再加上本地的驻防军一起,让福康安率领这些人去平叛。

手握重兵的福康安,在本次渡海攻台的过程中,无论是战略部署,还是兵力分配,都堪称完美。数百艘战船到了台湾,军队一登岸,立刻就兵分几路,开始围攻起义军。

福康安在乾隆五十二年(1787)十月底领兵登岸,转年的正月就活捉了林爽文,荡平了台湾全境。站在台湾老百姓的角度来看,福康安肯定一个是镇压农民起义的帮凶、刽子手;可站在清政府的角度来看,福康安身为清政府的将军,极其出色地完成了自己的任务。

台湾平定之后,时年35岁的福康安被任命为授闽浙总督,负责善后事宜。而且,在赴台解嘉义之围后,福康安的爵位便再次升迁,获封一等嘉勇公,得到了满洲异姓贵族在清朝所能得到的最高爵位。

尽管平定台湾时福康安才35岁,但他所走过的人生,已经相当璀璨

---

① 见《清高宗实录》卷一千二百八十六,乾隆五十二年八月初二日。

了。19岁战金川，胜利后封男爵；31岁平定石峰堡起义，胜利后封侯爵；34岁渡海平台，升公爵。与此同时，福康安还在不到10年的时间里就历任云贵、四川、陕甘、闽浙4地7省的总督。说他威震四方，毫不过分。

可这就是福康安的人生顶点了吗？不，此时他人生中最震撼人心的一仗还没有打。

决战高原的巅峰

在收复台湾之后，福康安可说是当时清朝军界的第一人了，而且其声名远播海外。

举一个典型的例子，福康安当闽浙总督时，安南国，也就是今天越南爆发内乱，崛起了一个新政权，这个新政权不但推翻了安南的旧政权，还和清朝发生了军事冲突。关键是，该政权还打赢了，俘虏了大量清军。

远在闽浙的福康安待不住了——这怎么能行？他也没想着让自己多歇歇，主动上书乾隆，表示自己想去两广，看看安南这个新政权到底是什么来头。特别巧的是，乾隆也正准备让福康安调任两广总督，去解决安南问题。福康安主动请缨的时候，乾隆的任命诏书已经在路上了。

福康安刚到两广，安南那边的新政权马上就说要议和，这仗不打了。还说安南一直对天朝上国很崇敬，安南愿意接受清王朝的册封，之前的俘虏，安南即刻释放，归还天朝。

安南这次议和也许有许多其他方面的政治考量，但福康安本人的军事威慑力显然是极其重要的一方面。不然为什么之前不议和，待福康安到两广了，立刻就议和了呢？运气好是解释不了这种事的，这就是福康安有实力的印证。

随着福康安个人威望的不断提升，周围人对他的嫉妒心也随之而起。其中，对福康安敌意最大的就是乾隆的另一位宠臣，时任军机大臣兼文华殿大学士的和珅。

乾隆五十四年（1789），和珅得到消息称：福康安居然让湖北按察使李天培用运粮船替自己买了800根名贵木材。这是典型的公器私用外加商品走私，是相当严重的罪过。于是，逮住机会的和珅立刻让自己的弟弟和琳把李天培和福康安一起举报了。

震怒之下，乾隆想严惩，没有办法把福康安轻拿轻放。于是，最终的结果就是李天培被流放，福康安呢？据记载：

着罚总督养廉三年，仍加罚公俸十年，并带革职留任。①

不过乾隆虽扣了福康安3年的养廉银和10年的基本工资，但转年就找了个理由给福康安恢复了。

不过，福康安虽然没遭受很大损失，他和乾隆之间也仍然有着心照不宣的默契与亲密，可福康安跟和珅的梁子就此结下了。此后两人是十分不对付的。而这在某种程度上，也为福康安晚年的结局埋下了伏笔。

比起福康安与和珅的矛盾，对乾隆而言更棘手的是远在西南边境的廓尔喀开始入侵西藏了。而福康安，也将就此迎来人生的巅峰之战。

廓尔喀，其实就是今天的尼泊尔。今天的尼泊尔看起来似乎很弱，但当年的廓尔喀战斗力是相当强的。史书记载：

---

① 见《清高宗实录》卷一千三百三十四，乾隆五十四年七月十二日。

廓尔喀贼匪，既侵占邻近部落三十余处。①

这证明廓尔喀军队不但久经沙场，而且武德充沛。

更关键的在于，廓尔喀和西藏的交界处坐落着喜马拉雅山脉，那一带是高原、高山气候，天气寒冷，仗打起来十分艰难。早在乾隆五十三年（1788），廓尔喀就已经入侵过一次西藏了，只不过当时的西藏部分官员实在害怕打仗，未经驻藏大臣和达赖喇嘛允许，偷偷和廓尔喀议和了。这批人当时给廓尔喀人开的条件是：西藏自乾隆五十四年始，付给廓尔喀岁币300个元宝（合内地银1.5万两），付给三年后再议。钦差大臣巴忠到藏知悉情况后，竟也默许了。乾隆五十四年春季，廓尔喀人拿钱走人之后，巴忠上奏谎称敌人投降了。

刚过一年多，出事了。廓尔喀人又来了，说：西藏政府当初承诺先给我们三年岁币，今年的元宝呢？达赖喇嘛表示没钱，并派使者去廓尔喀谈判，欲撤回合同。纠缠了许久，廓尔喀人表示：不给钱是吧？那就打你。

大半年后，廓尔喀大兵压境，不但挺进西藏境内1000余里，还把西藏活佛所在的寺庙洗劫一空。甚至，连乾隆赐给西藏活佛的金册和灵塔上镶嵌的宝物都被摘掉了。眼见纸里包不住火了，巴忠走投无路，直接投河自杀了。

消息传到热河，乾隆震怒。这一年是乾隆五十六年（1791），"章总"已经81岁了，他这辈子什么时候吃过这种亏？当即宣布要讨伐廓尔喀，而且本次出兵，不仅要收复西藏失地，还要打到廓尔喀境内，让廓尔喀人知道大清的厉害。"章总"放狠话道：

将来大兵直抵贼境，声罪致讨，贼匪自必震慴军威，乞哀吁恳。②

---

① 见《清高宗实录》卷一千四百，乾隆五十七年四月初三日。
② 见《清高宗实录》卷一千三百九十一，乾隆五十六年十一月二十四日。

朕非要打得他们求爷爷告奶奶才行。

可问题是,派谁去打呢?当时在前线的时任驻藏办事大臣的保泰见廓尔喀打进来之后,畏惧不已,甚至提议让达赖、班禅移居泰宁。让西藏的活佛移居他地,意思就是:西藏这地方咱们就别要了。乾隆破口大骂道:

保泰、雅满泰二人,不料其丧心病狂,一至于此,竟是无用之物。[①]

废物,都是废物!

最后,还得让福康安来解决问题。时年38岁的福康安接到命令后,当即表示:没问题,我去。

乾隆为此破天荒地给福康安安了个"大将军"衔。乾隆自登基以来,不管哪一场战争,他给前线主帅的称号都是"将军"或"经略大臣",这次福康安征廓尔喀,乾隆第一次启用了"大将军"称号,可见"章总"要的就是一战成功。

而且,从资源配置上,我们也能看出,乾隆这次真是下了血本。他一共给福康安准备了军费1000多万两,牛羊2万余头(只),青稞7万石,以及清朝当时最精锐的士兵1.7万余人。

可即便如此,这次出征仍然远比想象的要困难。

当时清军进藏一共只有两条路可选。一条由四川入藏,从北京出发走川藏线到拉萨,路程差不多1.3万里;另一条由青海入藏,可以少走约莫4000里地。兵贵神速,这就是乾隆要求福康安从青海入藏的原因,想必乾隆是折算成平地里程来计算行军时间的,他让福康安40天内抵达拉萨。

可问题是,乾隆只考虑了地形,没有考虑气候。福康安刚动身不久,时任陕甘总督的勒保就打报告说:

[①] 见《清高宗实录》卷一千三百八十七,乾隆五十六年九月二十日。

> 青海口外，俱系草地，时值隆冬，冰雪甚大，炊爨维艰，牧饲缺乏。①

这个季节，在青海点火做饭都费劲，急行军是会要人命的。

乾隆大为吃惊，赶紧给福康安写信道：

> 若实有难行之处，当即改道由四川赴藏，不可勉强。②

福康安却表示：没问题，说从青海进，就从青海进；说40天内到，就一定40天内到。

可问题是，这一路上的高原反应实在太让人难受了。身体强壮的人，活动时需要的氧气较多，高原反应通常更严重。福康安这一众人的行军状况，按史书记载：

> 人行寸步即喘，头目眩晕，肌肤浮肿，冬间冷瘴，较之夏间尤甚。③

人人都忍着不适艰难前行，条件实在艰苦，福康安本人就在这急行军的过程中病倒了。而福康安居然还因为自己病倒这事给乾隆写了一封道歉信：

> 臣出口时，即已冒寒患病，兹复触染瘴疠，略形困顿，而随从人等亦俱头晕气喘，未能速行，于渡木鲁乌素河后停息二日，渐就痊可。④

福康安的意思是，自己刚出青海就得了寒症，之后又染了瘴气，身边的随

---

① 见《清高宗实录》卷一千三百九十一，乾隆五十六年十一月十七日。
② 见《清高宗实录》卷一千三百九十一，乾隆五十六年十一月二十日。
③ 见《钦定廓尔喀纪略》卷十八，哈佛大学燕京图书馆藏本，第2页b-3页a。
④ 见《钦定廓尔喀纪略》卷十八，哈佛大学燕京图书馆藏本，第3页a。

从也都头晕眼花，实在走不动了，所以被迫在渡过木鲁乌素河后休息两日。这样一个平常锦衣玉食的大贵族，只歇两天就接着往前冲，不管乾隆给了福康安多少赏识和优待，福康安此番绝对对得起他姑父。

除了中间歇息的这两天之外，其余日子里，福康安每天都凌晨两三点出发，连续急行十几个小时，直到傍晚七八点才休息。最终，大军仅用了39天就抵达了拉萨。当时拉萨当地的喇嘛看到福康安都蒙了。因为福康安进藏的那条路，即便让平时长期生活在高原的藏民去走，也是要走120天以上的。

到了拉萨之后，福安康就展现出自己身为主帅成熟的一面了。福康安可称"18世纪东亚最强局地战大师"，他一定会把一切情况都弄清楚后，再动手打。

当时，福康安先在拉萨待了27天，安抚当地活佛及宗教人士的情绪，让他们帮着补充军需；同时去调查并测算了后勤粮草的储备数量、携带方式、运输路线等，以及目前西藏各地的风险程度。27天后，福康安与助手会合，出发去位于前线的日喀则，他又用了两个多月的时间去勘察地形，然后调配兵种、布置兵力、设计战略战术。

也许有人会说，福康安的战前准备工作是不是有点磨叽了？好几个月就这么白白搭进去了？有时候，发动进攻命令是非常简单的，关键是如何保证进攻后取得预期的成果，这才是最考验主帅的。

这一年，身处西藏的福康安已经39岁了，作为一个未及20岁就差点死在金川前线的人，福康安太清楚，主帅的一丁点失误，可能会使无数士兵白白牺牲。因此，事先的筹备工作一定做得越严密越好。

那么，经过福康安的精心筹划，清军在战场上的发挥怎么样呢？不能更好。福康安于乾隆五十七年（1792）五月初六的雨夜宣布发起总攻，五月初七，清军就打下了敌军的擦木碉寨，取得首胜。接着，五月初八，清军分兵围攻了敌人主力军所在的济咙。五月十二日就收复了西藏的全部失地。

驻藏大臣保泰恨不得弃守的西藏，福康安用一礼拜就收复了全部失地。

更厉害的是，在乾隆的指示下，不久后，福康安正式指挥大军翻越了喜马拉雅山脉，直接袭向廓尔喀本土。而福康安在廓尔喀境内连战连捷，疯狂突进700里，眼看都要打到阳布了。但毕竟不熟悉地形，进军多日，清军也已疲惫，清军在廓尔喀的甲尔古拉山遭遇了埋伏，这也成了福康安在本次出征中的第一次战斗失利。

不过，廓尔喀人可能是在之前的军事作战中被福康安吓到了，即便赢了一场，也没敢接着打下去。毕竟谁能保证，再打下去还能不能继续打赢？能不能成功埋伏到福康安？万一没埋伏到，被福康安反手打进首都阳布，廓尔喀可就得亡国了。

于是，在甲尔古拉山一战之后，获胜一方的廓尔喀主动去找福康安投降、议和了。不但说要把廓尔喀人之前从西藏抢的东西，包括从乾隆赐给西藏活佛的金册和灵塔上摘下来的宝物在内，全部归还给大清，还说要派人去京城谢罪。福康安准其归降，达成协议，约定廓尔喀往后每隔5年去清朝朝贡。

最终，福康安就这样，以仅有一负的战绩结束了本次出征。把本来呈入侵姿态的廓尔喀直接打成了清朝的藩属国。而本次平廓尔喀的战役，也成了乾隆"十全武功"中的最后一功。

而福康安本次入藏所取得的最大成就或许不是战场上的胜利，而是政治上的改良。

福康安率大军从廓尔喀重返西藏后，他并没有选择第一时间撤离高原去歇一歇，而是选择留在西藏。他开始反思之前西藏的防务和治理问题，并最终在各种集思广益之下，给乾隆呈上了一道非常有名的方案——《藏内善后章程》。

说它有名，是因为这个章程的名字，我们在今天的中学历史课本上也能见到。它不但明确落实了中央派去的驻藏大臣其地位与西藏活佛平等，并且明确规定西藏各级官员和喇嘛都要受驻藏大臣的制约和管辖。用一句今天比较流行的话来说，平廓战争的胜利和《藏内善后章程》的制定，极大地巩固了我国统一的多民族国家的发展格局。

之后，本就是一等公爵的福康安，又被加封为武英殿大学士，在本就位极人臣的情况下，又往上升了一截。值得一提的是，其实在平廓战争刚进行到一半的时候，乾隆就已经动了给福康安封王的念头了：

盖福康安系孝贤皇后之侄，大学士傅恒之子，如果得成巨功，或可晋封王爵。①

但乾隆又怕给福康安封王惹人非议，因为这看上去太过偏爱富察氏外戚了。的确，满洲入关以来，满人是没有异姓封王的先例的，毕竟福康安的功劳再大，他姓的也是富察，不是爱新觉罗。最终，乾隆封无可封，送了福康安家世袭的一等轻车都尉，外加三个六品顶戴。意思就是，这三个六品职位，你们家想送谁就送谁好了。

这一年，福康安39岁。按理说，在高原上折腾这么久，也累了，怎么也该让福康安回京城好好歇歇了吧？然而，在乾隆朝晚期，真是哪少了福康安都不行。

福康安刚平定廓尔喀，转年，之前那个安南新政权的国王死了，乾隆怕安南的新任国王不老实，又把福康安任命为两广总督，让他去广西震慑安南。而等福康安到两广待了一段日子，四川土司又出问题了，福康安又调任四川总督。后来，福康安出了点小差错，又被调去云贵。

只能说，这时的乾隆作为一个80多岁的老人，看着自己亲手带大的40多岁的福康安，一方面，他把福康安当成自己最亲近和倚仗的大臣；另一

---

① 佚名：《清史列传》卷二十六，《大臣传次编一·福康安》，中华书局，1987，第1974页。

方面，他大概以为福康安会比自己多活很多年，才任意折腾后者吧。

然而，谁也没想到，一场意外突然发生了。乾隆六十年（1795），福康安42岁。这一年，贵州的苗民因为受不了官府的残酷剥削，掀起了大规模的反清起义，起义迅速扩散到了湖南、四川、贵州一带，形成了牵连三省的重大暴乱。乾隆没办法，还是得让福康安挂帅去解决叛乱。

这场平苗战争，福康安在军事上的作战指挥仍然是无可挑剔的。这一仗从乾隆六十年打到了嘉庆元年（1796），历时一年多，福康安转战三省，连战连捷。

为了奖励福康安的卓越军功，86岁的"章总"已成了太上皇，他最后还是没忍住，正式下了一道嘉奖令，将福康安的爵位由本就封顶的一等公爵再向上擢升，正式突破了宗室界限，升为贝子。

然而，不久后，一场所有人都没能料想的意外悄然而至。

嘉庆元年四月，苗疆前线阴雨连绵，瘴气四溢，军中疫情连发。据档案记载：

近来雾雨连旬，更为绵密，凡将备兵丁染患疫疠者日多一日。[1]

福康安也在此期间病倒了。起初，福康安只觉胸闷，不思饮食，未觉染病，所以没有及时医治，继续日夜奔赴在前线各处，指挥作战。直到五月初五，福康安的身体再也受不住这般折腾，腹泻不止。而后，福康安精神顿减，但不肯服药坚持工作，过了几日后卧床不起。等到医生前来诊治时，已经无力回天了。

据副将和琳的描述：

---

[1] 中国第一历史档案馆、中国人民大学清史研究所、贵州省档案馆编《清代前期苗民起义档案史料汇编（下）》，光明日报出版社，1987，第223页。

（福康安）症候忽变，坐卧不宁，头闷胸结，舌强耳聋，病势甚险。适所调医生到营，诊视脉息，据云系积劳之体，用心太过，元气早亏，兼患时疫，表散滋补，俱难为力等语。①

简言之，福康安是在战场上生生将自己累成重病的。

最终，嘉庆元年五月十三日清晨，乾隆朝异姓贝子福康安于军营病逝，终年43岁。而福康安临终之前仍旧心怀战场，觉得未能及早取胜，自己愧对皇恩。他握住和琳的手，

惟云受恩深重，此次出师未能及早竟事，仰纾垂廑，实属有孚委任，涕泣不能成声。②

君臣相知，福康安的一生，实无愧于乾隆几十年来的深恩厚爱。

等福康安的死讯传到京城时，86岁的乾隆"白发人送黑发人"，老泪纵横地发布了一条长长的上谕，逐字逐句地回忆着福康安征战沙场20年多来的点点滴滴：

大学士·贝子福康安秉性公忠，才猷敏练，扬历中外，懋著（着）殊勋，年当弱冠，即出师金川，著（着）有劳绩，曾赏给巴图鲁名号，特封男爵。嗣又平定石峰堡、台湾、廓尔喀等处，宣劳边徼，屡奏肤功。复节次晋封至一等忠锐嘉勇公。③

---

① 中国第一历史档案馆、中国人民大学清史研究所、贵州省档案馆编《清代前期苗民起义档案史料汇编（下）》，光明日报出版社，1987，第223页。
② 同上书，第224页。
③ 同上书，第225页。

在讲完过往的回忆之后，86岁的乾隆以太上皇的身份，宣布要追封福康安为郡王，好为福康安这一生的功绩画上圆满的句号：

> 简直纶扉，赞襄机务，……无不悉心整顿，经理得宜。此次督剿苗匪，涉历险阻，不辞劳瘁，亲带官兵，所向克捷。上年特降恩旨……晋封贝子爵衔，……乃当大功垂成之际，积劳成疾，遽尔溘逝，实深震悼。且当患病之时，犹复力疾督师，亲临前敌，实为宣劳超众，体国忘身，尤宜渥沛殊恩，用昭饰终令典。
>
> 福康安著（着）晋赠郡王职衔。[①]

并最终宣布：嘉勇郡王福康安，死后配享太庙，永享皇家香火。

"章总"在位的60年，名将辈出，尤其是傅恒、福康安父子俩，几乎无缝衔接地在军事上支撑了乾隆半个世纪，而乾隆对他们父子俩的栽培与重用，也是屡次超格的。此外，在追封福康安为郡王的同时，乾隆也追封了傅恒为郡王，父子俩一个是忠勇郡王，一个是嘉勇郡王。

富察家族没有辜负乾隆的重用，乾隆也没有辜负富察家族的付出。这大概就是传说中的"双向奔赴"吧。

[①] 中国第一历史档案馆、中国人民大学清史研究所、贵州省档案馆编《清代前期苗民起义档案史料汇编（下）》，光明日报出版社，1987，第225页。

多拉尔·海兰察

百炼成钢的超勇公爵

多拉尔·海兰察,乾隆朝战斗力最强的武将,其骑射功夫被乾隆评为天下第一。海兰察一生平准平回、征缅征川、定台复藏,每逢硬仗,必有其身影。驰骋疆场30余年后,军功卓著的海兰察获封一等超勇公。在第一勇将海兰察的人生之初,他只是东北乡村里一个没有父亲的放牛娃。

多拉尔·海兰察,他可能是很多人心中的乾隆朝第一勇将。

乾隆一生执政了63年,号称"十全武功",名将辈出。

若我们把乾隆朝名将放在一起,问这其中谁打仗最厉害,指挥千军万马攻必克、战必胜,其实是有些纠结的,很难选出绝对意义上的第一。

可假如我们不问指挥作战水平,单问谁的个人战斗力最强、谁在战场上最为勇猛,那答案可能只有一个:多拉尔·海兰察。

乾隆也评价海兰察道:

弓矢冠虎贲之列,承我武于十全。[1]

众多勇士当中,海兰察的骑射功夫是最好的,没有他,就没有朕的"十全武功"。海兰察去世时,"章总"亲自写下了一篇约500字的祭祀碑文。

海兰察不是皇亲国戚,也不是贵族二代,他就是一个普通百姓的孩子,他这一辈子到底做过些什么,才会被乾隆如此看重呢?

乾隆朝一等超勇公多拉尔·海兰察的一生,波澜壮阔又刚毅坚卓。

---

[1] 盛昱:《雪屐寻碑录》卷十六,《辽海丛书》第81册,第9页b。

贫寒、凄苦的牧工

海兰察大约生于乾隆四年（1739），姓多拉尔。他既不是满族人，也不是汉族人，他是索伦人。清朝文献将生活在嫩江及呼伦贝尔一带的鄂温克族称为"索伦"。

同样身为乾隆朝名将，比起贵为皇亲国戚的傅恒、福康安父子，比起尚书之子阿桂，海兰察的出身可就贫苦、凄惨多了。

海兰察的父亲登图是呼伦贝尔当地一个普通兵丁，没有任何官衔，而且登图在海兰察出生后不久就去世了。据史志记载，海兰察的童年生活很辛苦：

（海兰察）幼为人司牧。①

海兰察小时候以给人放牧为生，是个寄人篱下的放牛娃。

关于海兰察的童年，有一个延续至今的传说。传说，海兰察小时候其实是和母亲一起到乡下的，母子俩给一个叫金秀莲的汉人家放牛挤奶。这段母子相依为命的日子没持续多久，母亲就积劳成疾去世了。海兰察在小小年纪成了一个无父无母的孤儿。他的东家金秀莲看海兰察确实太可怜了，把他介绍到城里的朱氏商号去当牧工——在城里总归会比在乡下过得好一些。

这个鄂温克族的传说，可信度如何呢？可信度还是非常高的，因为史志中确有过这么一句话：

---

① 黄维翰：《黑水先民传》，黑龙江人民出版社，1986，第115页。

（海兰察）微时，尝为流人朱姓御货车往来奉天、吉林间。①

海兰察在他十几岁的时候，的确给一个朱姓商人赶过马车。一个10岁出头的小孩儿，长年累月赶车往返于呼伦贝尔、奉天还有吉林之间，真的很不容易。而且这一路上注定是有很多危险的，不管是被人抢劫还是被动物袭击，在古代都是无法避免的。

但好在，少年时期的海兰察不但挺过了那段艰难岁月，还练就一身拉弓射箭的好武艺。史志记载：

海兰察，……生有殊力，善射，中者辄死。②

海兰察天生力气大，射箭齐准无比。考虑到史志说他能一箭把人射死，海兰察应该从小用的是重弓重箭，因为弓箭太轻的话，射出的箭矢冲击力不够，无法让人中箭则死。

这份往返于东北和呼伦贝尔之间的送货工作，海兰察一直干到了17岁左右，才突然迎来了一次人生的转机。

乾隆二十年（1755），因为准噶尔发生了内讧，"章总"决定要把握机会，一举荡平准噶尔，便赶紧派人到呼伦贝尔征兵去了，而且点名要索伦人。因为索伦人好战、能打这件事，在满洲入关前就已经名声在外了。

在这种特殊情况下，海兰察被强行征召入伍，当了一名兵丁。当时17岁左右的海兰察，他连普通士兵都算不上。史书记载：

乾隆二十年，（海兰察）以库图勒从征准嘎（噶）尔。库图勒者，译

---

① 黄维翰：《黑水先民传》，黑龙江人民出版社，1986，第119页。
② 同上书，115页。

211

言"控马奴"也。①

海兰察刚从军那会儿只是个给别人牵马的奴仆。毕竟你最穷，还父母双亡、没背景，你不当控马奴，谁当控马奴呢？

然而不久后，一个意外事件发生，海兰察用自己的武艺震撼了当时军营里所有人。

这件事发生在乾隆二十二年（1757），也就是平准战争的第三年。当时，清军已经取得这场战争的决定性胜利了。然而，就在战争收官阶段，准噶尔方面有一叫巴雅尔的贵族眼看形势不对，居然找准机会领着残兵跑了。接着，清军就漫山遍野地追。巴雅尔逃跑的时候，刚巧被当时未及20岁的海兰察堵住了。

巴雅尔一看海兰察穿的衣服——哦，只是个小兵啊！于是，巴雅尔拈弓搭箭准备一箭射死海兰察。结果，史书记载：

> 海兰察追及之。巴雅尔故善射，方引弓，海兰察飞矢中其肘，而颠，俘以献。②

巴雅尔也算是个射箭的好手，但与海兰察狭路相逢，巴雅尔这边弓弦还没搭好呢，就被海兰察一箭射下马，之后被生擒。

未及弱冠的海兰察，小兵擒大将，名声这不就起来了？

远在京城的乾隆收到军报后，也是龙颜大悦——准噶尔久经沙场的贵族，还不如朕的一个小兵！于是，无比开心的"章总"给海兰察连续送出了三个封赏。

---

① 孟定恭：《布特哈志略·人物》，《辽海丛书》第65册，第12页a。
② 同上。

第一，升官，将海兰察由"库图勒"直接升为了正五品的三等侍卫，以后就别待在军营里了，到朕的身边来；第二，赐海兰察巴图鲁封号，号"额尔克巴图鲁"，意思是雄壮的勇士；第三，"章总"下令给海兰察画像，紫光阁的功臣图，必须给海兰察也来一幅。当时在紫光阁悬挂画像的功臣中，海兰察排第46位，除了他以外的功臣全是军官。

这一年是乾隆二十二年，在挥别了他人生十七八年的风霜雨雪之后，海兰察也终于从一个呼伦贝尔的劳苦牧工、一个在军营里牵马的控马奴摇身一变，成了紫禁城里的御前侍卫。对海兰察的传奇人生而言，这一切只是刚刚开始。

恩重身轻的奔赴

海兰察对乾隆的恩遇也是非常感激的。乾隆比海兰察大了大概28岁，他们属于隔代人。对海兰察这样一个自幼父母双亡的孤儿来讲，如果说父母是给予他生命的恩人，那乾隆就是改变他人生的贵人，因为乾隆对海兰察，非常、非常、非常好。自乾隆二十二年海兰察被擢升为三等侍卫之后，乾隆把海兰察留在了身边整整10年。这10年之间，乾隆把海兰察的官职连升四级，从一个正五品的三等侍卫升到了正三品的头等侍卫。而且，清朝当时规定只有上三旗的人才能出任头等侍卫，乾隆还顺带给海兰察抬旗了，直接抬入了满洲镶黄旗。

除了升官、抬旗外，乾隆甚至专门给了海兰察世袭职位。史书记载：

（海兰察）累擢头等侍卫，予骑都尉兼云骑尉世职。[1]

我们今天无法准确解释乾隆为什么会对海兰察这么好，因为在那10年期间，海兰察的经历在史书上的记载可说是一片空白。我们翻遍档案等资料也只能找到两件事，一是乾隆二十四年（1759），21岁左右的海兰察曾短暂地跟随乾隆的内侄明瑞参加平回战争的收尾决战；二是海兰察担任侍卫期间的某一年，乾隆带着海兰察一起去参加木兰围猎，现场突然跑来两只老虎，海兰察在箭袋里只剩三支箭的情况下，勇猛地迎上去，"嗖""嗖"连射两箭，直接把这两只老虎给射死了。史书记载：

（海兰察）随狩木兰。二虎逸入围，海兰察囊三矢，从发二，殪之，众诧为神勇。[2]

可如果说乾隆对海兰察的恩遇和封赏只是出于对海兰察武艺的欣赏，就多少有些单薄了。无论如何，有一点是确定的——海兰察对乾隆一定有着强烈的报恩心态，以至于海兰察在自己之后参与的历次战争中，始终有一种舍生忘死的勇猛。

乾隆三十年（1765），清缅战争爆发。乾隆三十二年（1767），海兰察再一次踏上战场。那一年，他大概29岁。

等到海兰察上前线的时候，清军已经损兵折将，连续输了两年了。所以，当海兰察被派往前线时，他是非常渴望靠自己的力量来改变战局的。但客观情况是，海兰察此前不是在当小兵就是在当侍卫，他是没有指挥经

---

[1] 赵尔巽等：《清史稿》卷三百三十一，《列传一百十八·海兰察》，中华书局，1977，第10935页。

[2] 孟定恭：《布特哈志略·人物》，《辽海丛书》第65册，第12页a。

验的,所以他刚到缅甸时,军衔并不高。史书记载:

(海兰察)以记名副都统从征缅甸。①

海兰察只是一个挂名的副都统,他实际的职位,应该只是一个侍卫领队。从《清实录》中记载的军报来看,海兰察在清缅战争中的实际带兵人数应该只有300人左右,非常少。

但海兰察可能想的是:人少怎么了?人少就不能打仗了吗?于是,当我们翻开史书,会发现海兰察在刚到缅甸时就打出了非常惊人战绩:

海兰察率轻骑先驱,至罕塔,遇贼,殪三人,俘七人,遂攻老官屯,馘二百;设伏,歼贼四百。②

海兰察率先头部队杀了3个人,捉了7个人,接着,海兰察小队杀光了对面200人,"馘"是指杀掉敌人后,把敌人的左耳朵割下来,拿回去报军功;最后设伏歼灭敌军400人。

当我们感慨海兰察作战英勇凶猛的时候,也要明确一个问题:他的英勇有没有改变清军当时的被动局面呢?答案是没有。

乾隆三十二年,清军是兵分两路进攻缅甸的,承担主力任务的东路军,由傅恒的亲侄子明瑞领兵指挥;海兰察所在的西路军,则由参赞大臣额勒登额(一作额尔登额)领兵。谁都没想到,额勒登额奇怂无比,而且行事匪夷所思。额勒登额带着海兰察打缅甸的老官屯,一时没打下来,他

---

① 赵尔巽等:《清史稿》卷三百三十一,《列传一百十八·海兰察》,中华书局,1977,第10935页。
② 同上。

担心自己被缅军包围,便带着大军直接撤了。额勒登额这一撤退,直接把明瑞和1万多清军精锐拱手送进了缅军的包围圈。时任云贵总督的鄂宁几次勒令额勒登额出兵,可额勒登额就是按兵不动。最后,海兰察急了,说:老大,你要是不想去,给我兵,我去救,行吗?史志记载:

> 时,将军明瑞北路师深入,粮尽却退,寇陷木邦,官军后路断,海兰察请往援,额尔登额不许。[1]

但无奈的是,海兰察想去救人,额勒登额就是死活不答应。

最终,明瑞在缅军的重重包围下受伤,选择自尽。额勒登额也被暴怒的"章总"下旨凌迟处死。清军同缅甸的第三次交手再次以失败告终。

海兰察个人的勇武终究没能扭转战局。如果说清缅战争中清军第三次进攻的失败是因为西路军主将无能,那么第四次战役的失败,就是天命难违了。

乾隆三十四年(1769),在连输三场的情况下,"章总"早已经杀红了眼,选择把傅恒、阿里衮和阿桂,这些能拿出手的名将全都派往了缅甸前线。在这一回的进攻中,海兰察依然发挥出色,不管是"戛鸠江之战"还是"锡箔之役",海兰察在战场上都能虐杀缅军。可清军最后赢了吗?还是没赢。

因为缅甸的气候实在太恶劣了,清军士兵完全不适应。到了乾隆三十四年年底的时候,军营里的士兵们严重水土不服,再加上瘟疫肆虐,大量的清军没有死在战场上,反而死于瘟疫。3万多清军在年初时赶赴前线,到年底时,病死了一半多。到最后,连副将军阿里衮都病死在了军营,主帅傅恒也身染重疾,上吐下泻,难以为继。最终,在这样的一片狼藉中,清

---

[1] 黄维翰:《黑水先民传》,黑龙江人民出版社,1986,第115-116页。

军无奈地接受了缅甸的投降请求,双方握手言和。

而一心报效乾隆的海兰察,尽管在清缅战场上到最后也没能听到清军胜利的号角,但很快就有一个新战场让他大展拳脚。

那就是乾隆三十六年(1771)的二平金川战场。

只不过,比起在清缅战场上那种"有心杀贼,无力回天"的无奈,海兰察在二平金川战场上的经历,多少有些先苦后甜的意味。

当时四川的大、小金川地区再度叛乱,乾隆最开始安排了一西一南两路大军分别负责进攻。其中,承担主力任务的西路军由大学士温福指挥;负责辅助的南路军,则由阿桂指挥。这里从兵力的分配上来看,很明显,乾隆是想培养温福成为新一代军事领头人的,所以海兰察刚入川的时候,被乾隆专门安排到了温福的军营。

时年大概33岁的海兰察到了新的战场上,依然是非常争气的,他终于迎来了打响勇将之名的机会。海兰察在西路军的表现,据史志记载:

(海兰察)至则夺贡噶山梁,碎策丹,掀路顶宗,覆马觉乌、摧明郭宗。[1]

这些地方都是小金川难啃的要塞,结果被海兰察一个人领兵通通端了。很快,西路军就荡平了小金川。收到奏报的乾隆也很开心,正式升海兰察为军中的参赞大臣,也就是前线的军事参谋长。

然而,就在二平金川战场上的一切看起来顺风顺水的时候,出岔子了——海兰察的顶头上司温福开始得意忘形了。刚刚平定了小金川,旁边还有地形更复杂、难度系数要高出好几个等级的大金川要打,温福却半场就开了香槟。他觉得小金川已然搞定,大金川指日可待。温福居然整日带

---

[1] 黄维翰:《黑水先民传》,黑龙江人民出版社,1986,第116页。

着人开始提前喝酒庆功。史志记载：

温福刚愎自用，谓功在旦夕，日置酒高会。①

海兰察力劝温福说：

师老矣！当乘间以取胜，不然寇将乘我。身为大将，不此之务，而日事宴乐，非夫也！②

咱们劳师远征，好不容易取得一点成绩，正是需要出奇制胜的时候，您身为主将，如今不想着扩大战果，就待在这儿光想着吃喝玩乐，最后是要捅大娄子的！

海兰察的提醒固然是非常有道理的。可温福听完就不高兴了，拂袖而去，不搭理海兰察了。海兰察的内心一定极其崩溃。从缅甸到金川，他的军旅生涯初期，怎么遇见的都是额勒登额和温福这样的不靠谱的领导呢？不过，我们还是得佩服海兰察，不管他遇到的上司有多么不靠谱，海兰察他自己职责范围内的事，处理得都是很漂亮的。就在温福每天飘飘然的时候，海兰察则继续领兵出去打扫战场，进攻一些残留的敌军碉堡。

然而，乾隆三十八年（1773）六月的某天，海兰察领兵在外的时候，那场我们无比熟悉的意外发生了——木果木战役爆发，金川军突袭了温福的大本营。

海兰察在收到消息后，尽管在第一时间回援，但赶回时，木果木已经是一片狼藉了——整个西路军被敌人打散了。危急时刻，据海兰察自己的

---

① 黄维翰：《黑水先民传》，黑龙江人民出版社，1986，第116页。
② 同上。

说法：

> 即行会同将军温福一面抚慰未离散之兵，一面收回离散之兵半数。①

这已经是海兰察当时能给出的最优解了。

而且，海兰察当时也真是不计前嫌，混战中，他冲进大本营，见到了温福最后一面。只可惜他们俩刚会合，金川军又拥上来了。海兰察挺身上前保护温福，结果邪门的是，冲锋在前和敌人激战的海兰察没事，躲在后面的温福反而被金川军乱枪击毙了。史书记载：

> 忽有贼千余，直犯温福。臣（海兰察）迎上鏖战，而温福胸左着枪殉节，贼众即入大营放火。②

最终，大营没守住，木果木战役彻底失败。

海兰察只得带兵一路回撤，但他当时的思路依然是非常清晰的——且战且退，一边收拾残兵，一边派人去联络阿桂。最后一直退到清军的据点日隆，才算稳住了大军，没有让形势更加恶化。

木果木战役是非常凶险的一战。最后统计下来，清军在木果木战役中，无论是阵亡人数，还是物资损失，都创了乾隆执政以来单次战役损失的最高纪录，但这已经是海兰察竭力挽回的结果了。

我们很难想象，假如没有海兰察，最后的西路军到底会崩盘成什么样子。在这种危难局面之中，海兰察终于等来了继乾隆之后，又一个影响他

---

① 中国第一历史档案馆、鄂温克族自治旗民族古籍整理办公室编《清宫珍藏海兰察满汉文奏折汇编》，辽宁民族出版社，2008，第30页。
② 见《清高宗实录》卷九百三十七，乾隆三十八年六月二十三日。

一生的人——章佳·阿桂。

海兰察至此也迎来了他人生中最灿烂但也是最后的阶段。

勇冠天下的落幕

如果说在遇见阿桂之前，海兰察的军事生涯总是有着一种个体很强、团队不行的憋屈，那么在遇到阿桂之后，海兰察才算真正展现了自己的刚猛，也真正感受到了在战场上那种淋漓尽致的爽快。

随着木果木一役的失败和温福的战死，乾隆为了挽救危局，正式任命前南路军主帅、时年57岁的老将阿桂为前线总指挥，全权负责二平金川战争的一切事务。并且，"章总"当时还在朝堂上公开表示：

只须阿桂与海兰察等会合，大局即定。[1]

别看木果木战役输了，但只要阿桂和海兰察会合了，那这场战争最后赢的一定会是我们！这一年是乾隆三十八年，海兰察大概35岁。

海兰察与阿桂两个人正式见面之后，还真是一拍即合，打起仗来非常有默契。至于这对新的上下级组合为什么这么投缘，可能有三点原因。

第一，阿桂身为领导，非常有人格魅力。史书记载：

阿桂屡将大军，知人善任使。诸将有战绩，奖以数语，或赉酒食，其

---

[1] 见《清高宗实录》卷九百三十七，乾隆三十八年六月二十三日。

人辄感激效死终其身。①

第二，两个人打仗的思路高度一致。阿桂打仗喜欢出奇兵，雨战、夜战、绕后偷袭等层出不穷。海兰察呢？也是一样。史书记载：

> 每遇战阵，兵既接，公乃敝衣布帽，骋骑绕自贼队后，观其瑕可乘者，然后集兵攻之。②

这二位打仗都喜欢动脑子、出奇兵。

第三，阿桂非常欣赏并信任海兰察。阿桂早在清缅战争时就跟海兰察有过接触，只不过阿桂那时候还不是总负责人。二平金川之战，阿桂当总帅了，海兰察带兵的人数一下子就涨到了8000人。对打仗历来贵精不贵多的清军而言，海兰察的部队是相当有规模的了。

最终，在阿桂的全盘指挥和海兰察的英勇作战下，二人打出了不少漂亮仗。在史书的各种记录中，海兰察都给人以神出鬼没的印象。比如，史书记载海兰察在大金川的作战情况是：

> （乾隆三十九年）二月，……海兰察出山后，自石罅跃登，搏贼酣战；……乃还取罗博瓦前山，……四月，贼乘雾雨于山坡立两碉，海兰察率兵毁之。……（乾隆四十年）六月，自荣噶尔博山梁攻巴占寨落，……八月，取隆斯得寨三，……九月，……海兰察绕至莫鲁古上，连夺噶克底、绰尔丹诸寨，又克西里山梁并科布曲诸碉。……十二月，……海兰察

---

① 赵尔巽等：《清史稿》卷三百十八，《列传一百五·阿桂》，中华书局，1977，第10745页。
② 昭梿：《啸亭杂录》卷九，《海超勇》，中华书局，1980，第282页。

冒枪石进，乘胜克索隆古、得木巴尔、们都斯诸寨。①

海兰察这些军事行动，不需要翻译，仅看文言文就能感受到他当时在金川地区到底有多么勇武和神鬼莫测。大、小金川土司全被他打蒙了。尤其是其中一场打喇穆喇穆山碉堡的战役，更能看出海兰察的水平。该碉堡的地势高而险，清军一开始从下仰攻，打不上去。海兰察就说：没事，我带着人夜里从峭壁爬上去直接破敌就好了。史书记载：

时海兰察等，所带各兵，先于半夜月出之前，鱼贯而上。不但并无人声，并将火绳藏起。从石壁陡滑处，官兵手足攀附而进，埋伏碉旁。黎明一涌而登，……砍开碉门，跃入碉内，将贼众尽行杀死。②

天蒙蒙亮，金川士兵刚一睁眼，一把大刀就在眼前劈下来了。

最终，以乾隆三十八年六月的木果木兵败为起点，直到乾隆四十一年（1776）二月，历时两年半，阿桂与海兰察彻底荡平了大、小金川。海兰察自乾隆三十二年踏上缅甸战场之后，近10年过去，他第一次感受到在战场上取得完全胜利的喜悦。这一年，他大概38岁。

胜利的喜讯传到京城之后，"章总"对海兰察的封赏又上了一个台阶，他封海兰察为一等超勇侯，还让海兰察第二次上榜紫光阁功臣。只不过比起19年前生擒巴雅尔，只排在第46位的那个小兵，如今的海兰察已经是在紫光阁高居第8位的名副其实的超勇侯爷了。

贵为一等超勇侯的海兰察，他此后的军事生涯是否就一直勇猛下去了

---

① 赵尔巽等：《清史稿》卷三百三十一，《列传一百十八·海兰察》，中华书局，1977，第10937—10940页。
② 见《清高宗实录》卷九百六十二，乾隆三十九年七月初八日。

呢？倒也没有，其中还是起了一些小的波澜。只不过，这些跟海兰察本人的关系并不大。

平定金川的5年后，乾隆四十六年（1781），甘肃爆发了苏四十三反清起义。

军情如火，眼看着起义军就要打进兰州了，乾隆急调海兰察火速带着京城健锐营火器兵到甘肃平叛。海兰察还是老样子，到了前线就暴揍了苏四十三一顿。结果，仗打得好好的，乾隆可能是觉得海兰察虽然能打，但为人有些高傲，脾气太火暴，且海兰察的汉语水平一般，担心只有他一个人在前线领兵不利于军队的团结，于是"章总"准备派两人过去督军。"章总"计划派阿桂过去当主帅，然后让和珅过去当副手——捞军功。结果，当时正赶上阿桂在黄河治水，再加上阿桂腿有旧疾，走慢了一步，和珅先行抵达了甘肃，给海兰察当了一个月的上司。

这一个月可把海兰察给恶心坏了。估计海兰察又会回想起自己多年以前被额勒登额和温福支配的恐惧。史书记载：

至则海兰察等已击贼胜之，（和珅）即督诸将分四路进兵，海兰察逼贼山梁，歼其伏。[1]

和珅刚到的时候，海兰察本来都打赢了，结果和珅一看，说不行，要换战术。和珅刚到的时候，海兰察还是很给面子的，也是听指挥的。和珅说进攻，海兰察就进攻，窜进山中就把起义军的伏兵都消灭了。可和大人接下来的操作，属实有些辣眼睛。

和珅看伏兵被歼灭了，就下令追击。但和珅这人，好心眼没有多少，

---

[1] 赵尔巽等：《清史稿》卷三百十九，《列传一百六·和珅》，中华书局，1977，第10753页。

坏心眼一堆。他的行兵布阵，按记载是：

十九日和珅带领官兵打仗时，第一排系旧教土兵，第二排系绿营兵丁，第三排系驻防满兵。①

和珅把士兵分成了三排行进，回族士兵在第一排，汉族士兵在第二排，满族士兵在最后一排。这不就是拿回族、汉族的士兵当炮灰吗？难道回族、汉族的士兵就不是人吗？仗打起来之后，回族和汉族士兵在军前溃散，原本是一场必胜局，和大人却给指挥成了送死局，大败亏输。敌人没杀多少，清军这边还死了个总兵。

这一仗打完之后，自海兰察以下，各级将军基本都不搭理和珅了。和珅下什么命令也没人听。因为和大人你的军事能力是零，一点回旋的余地都没有。最后，还是时年65岁的老阿桂拖着病腿，好不容易到了甘肃，这才上奏乾隆，把和珅轰走了。

和珅走之后，海兰察跟阿桂这对老搭档，没多久就平定了苏四十三起义。不过当时的西北也确实不太平，甘肃的苏四十三起义刚平定，仅仅过了三年，又爆发了石峰堡起义。

这次平叛活动成了海兰察生命中又一个重要节点。因为，海兰察迎来了自己军事生涯中的一位新领导——福康安。

福康安和海兰察之间，有两个需要我们注意的地方：第一，福康安的年纪比海兰察小。海兰察大概出生于乾隆四年，而福康安出生于乾隆十九年（1754），他比海兰察小15岁左右。放清朝，这种年龄差，都勉强算得上两代人了；第二，二平金川的时候，海兰察是福康安的上司，现在过去了十几年，两人的位置反转，变成福康安在上、海兰察在下了。

---

① 见《清高宗实录》卷一千一百三十一，乾隆四十六年五月二十日。

再加上海兰察是个除了乾隆和阿桂谁也不服的火暴脾气，福康安想管住海兰察还真不容易。这个时候，我们不得佩服福康安的器量。史志记载：

福康安事海兰察甚恭。故海兰察智意发舒，得以威棱绝域。①

虽然福康安职位更高，又是皇亲国戚，但他对海兰察始终特别恭敬。福康安很多时候都在哄着海兰察。对比这两个人的性格，一个宽宏勤谨，一个火暴勇猛，福康安的确更适合当帅，海兰察更适合为将。

最终，在福康安和海兰察的配合下，两人仅用时一个月左右就平定了石峰堡起义。然而对福康安和海兰察这对在乾隆朝后期军事领域的绝对王牌组合而言，平石峰堡这次军事行动，只能算是牛刀小试。两年后，乾隆五十一年（1786），台湾爆发林爽文反清起义。直到他俩赴台后才真正证明了什么叫"王炸组合"。

林爽文本身的军事指挥水平确实不俗，他带着起义军先后击败了台湾总兵柴大纪、福州将军恒瑞和闽浙总督常青三路人马，最后乾隆没办法，才调集了几万兵马，让福康安和海兰察一起到台湾去解决林爽文。

这一年是乾隆五十二年（1787），海兰察大概49岁。按理说，这时候的海兰察已是年近半百的老将了，但他打起仗来依旧生猛无比。有些猛人，一猛就是一辈子。清军登陆台湾之后还不太熟悉情况，于是，海兰察主动请缨，带着20位巴图鲁去考察地形。史书记载：

---

① 黄维翰：《黑水先民传》，黑龙江人民出版社，1986，第127页。

登岸后三日，（海兰察）率巴图鲁二十人至彰化八卦山察地势。[1]

海兰察带着这20位巴图鲁刚到八卦山，就发现起义军正在山上修筑防御工事。海兰察当即就决定：进攻！咱们这几位，打他们这群乌合之众足够了。起义军一看也很蒙，就这么点人也敢来？于是一拥而上，准备干掉海兰察小队。海兰察拉弯弓、射重箭，一箭一个，接连射死了好几个冲锋在前的，剩下的人一看情况不对，掉头就跑。于是，海兰察就带着20位巴图鲁漫山遍野地追杀。史书记载：

贼方于山上筑卡，海兰察跃马登，贼拥至，发箭殪数贼，余惊遁。[2]

就在海兰察拔得头筹之时，福康安也已筹划完毕，兵分几路开始攻打台湾各地。

最终，福康安和海兰察二人，十月登岸，转年正月就活捉了林爽文，平定了台湾全境。等战役胜利后，大抵年满五十的海兰察不但第三次位列紫光阁功臣，他本人的爵位也被乾隆特别褒奖，由此前的一等超勇侯升为了二等超勇公。

此时的海兰察已到了知天命的年纪，回首往事，他过去的这30来年，西北平准、南下征缅、战金川、平甘肃、收台湾，真可以称得上鞠躬尽瘁、戎马半生了。当年那个生活在呼伦贝尔乡下的放牛娃，此刻距离清朝为人臣子可取得的最高成就——一等公爵，只有一步之遥了。只要再打赢一场大仗，海兰察就能称得上人生圆满了。

---

[1] 赵尔巽等：《清史稿》卷三百三十一，《列传一百十八·海兰察》，中华书局，1977，第10941页。

[2] 同上。

老天终究待海兰察不薄，乾隆五十六年（1791），廓尔喀侵略西藏，乾隆"十全武功"的最后一场战争——平廓战争爆发。时年38岁的福康安和大概53岁的海兰察再次合作，同赴西藏。

不管是福康安还是海兰察，在面对廓尔喀军队时，都是相当谨慎的。二人于乾隆五十七年（1792）年初在拉萨会合，开始考察、分析地形，用了两三个月的时间，才拟定了正式的作战方案：以敌人的擦木碉寨为突破口，以济咙为决战方向，突袭廓尔喀。最终，乾隆五十七年五月初六的雨夜，清军正式开始行动。大概54岁的海兰察，也就此开启了自己人生最后一场巅峰之战。史书记载：

五月六日，乘夜雨，分五队，海兰察等居中，哲森保等由东西山趋贼寨，墨尔根保等绕出贼背。黎明，攻擦木山梁两石碉，克之，擒斩二百余人。①

打下擦木碉寨之后，海兰察便马不停蹄地赶赴下一个决战地点，

进至玛噶尔辖尔甲，济咙援贼三百据山力拒，海兰察趋进，马中枪，挥军奋击，尽歼之。②

一个五十好几的老将，在战场上真是拼了——马伤了也顾不上，今儿就是命不要了，也得干翻你们这群廓尔喀贼人！最后，海兰察就是这么坚韧地用自己的战斗意志，在青藏高原上硬抢下了一场胜利。

---

① 赵尔巽等：《清史稿》卷五百二十九，《列传三百十六·属国四·廓尔喀》，中华书局，1977，第14706页。
② 同上书，第14706–14707页。

时年82岁的"章总"在京城收到海兰察马伤仍力战的消息后，吓了一大跳，当即就把自己随身携带的一尊护身佛解下来，让人赶赴前线，赶紧给海兰察送过去。而且"章总"还专门下了一道圣旨：

海兰察与贼接战，马匹受伤，幸未颠蹶。实赖上天护佑，为之额手虔谢。特赏给行幸常佩护身佛一尊，以为诸事吉祥佳兆。海兰察临阵勇往，是其素性，但身为参赞，所关甚重，以后接仗时，固当督率士卒，鼓锐直前，然究宜加意持重，不可轻于冒险，此必当谨遵训诲也。[1]

可见"章总"还是很担心海兰察出事的。毕竟乾隆自己年纪也大了，80多岁的人了，海兰察年轻时在他身边当了10年的御前侍卫，乾隆是看着海兰察一步步从一个未及弱冠的少年，到如今成了一个征战沙场几十年的年过半百的老将。

所以，站在海兰察的视角，海兰察所想的大概是欲报君恩，才会如此舍生忘死吧。

清军当时在福康安和海兰察的带领下，仅用时5天半，就收复了西藏的全部失地。之后，他俩还带领大军，在"章总"的命令下翻越喜马拉雅山脉，奔袭廓尔喀本土。最终以7战6胜的战绩，直接把廓尔喀从一个侵略者，打成了乾隆朝最后一个藩属国。乾隆的"十全武功"，就此圆满。

平廓战争胜利后，乾隆也正式将海兰察加封为一等超勇公，并宣布要将海兰察的画像第4次列于紫光阁之中。海兰察就此达到了自己人生的巅峰。

有时候，一个人身上扛着事的时候，身体很强壮，似乎什么都能应

---

[1] 佚名：《清史列传》卷二十五，《大臣画一传档正编二十二·海兰察》，中华书局，1987，第1914页。

付，而等脑子里那根弦松下来，整个人就突然垮了。海兰察就是这样。一个月前还在西藏和廓尔喀战场上殊死鏖战的海兰察，从前线凯旋后，刚到京城，他的腿就突然出了问题，使不上劲了。出门的时候，甚至连马都骑不了。

如此便有些尴尬了。古代官场有一惯例——武官骑马，文官坐轿。在清朝，身为武将，是没资格坐轿子的。因此，武将要是腿不行了，骑不了马了，出行是非常不方便的。乾隆听说之后，立刻下旨说：没有那么多规矩！超勇公出生入死那么多年，凭什么不能坐轿子？就让超勇公坐轿子，朕准了。

向来武臣，无乘轿之例。海兰察在军前效力多年，腿有宿疾。着格外施恩，赏令乘轿。[①]

然而，自古名将难见白头。海兰察的腿不行了，乾隆还能赐轿子，可很快，海兰察便一病不起了，乾隆几次安排御医诊治，或让御医直接守在海兰察家中，但还是没能救回海兰察。最终，英勇了一辈子的海兰察，在平廓战争得胜还朝后，未及一个月就在家中病逝了，享年大概55岁。乾隆亲赐谥号——武壮。

那时，清朝还有项规定，武将死后有机会进一个荣誉至高的祠堂，叫昭忠祠。而这个祠堂，按规定只供奉战死沙场的将军，不供奉在家病逝的武官。但乾隆还是下旨，说海兰察不一样，海兰察虽没死在战场上，但他依然是最有资格进昭忠祠的。最后，终乾隆一朝，整整60年，在昭忠祠中，未战死沙场却仍得以享受香火的，只有海兰察一人。

之后，时年83岁的"章总"亲自为海兰察写了一篇长约500字的祭祀碑

[①] 见《清高宗实录》卷一千四百二十二，乾隆五十八年二月初四日。

229

文,其中的一段是这样写的:

> 尔御前大臣、领侍卫内大臣、正白旗蒙古都统、一等超勇公武壮海兰察,戎行奋迹,宿卫宣劳。勇略超伦,巴图鲁早膺荣号;功牌叙职,骑都尉更予世恩。尔乃大漠扬威,将厄鲁特王巴雅尔首功一矢,金川赞画噶喇依扫穴两甄。歼螳臂于石峰,奠鲲身于台海。……顷当小丑之优边,仍副元戎而安藏。桥通热索,埋根连七战之勋;路越雍鸦,褫魄乞同巢之命。佐威棱而树帜,维汝同同,晋高等于执桓,予将将。归歌雨雪,载车骑以迅驰;劳轸星霜,许肩舆以优养。方殷毗倚,何意沦徂。谕奠初颁,祠列昭忠。……弓矢冠虎贲之列,乘我武于十全;丹青炳麟阁之勋,图汝形者四次。勇将更兼于福将,百战功名;知人方足以任人,一心驾驭。年犹未老,听鼓鼙思将帅之臣;礼亦从宜,区文武准贤良之报。歆兹奠醊,慰尔英灵,绥兹吉兆,贻尔后昆。①

---

① 盛昱:《雪屐寻碑录》卷十六,《辽海丛书》第81册,第9页。

章佳·阿桂

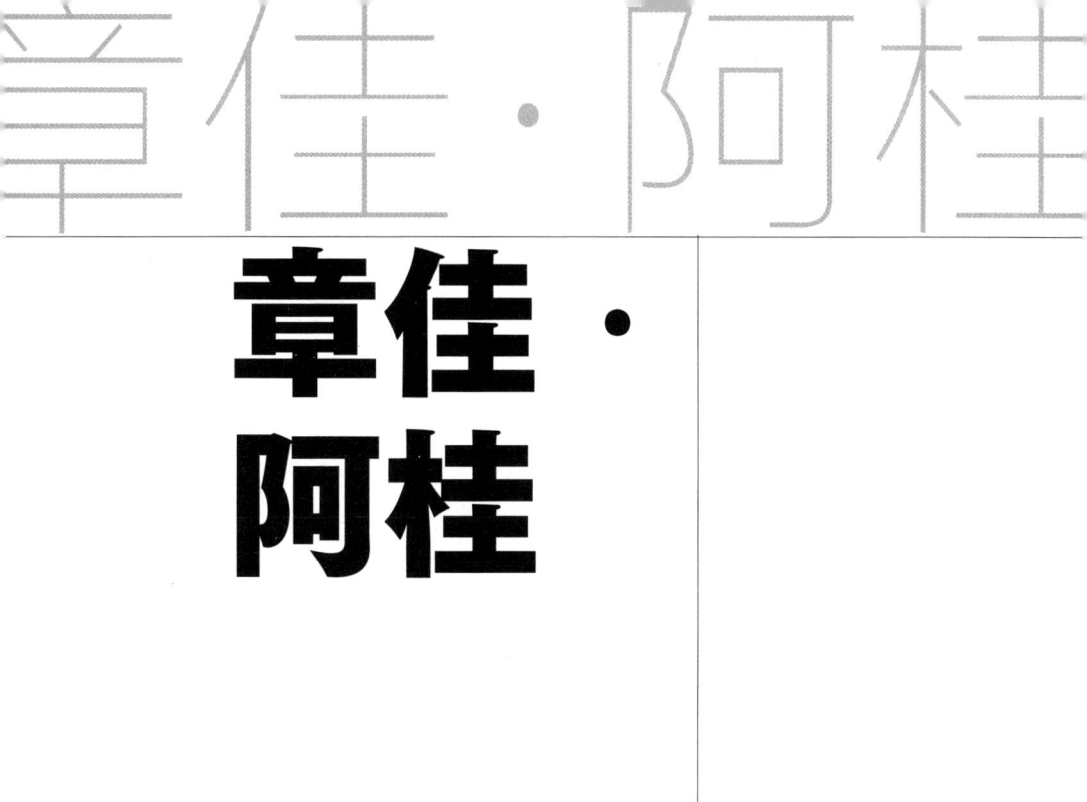

四绘紫光的台阁儒将

章佳·阿桂，乾隆朝中后期的核心大臣。文治方面，吏、户、礼、兵、刑、工六部，阿桂担任过其中五部的尚书，且阿桂还以首席大军机的身份兼管过刑部；军事方面，乾隆帝四绘紫光阁功臣图，阿桂每次都榜上有名。按说，出将入相，阿桂的一生已位极人臣，可临终前，他仍认为自己有一大遗憾——未能看到嘉庆帝亲政。我们很难说这是不是阿桂在表达对乾隆朝晚期官场现状的失望。

他是乾隆朝最后一位首席军机大臣，并且在军机处压制了和珅整整17年。

阿桂的知名度也许不如和珅、纪晓岚、刘墉等人，但阿桂却是乾隆朝晚期政坛上最不能忽略的一名官员。因为乾隆的"十全武功"中，阿桂一个人就参与了其中的9次。以至于到今天，人们在谈论乾隆朝的军事将领并为他们排名时，阿桂都是稳稳排在前三的一代名帅。

在乾隆朝晚年的政坛与军界都有着极大影响力的阿桂，他究竟是如何崛起与成长的呢？以阿桂的地位，为什么没能在乾隆朝晚期扭转和珅制造的腐败局面呢？

阿桂出将入相的一生，是黯然含恨的。

儒家教化的开局

阿桂生于康熙五十六年（1717），满洲正白旗人，章佳氏。

尽管阿桂后来是以军事闻名天下的，但他的童年是在四书五经中度过的。而且，阿桂这一辈子的行事做派都有着非常浓厚的儒士色彩。究其原因，是因为他有着一位特殊的父亲——满洲学霸阿克敦，这是康、雍、乾三朝文化水平最高的满洲人之一。阿克敦出生于康熙二十四年（1685），从小热衷儒家经典。用他自己的话来说：

历四时而无间寒暄，破万卷而常存心目，晨夕不懈其精勤，晦明每感夫幽独。①

阿克敦写下的这几句话，不管是阅读的节奏感，还是思想境界，都相当不俗。

而且阿克敦写八股文的水平也很高。康熙四十八年（1709），阿克敦年仅25岁，就以二甲第八名，全国第11名的成绩考中了进士，并在之后一路升官，曾任翰林院掌院学士、国子监祭酒和刑部尚书。

有这样一位学霸父亲，阿桂的童年生活可就非常精彩、严酷了。阿桂读书的那段日子，刚好就是阿克敦在翰林院和国子监当长官的时候。在那段时间里，阿克敦的生活状态就是每天上班先看一遍全国顶尖的读书天才都是什么样的，然后下班回家看看阿桂在家读书的样子。于是，阿桂只要犯一点错，就会被阿克敦训斥一番。

有一次，阿克敦回家问了阿桂一个问题，阿桂的回答让阿克敦不满意。接下来怎么了？史书的记载是：

阿克敦怒，索杖，阿桂惶恐求教。②

阿克敦寻棍子就要打，吓得阿桂赶紧求救。

棍棒教育当然是不太可取的，阿克敦能把阿桂教育成才，不是因为他管得严，而是因为他是翰林院掌院学士兼国子监祭酒，他的学问、才华、社会地位是一等一的，所以即便他偶尔动用暴力去教育阿桂，阿桂也会

---

① 阿克敦、那彦成：《德荫堂集》卷一，《赋》，嘉庆二十一年刻本，第7页a。
② 赵尔巽等：《清史稿》卷三百三，《列传九十·阿克敦》，中华书局，1977，第10480页。

产生一定的认同感。毕竟阿克敦是一位学富五车、如山一般伟岸的父亲。

更关键的在于，阿桂本来就是个好孩子。史书记载：

(阿桂)幼而沉静端重，性警敏，好读书。①

阿桂从小就既安静庄重，又机敏好学。而且，他也是真的喜欢读书。

在清朝，像阿桂这种满洲高级官员的孩子有两种当官方式：一、通过考试，也就是考科举来当官；二、直接荫袭一个官位。

阿桂在乾隆元年（1736）考中秀才，当年就凭借着阿克敦的官位荫袭了正六品的大理寺寺正的官职。但阿桂也挺有志气——自己读了那么多年的书，挨了那么多年的打，若最后只考个秀才，然后靠家里的关系当的官，这就太丢人了。

于是，20岁的阿桂一边在大理寺上班，一边自己默默地复习。两年后，乾隆三年（1738），22岁的阿桂考了个举人回来。天才如纪晓岚也是24岁才考中的举人。对比一下，阿桂，满洲人，22岁中举，阿桂的读书天赋真是令人羡慕。在中举后的第二年，阿桂升官了，升为兵部主事。这一年是乾隆四年（1739），阿桂23岁。

之后，阿桂也就没再参加过科举考试了。一是因为他已经当官了，学历没那么重要；二是因为他的举人身份在满洲官员中已经算是很夺目的存在了。接下来，阿桂就把自己的精力全都放在工作上了。阿桂在工作中非常认真，史书记载：

阿文成公桂承家教，进止温恭，起居有常处。每朝，先五鼓起，入禁

---

① 张维屏编撰《国朝诗人征略（初编）》卷二十九，《阿桂》，中山大学出版社，2004，第427页。

廷，坐直房待旦，不假寐，……有奏稿，必亲阅，……其画诺至恭慎，每署日稿尾，虽遇仓猝，运末笔如有力千钧。[1]

阿桂的家教很好，他上班不但从不迟到、早退，还从不"摸鱼"。在单位不管办什么事，阿桂都非常认真。

阿桂如此努力工作，那接下来的故事走向，应该是阿桂勤勉工作，未来升职加薪？恰恰相反。工作异常努力的阿桂在乾隆八年（1743）升为郎中后，之后几年便一级官也没有升，一直都是一个五品的六部郎官。唯一的变化就是，阿桂例行调动到了户部。

能干的阿桂怎么就升不了官呢？可能有两点原因：一是因为阿桂太能干了，他升官了，谁来干活呢？二是因为阿桂的政治背景出了一些问题。大家可能不了解，在乾隆朝初期，阿桂一度被人们当成张廷玉集团的人。史书记载：

张文和公廷玉与阿文勤公克敦最相得，文勤子文成公桂初在朝列，文和视之如子弟。[2]

张廷玉和阿克敦当年在翰林院就是老搭档，关系一直很好。所以，阿桂刚当官的时候，张廷玉对阿桂就像对亲儿子一样好。因此，鉴于乾隆朝初期"章总"对张廷玉的打压，中间派官员们看待阿桂时很可能戴上了有色眼镜。

而立之年的阿桂，他会怎么突破这段瓶颈期呢？答案是，凭借着一次

---

[1] 徐珂编撰《清稗类钞》（第七册），《阿文成勤慎》，中华书局，2010，第3148页。
[2] 同上书，第六册，《张文和赠阿文成言》，第2677页。

意外的错误。

事情发生在乾隆十三年（1748）初，当时正处于一平金川战争期间。一平金川这场战争一共分为两个阶段：第一阶段，张广泗久战无功，改由讷亲领兵，但因为后者和张广泗在前线闹了矛盾，产生内讧，清军打输了；第二阶段，由傅恒领兵，最终打赢了。

阿桂恰好在第一阶段被派去前线当文书了。就在讷亲和张广泗两人明争暗斗的时候，阿桂旗帜鲜明地支持了张广泗。阿桂的站队理由很好理解：讷亲地位高，但不懂军事；张广泗虽然地位低，但常年带兵，显然比讷亲更懂打仗。

阿桂支持张广泗也无可厚非，可问题是，主将打架，轮得着你一个前线的文书插嘴吗？结果就是，仗打输了，讷亲和张广泗一起被问罪，而32岁的阿桂也因破坏领导团结被扔进了大牢。

然而阿桂在大牢只待了不到半年就被放出来了。原因在于，当时的刑部尚书正是阿克敦，而且阿克敦已64岁了，只有阿桂这么一个儿子。于是，乾隆决定法外开恩，释放阿桂，毕竟不能让阿克敦这种满人高官绝后，不然将来谁还会给你卖命呢？

可乾隆也不能随便放人，怎么也得找个冠冕堂皇的理由，于是他就派人了解了一下阿桂过去的日常工作。之后，"章总"得出了一个结论：

（阿桂）向在司员中，办事犹知黾勉。①

纵观阿桂过去的工作，他还是非常勤勉能干的，放了他吧。

阿桂遭此大难，被重新起用之后的心态却非常好，工作依然是不迟到、不早退、不"摸鱼"，非常勤勉。过去他是什么样，现在还是什么

---

① 见《清高宗实录》卷三百六十三，乾隆十五年四月二十日。

样。此时，工作虽然还是同样的工作，但有些东西不一样了。区别就在于，阿桂过去努力工作，只有自己的上司能看到；而现在，阿桂努力工作，乾隆也在关注着，毕竟"章总"是很好面子的，他也怕自己法外开恩却释放了一个不靠谱的人。

人在职场里偶尔犯一次错误太正常了，这根本算不了什么，天塌不下来，关键还是看犯了错之后，你能不能向领导证明自己依然是个靠谱的人。

阿桂在一平金川战场犯了小错误之后，得到了乾隆的关注，然后凭借着过硬的日常表现，开始平步青云。乾隆十五年（1750）被重新起用后，短短几年时间，阿桂先后出任了吏部郎中、江西按察使、内阁侍读学士兼户部银库郎中，在乾隆二十年（1755）升为从二品的内阁学士。这一年，阿桂39岁。

此时年近四十的阿桂不但地位日渐稳固，官声也很好。在阿桂出任江西按察使，主管一省司法的期间，史书记载：

用法贵乎明慎，决狱专忌淹留。[1]

阿桂判案子严谨审慎，从不拖延。能臣干吏的形象跃然纸上。

乾隆二十年时，阿桂已经都39岁了，他仍是个文官。之后阿桂到底又经历了什么，才在人生的下半场突然成了一位征战四方的将军呢？

---

[1] 钱仪吉：《碑传集》卷二十八，《乾隆朝宰辅下·太子太保武英殿大学士一等诚谋英勇公谥文成公阿桂行状》，中华书局，1993，第921页。

半路出家的名将

年近四十还没有任何值得炫耀的军事履历的阿桂,之后因为参与了两场战争被塑造成一个在军界威望非常高的人。这两场战争就是乾隆二十年爆发的平准战争和乾隆二十二年(1757)爆发的平回战争。

乾隆二十年,"章总"瞅准准噶尔发生内讧的时机,在傅恒的支持下发动了平准战争。但本次战争有一个难点——深入准噶尔之后,由于地形、军情的复杂,后勤补给的难度一下子就升高了。时年39岁的阿桂临危受命,被乾隆派往乌里雅苏台,全权负责清军的军报传递以及辅助粮草运输。

由此可见,在乾隆心里,阿桂的办事能力是靠得住的。阿桂去准噶尔后,办事办得怎么样呢?用当时身在前线的蒙古亲王成衮扎布的话来说就是:

公遇事奋勉。[①]

阿桂做每一件事都非常努力,而且效果也很好。

乾隆二十一年(1756)正月,阿桂到前线刚待半年,父亲阿克敦就在京城病逝了。阿桂回京奔丧没多久,前线就打报告给乾隆,说赶紧让阿桂大人回来,他再不回来,乌里雅苏台就乱套了。"章总"即刻下令夺情,意思是阿桂你别在家守孝了,赶紧上前线吧,就当是舍小家为大家了。阿桂二话没说,摘了孝帽,奔赴前线。

[①] 李元度编纂《国朝先正事略》卷十八,《阿文成公事略》,岳麓书社,2008,第569页。

这回上前线，阿桂就不只是管后勤了。在成衮扎布的推荐下，阿桂升级为军中的参赞大臣，成了前线参谋长。

如果说平准战争让阿桂实现了从后勤主管到军事参谋的转变，那么平回战争则让阿桂完成了从军事参谋到前线指挥的转变。

乾隆二十二年，平准战争胜利后，清廷基本收复了新疆北部。然而在天山南麓，大、小和卓兄弟所在的回部掀起了叛乱。翌年，"章总"下令：前线的军队不准后撤，直接南下，镇压大、小和卓，力争一举收复新疆的全部领土。

清军主将是乾隆朝早期的神将——吴雅·兆惠，而阿桂则跟着副将富德参与了本次战争。虽然硬仗基本都让兆惠打了，但阿桂依然在平回战争的一次关键战役里展现了自己的勇武。

那就是乾隆二十四年（1759）七月的阿尔楚尔之战。

当时阿尔楚尔的情况十分胶着，按史书记载：

贼众甚盛，横亘数里，官军方力斗，未分胜负。[1]

敌人强劲，清军久攻难下。关键时刻，半辈子都在舞文弄墨的时年43岁的阿桂站出来说：我来露一手吧！接着，阿桂就展示了什么叫"老夫聊发少年狂"。据记载：

公亲率勇锐数百人，由山麓绕出其右冲击之，贼遂溃乱。[2]

---

[1] 钱仪吉：《碑传集》卷二十八，《乾隆朝宰辅下·太子太保武英殿大学士一等诚谋英勇公谥文成公阿桂行状》，中华书局，1993，第922页。

[2] 同上。

阿桂亲自领兵上阵冲锋，身先士卒。最终，阿桂领着这数百人打出的战果是：

阵斩贼众千余人，生擒五十余人，获炮蠹器械牲只无算。①

霎时间，军队各方将领对阿桂都非常服气，虽说人家之前一直是个读书人，但现在也是跟咱们一起刀尖舔过血的兄弟了。关键是，这仗打得着实漂亮。

如果说阿尔楚尔之战只是让将领们服气的话，阿桂后来取得的成绩，就彻底让周围所有人都高看他一眼了。

到了乾隆二十四年八月，前线的将士好不容易取得平回战争的胜利，收复新疆全境之后，居然有许多大臣建议弃守新疆，不要在新疆驻兵：

诸大臣皆谓地方辽远，沙漠居多，……马匹羊群消耗殆尽，难以为驻守计。②

新疆太大，沙漠太多，补给太难，驻兵也是白费力气，倒不如接着让当地人自治。

这就是在开玩笑了。要是仗没打，对方直接投降，没准还可以允许其高度自治；刚刚平定的是叛乱，叛军另立政权，前线将士流血、流汗，好不容易打赢了，怎么可能允许新疆高度自治呢？将士的血白流了吗？

前线总指挥兆惠异常愤怒，表示必须要在新疆驻兵，补给若是跟不

---

① 白新良：《清史纪事本末》，第五卷（乾隆朝），上海大学出版社，2006，第1670页。
② 钱仪吉：《碑传集》卷二十八，《乾隆朝宰辅下·太子太保武英殿大学士一等诚谋英勇公谥文成公阿桂行状》，中华书局，1993，第922页。

上，就屯田。要收复，就必须彻底收复，没有中间道路可言。

然而屯田驻兵虽然好，可有一个无法回避的问题是，新疆的沙漠的确很多，如何完成屯田选址，如何分配人员，如何筹备农具、运输粮食以及安抚民众都是问题，前线打仗的将军们还真就拿不出合理方案。

这个时候，阿桂站了出来——将军们放心，交给我。阿桂当年在户部跟钱打交道，在江西按察使任上跟老百姓打交道，到了乌里雅苏台跟军情文件打交道，如今到了军营，又开始跟士兵打交道。屯田驻兵，这事有阿桂准行。

于是，阿桂正式上书乾隆，表示自己愿意尝试在新疆驻兵屯田。屯田本就是个辛苦事，而且屯田地在新疆，远在西北、风吹日晒，是个费力不讨好的差使。现在居然有人主动请缨，"章总"没有一丝犹豫，立刻批准了阿桂的屯田计划。

阿桂先是在伊犁河附近尝试为屯田选址，然后又找匠人指导当地居民发展手工业，推动农具制造；阿桂甚至搞了求雨的祭祀典礼，传播了中原文化。在别的将领都陆续撤离，回京接受封赏的时候，阿桂还留在新疆，领着士兵屯田。

最终，阿桂从乾隆二十四年九月待到了乾隆二十八年（1763）正月，在新疆整整种了快4年的地，开垦出了一片又一片良田。史书记载：

前后垦辟十数万亩，边民永无馈饷之劳。[1]

阿桂做的这件事不仅仅帮助中央加强了对地方的管理，同样也改善了新疆当地人的生活。种地的收入比放牧的要稳定许多。以至于后来在新疆

---

[1] 见王庆云：《熙朝纪政》卷四，《纪屯田》；转引自邓之诚：《中华二千年史》卷五，《明清下（第二分册）》，东方出版社，2013，第233页。

伊犁的惠远城中，在相当长的一段时间里都设有一个祠堂，堂里供着阿桂的塑像，香火非常旺盛。

不仅新疆的百姓感念阿桂的功绩，"章总"也始终都记得阿桂。阿桂在新疆种地的那些年，"章总"从京城送来的封赏从未停过。乾隆二十五年（1760）年底，"章总"在京城紫光阁绘了阿桂的画像，这是荣誉。乾隆二十六年（1761），"章总"升阿桂为内大臣兼工部尚书，这是官位上的封赏。接着，乾隆二十七年（1762）十月，"章总"又送了阿桂一个骑都尉的世袭职位。

而在乾隆二十八年，新疆屯田大功告成，47岁的阿桂从新疆返京之后，乾隆的封赏就更多了。他先是让阿桂进了军机处当军机大臣；接着又许阿桂在紫禁城骑马，还给阿桂全家都抬了旗，并且给阿桂加封了太子太保的荣衔。

"章总"此时展现了一位好领导该具备的素质。当下属做出业绩的时候，"章总"也许会炫耀一下自己的英明神武、用人有方，但他绝不会亏待这些努力工作的下属。卸磨杀驴这件事在"章总"身上是很少发生的。阿桂本人的口碑也在此次屯田之后达到了一个新的高度——毕竟这是一件既辛苦又考验能力，并且于国于民都是功在千秋的好事。

而后发生的一件事，则让人们对阿桂的认识又上了一个新台阶。

这件事就是乾隆三十年（1765）的新疆乌什事变。这件事的起因说起来也简单，阿桂走后，新疆的当地官员盘剥、欺凌人民，民众造反了。只不过，造反的几乎都是当地的少数民族，乾隆很生气，觉得这些人太不老实了。于是，"章总"想起老祖宗解决民族矛盾的"看家本领"了：

若抗拒如前，仍尽行剿杀。[1]

---

[1] 见《清高宗实录》卷七百三十三，乾隆三十年三月二十七日。

若不知好歹，一个不留，全杀了。

然后乾隆就派阿桂去新疆执行这项命令。阿桂是怎么做的呢？乾隆让阿桂杀造反的百姓，可阿桂到了前线，先把当地的官员给杀了。接着，阿桂和另一将领开始进攻叛军，把叛军堵进城中，断水断粮后就围而不攻了。乾隆几次下旨强攻，阿桂和另外一个将领都只是象征性地打一打。最后，围城围了小半年，城中百姓实在饿得不行，全投降了。按乾隆的命令，这些百姓都是该杀的，因为他们负隅顽抗到了最后一刻。而阿桂仅仅把领头造反的人杀了，其余人都让手下送去伊犁种地了。

乾隆在京城收到奏报，雷霆震怒——朕派你们去是让你们速战速决，维护中央权威，你们没能速胜，靠围城取胜就够丢人的了，你们还让他们去种地？这不是让新疆各部落笑话中央的软弱吗？于是，乾隆下令处罚阿桂和另一将领。其处罚也特别有趣。当时跟阿桂一起办这事的将领就是傅恒的侄子明瑞，这也是乾隆朝的一员名将。实际上，是他跟阿桂合伙决定放人的。"章总"给他二人的处罚是：

今伊等既从事姑息，着将送往伊犁人等，即交二人养赡。……所有官兵来往资粮，着伊二人偿补。[①]

这些造反分子，你二人不是抗旨不杀吗？那这些人就由你们养着吧，他们去伊犁的路费、押送官兵的生活费也都由你们掏！朕是不会出一分钱的！显然，"章总"的处罚已是高举轻放了。

从乌什事变的处理上，我们也能看出阿桂的为人。比起大多数政治家算计人心的冰冷和许多军事家服从命令的冷酷，阿桂的内心多了那么一丝文人的温柔。

---

① 见《清高宗实录》卷七百四十五，乾隆三十年九月十八日。

就在乌什事变结束的当年，另外一件几乎动摇大清国本的战争爆发了。由于缅甸频繁骚扰云南边境，乾隆决定发动清缅战争。这场战争成了乾隆朝的名将焚场。一场清缅战争，明瑞、傅恒、阿桂、阿里衮等乾隆朝当时最拿得出手的统帅和猛将，几乎都投身进去了。

清缅战争从乾隆二十七年打到了乾隆三十四年（1769）年底，乾隆三十五年（1770）年初正式停战，这七八年打下来之后，明瑞战死，阿里衮病逝，傅恒染疾且回京后不治身亡。最终，这场战争以缅甸投降、双方握手言和为结局而告终，可让人尴尬的是，这场战争结束后，乾隆忽然发现，自己手里能打仗的主帅好像就只剩下快要54岁的老阿桂了。

然而，没过几年，四川的金川地区爆发了二次叛乱。要不要打金川？谁来打金川？这都成了乾隆必须做出的抉择。

阿桂的命运，又将因乾隆的抉择发生怎样的转变呢？

功成名就的遗憾

面对金川叛乱，"章总"出兵的压力是很大的，时任首席军机大臣的刘统勋就曾强烈反对。但乾隆还是力排众议、乾纲独断，发动了二平金川的战争。当时，乾隆安排了一西一南两路大军，承担主力任务的西路军由大学士温福指挥，负责辅助的南路军则由阿桂指挥。

乾隆想培养温福成为新一代统帅，只可惜温福并不争气。前文提过，在二平金川的过程中，温福先胜后败，在早期基本推平小金川的情况下，骄傲自满，最终在木果木被突袭，不但丢了此前拿下的小金川的全部领地，温福本人也兵败身死。木果木一役，清军将士一次性阵亡3000多人，损失粮食1.7万余石、白银5万余两、火药7万余斤等，堪称乾隆执政以来清军输得最惨的一场战役。

此战过后，西路军的残兵败将恍若惊弓之鸟。当时，阿桂带领的南路军接收西路军的残余力量之后，史书记载：

> 兵方安眠，适有持铜匜沃水者，误落于地，有声铿然，溃兵即惊曰："追者至矣！"因群起东走，势不可遏，其丧胆也若此。①

这群残兵败将，全都被吓破了胆。

面对如此狼狈的士兵，从军事的角度看，这仗一定打不赢了。可从政治的角度看，到了这个时候，二平金川对清廷而言就是一场一定要打赢的仗。按刘统勋的分析：中央打地方，没打的时候可以不打；可一旦开打，就必须打赢才能收手，否则中央以后就没有任何威信可言。时年63岁的"章总"没办法，只能将整场战争的压力都转移给阿桂。

这一年是乾隆三十八年（1773），阿桂57岁。说起来，从39岁正式上战场到这个时候，阿桂也算是南征北战近20年的老将了。阿桂的作战思路很明确，首先是整顿士气。史书记载：

> 阿文成公收兵养锐。②

阿桂挂帅后，清军经过了足足两年的严肃整顿。仗可以先不打，丢失的土地可以先不管，但所有士兵的脑子都必须先训练清醒。

再而是挖掘人才。兵熊熊一个，将熊熊一窝。阿桂整军期间始终在做

---

① 昭梿：《啸亭杂录》卷七，《木果木之败》，中华书局，1980，第217页。
② 同上。

的一件事就是选拔将领。而阿桂识人、用人的能力在此战中也得到了印证。清缅战争后，乾隆朝名将凋零，而阿桂带兵两三年后，清军忽然之间又变得猛将如雨了。海兰察、福康安、奎林、成德、许世亨等人几乎都是跟着阿桂打金川时崛起，进而成了一代名将的。

阿桂在挖掘人才时，全都进行了鼓励式培养。阿桂跟成德说过：

裨将中知兵者，惟成某一人而已。①

咱们军营之中，要说懂兵法的，那就只有成将军你呀！这边刚夸完成德，阿桂转头就跟许世亨说：

武臣中识大义者，惟许某一人而已。②

咱们军营之中，懂兵法的先不提，可要说谁的觉悟最高、最知大义，那非许将军莫属！

总之，阿桂手下，谁要是打仗卖力气、动脑子，而且能打赢，阿桂就会玩命夸谁。不仅夸你，还立刻写奏折保举你。于是，帐中将军们看阿桂都特别顺眼。史书记载：

其拔擢人才，或于散僚卒伍以一二语赏识，即登荐牍，故人皆乐为之用。……其成功者，或奖以数语，或赏以糕果，而其人感激终身，甘与效死。③

---

① 昭梿：《啸亭杂录》卷七，《成将军》，中华书局，1980，第185-186页。
② 同上书，卷二，《许壮烈》，第420页。
③ 同上书，卷二，《阿文成公用人》，第56-57页。

等终于搞定了士兵和将军之后，阿桂就开始进攻大、小金川了。阿桂的进攻战术，简单来说就是守正出奇。守正是确保后勤粮草稳定；出奇则是阿桂在前线指挥时，夜战、雨战、绕后夹击、攀崖突袭等大胆操作层出不穷。最后，正是这些看似危险、花哨的作战方式在执行下来之后令清军节节胜利。

以至于名将海兰察，这个相当桀骜不驯的人后来公开表示说：

近日大臣中知兵者，惟阿公一人而已，某安敢不为其下？其余皆畏懦之夫。①

如今这些大臣中，除了阿桂大人，哪还有懂兵法的啊！可我们都知道，一个人再懂兵法，他的兵力部署和战术指挥都一定得建立在大量的情报分析和地形考察之上。所以，我们翻阅史书时，经常能看到阿桂一个人在军营中挑灯夜读、分析军情的记载。

以至于"章总"都忍不住专门写诗来表扬阿桂：

掌握师行抡俊豪，事无巨细一心操。
功成九仞尤应慎，志洽诸军实所褒。
探路欲因乘怠隙，攻碉直可压危挠。
我居避暑原无暑，卿效贤劳真是劳。②

乾隆的这首诗相当有史学价值。通常情况下，诗歌的文学价值高于史学价

---

① 昭梿：《啸亭杂录》卷九，《海超勇》，中华书局，1980，第282页。
② 弘历：《书扇赐将军阿桂六韵》，见《御制诗四集》卷三十二，四库全书，第7页。

值,而乾隆这首具有白描风格的诗,情况可能就刚好相反——虽不是脍炙人口的佳作,但它颇具细节地描写了阿桂行军打仗种种胜利背后的辛劳与努力,给二平金川的相关史料以印证。

最终,在阿桂的指挥下,一年多的时间里,清军取得的大小战斗胜利数不胜数。到乾隆四十一年(1776)年初,阿桂不但带领清军完成了在木果木战役后的彻底翻盘,荡平了大、小金川全境,还给乾隆带出了一支货真价实的百战之师。收到捷报的乾隆无比激动地表示:

此次平定金川,实皆阿桂一人功绩![1]

二平金川的功劳都是阿桂一个人的!乾隆封阿桂为头等诚谋英勇公,赏四团龙补褂,升吏部尚书,绘紫光阁功臣像,阿桂位居榜首。阿桂一时风光无两,而且转头望去,当时清朝的各路将领几乎都是阿桂带过的兵。

大概4年之后,乾隆四十四年十二月(1780年初)于敏中死后,阿桂接任首席大军机,成了当之无愧的百官之首,出将入相。此时的阿桂到达了人生的顶峰,说一句功成名就毫不过分。

可他的晚年过得很舒服吗?并没有。因为乾隆尽管信任阿桂,但他不喜欢阿桂。阿桂虽然很忠诚,但他有自己的价值观,他并不始终跟着乾隆的思路走,当初阿桂对乌什事变的处理就是一个典型的例子。

于是,当阿桂坐上首席大军机之位的时候,"章总"也在重用另一个人,那就是时任户部尚书兼军机大臣的和珅。

而且当时乾隆对和珅的偏爱真是毫不掩饰。乾隆四十六年(1781)爆发了苏四十三起义,当时乾隆派阿桂与和珅一起去平叛。其实,乾隆想给和珅捞一点军功。然后,和珅比阿桂早到了一步,他立功心切,想趁着阿

---

[1] 见《清高宗实录》卷一千二,乾隆四十一年二月十二日。

桂没来，自己把这仗打赢了。史书记载：

> 和固自负其才，欲于公至前先时驱灭，乃刻期进师，卒为所败。①

和珅一通瞎指挥，仗非但没赢，反而损兵折将，打了个大败亏输。可最终，乾隆非但没有处罚和珅，反而把和珅叫回京城让他兼管兵部。意思就是：前线指挥不行，那就负责后勤工作。

65岁的老阿桂累死累活地把仗打赢了，分军功时，和珅竟因为调配粮草有功得到了表彰。之后，阿桂对和珅就进入了一种既看和珅极其不顺眼，又拿和珅毫无办法的状态。毕竟，和大人有天子撑腰。以致当时朝鲜使者到京时都感慨：

> 户部尚书和珅，贵幸用事。阁老阿桂之属，充位而已。②

阿桂这个首席军机大臣，在朝堂上恐怕只是个摆设。而且，乾隆在晚年为了协调阿桂与和珅之间的矛盾及制衡二人，经常让阿桂外出督修河塘。然而阿桂越督修，就越恨和珅。这倒不是说阿桂觉得累，因自己不能在京中歇着心生怨恨，而是阿桂修河修得越多，越能体会到和珅的祸国殃民。

乾隆朝后期，各地水灾不断。究其源头，在于以和珅为中心的官僚系统过于贪腐，没有好好兴修防洪工程。用嘉庆的话来说就是：

> 偶遇各处河道有应行挑挖者，该管官自必告知和珅。而彼时每值大雨

---

① 昭梿：《啸亭杂录》卷十，《阿文成公用兵》，中华书局，1980，第331页。
② 吴晗辑《朝鲜李朝实录中的中国史料》（下编），《李朝实录》卷十，《正宗一》，中华书局，1980，第4700页。

时行之际，……和珅遂尔置之不办，以致年复一年总未疏浚。是河道淤垫，皆因和珅废弛所致。[1]

可阿桂再怨恨和珅又能有什么办法吗？没办法，因为有乾隆在，和珅就不可能倒台。到了嘉庆元年（1796），乾隆都成太上皇了，此时80岁的阿桂仍然坚持不退休，始终占着首席军机大臣的位置，他还同周围的人说过这样一番话：

我年八十，可死！位将相，恩遇无比，可死！子若孙皆已佐部务，无所不足，可死！忍死以待者，实欲俟皇上亲政。犬马之意，得一上达，如是死乃不恨。[2]

于公于私，我死了都没什么遗憾，我现在苦撑着，就是想看到嘉庆皇帝亲政后杀了和珅、肃清朝纲，方如此我才能瞑目啊！

阿桂说这话，除了盼着和珅死之外，多少也盼着乾隆死了。只可惜，谁的死阿桂也没盼来。嘉庆二年（1797），阿桂病逝，终年81岁。他到死，也没能看到和珅倒台的那一天。

阿桂死后，和珅只手遮天。

阿桂死后一年多，乾隆驾崩，和珅被抄家、赐死。比起晚年间忙于吃喝玩乐、生活奢靡无度的乾隆与和珅这对君臣，史书对阿桂去世后的宅第的记载却是：

---

[1] 见《清仁宗实录》卷八十五，嘉庆六年七月二十一日。
[2] 洪亮吉：《洪亮吉集》卷第四，《书文成公阿桂遗事》，中华书局，2001，第1028页。

其厅第湫隘，居然儒素，较之当时权贵万厦巍然者，薰莸自别。①

阿桂的家非常清贫、残破，完全不同于当时的权贵之家。

也许，阿桂没能改变那个朝堂，但他至少没被那个朝堂改变。阿桂虽带着遗憾死去了，但今人去新疆游玩，到伊犁将军府参观时，仍会听到周围有人赞颂阿桂的功绩；而和珅，往后再过一万年，也改变不了他贪官的身份。

历史本就是一种记忆。

---

① 昭梿：《啸亭杂录》卷二，《阿文成公用人》，中华书局，1980，第57页。

舒穆鲁·舒赫德

三落三起的满洲门面

舒穆禄·舒赫德，乾隆朝中期满洲勋贵的中流砥柱。舒赫德曾救一等武毅谋勇公兆惠于水火，也曾迎土尔扈特部落归故土。然而，政绩突出、能力过人的舒赫德，却常因心怀主见而触怒乾隆，再三遭到贬黜。用则擢，不用则黜，乾隆帝虽知人善任，但舒赫德的命运变迁也带给其他官员巨大的心理暗示——无过，便是功。

舒穆鲁·舒赫德，虽声名不显，但作为雍乾时期的重要官员，他有着十分传奇的经历。

舒赫德在乾隆朝曾三落三起，依然屹立不倒，最终出将入相，位极人臣。同时，在乾隆朝的一系列战争与民族交往活动中，我们总是能在不经意间看到舒赫德的身影，比如平准战争、平回战争、清缅战争、土尔扈特部东归与二平金川之役，舒赫德都有参与。那么，处处可见的舒赫德，他究竟度过了怎样的一生呢？

舒赫德所度过的近70年的春秋岁月，有过人天赋，也有坚韧不拔。

平步青云的开局

舒赫德，字伯容，生于康熙四十九年（1710），姓舒穆鲁，是满洲正白旗人。

舒赫德的家庭背景是很强势的。他的祖父舒穆鲁·徐元梦在康熙朝官至浙江巡抚，算是浙江的一把手，同时，徐元梦还曾担任康熙皇子们的老师。后来，在雍正元年（1723），舒赫德14岁那年，他爷爷徐元梦还被提拔为大学士。在彼时，军机处尚未成立的年代，徐元梦显然已经进入了清朝的权力中心。

因此，在徐元梦的教导下，舒赫德不但从小能接触到皇家级别的教育资源，而且深谙官场中的各种规则，最重要的是，舒赫德少年天才，学习成绩与文笔功夫极其出色。

雍正六年（1728），19岁的舒赫德以监生的身份考上了笔帖式。由于是老师家的孩子，雍正特别召见了少年舒赫德，交谈一番后，雍正觉得舒赫德作为后起之秀，年少有为，当即改授为从七品的内阁中书。21岁时，舒赫德入值南书房；23岁时，升正六品的内阁侍读；26岁时任监察御史，并入值军机处。尽管只是军机章京，并非军机大臣，但我们如今翻看军机处早期的满文上谕时，上面经常会出现舒赫德校对的标识。

由此可见，舒赫德本人官运亨通的背后，他强悍的文字功底也是不容忽视的。尤其是担任监察御史之后，青年舒赫德的眼界与气魄使他成为官场上一颗冉冉升起的璀璨新星。当时的舒赫德尽管年纪不大，但点出天下各地各人的各种问题时，语气都极重，例如四川巡抚王士俊妄议中央的问题、东三省的建设问题、闲散旗员的管理问题、各省税赋的整顿问题、山海关的走私问题……无论是满洲旗人，还是汉族重臣，逢有过错，舒赫德几乎全都公开弹劾过，他在朝堂上的形象，极其坚韧强硬。以至于史书描述青年舒赫德时，写了这样一句话：

舒文襄公，少任御史时，极言天下利弊，当时号为"铁汉"。[①]

铁汉的称号，也就此伴随了舒赫德一生。

皇帝教师之孙的特殊身份和自身过硬的能力让舒赫德在26岁以前官运亨通。在26岁那年，他又迎来了新一轮官位跃升的契机。

雍正十三年（1735）八月，雍正皇帝驾崩，年仅25岁的皇四子弘历继承大统，成为乾隆皇帝。所谓"一朝天子一朝臣"，青年乾隆刚一上位，

[①] 昭梿：《啸亭续录》卷三，《舒文襄公末节》，中华书局，1980，第452页。

便有意提拔青年才俊完成朝堂换血。

在这一背景下，少年天才又素有"铁汉"之称的舒赫德，成功被乾隆选中，当作心腹培养。乾隆三年（1738）到乾隆四年（1739），两年之间舒赫德连升五级，一举进入清朝行政高层。

具体而言，乾隆三年，29岁的舒赫德被提拔为从四品的内阁侍读学士；转年，30岁的舒赫德先在七月被擢升为都察院左副都御史，后在同年腊月升任正二品的兵部右侍郎。换句话说，刚到而立之年的舒赫德就已经官居国防部副部长了。

仅仅7年之后，兵部尚书班第因大清与朝鲜的外交问题临时出差，年仅37岁的舒赫德短暂代理兵部尚书一职。乾隆的旨意是：

昔皇祖时，凡遇满洲尚书出差，俱系满洲侍郎领进。班第现已出差，今日兵部引见人员，着照旧例，令舒赫德居首领进。[1]

此后，舒赫德不仅转正了，还一度担任户部尚书，在中央的两个核心部门都拥有了履历。此外，乾隆十三年（1748）年底，39岁的舒赫德还跟随首席大军机傅恒参与一平金川的战争，并在次年取得胜利。

可以说，舒赫德人生的前40年，凭借着自身的家境与能力，在官场上取得了一系列成就，可谓顺风顺水。

然而，从乾隆十七年（1752），舒赫德43岁那年开始，他的人生开始变得跌宕起伏，并且这一跌宕就是近20年时光。不过，舒赫德之所以能青史留名，也恰恰是因为他挺过了自己人生中这千回百转的近20年春秋。

---

[1] 见《清高宗实录》卷二百七十一，乾隆十一年七月二十六日。

三落三起的传奇

整个故事还要从乾隆十七年讲起,当时乾隆察觉到西北的准噶尔汗国正处于内乱,有心出兵平准,于是便提前派舒赫德前往西北防范并观察准噶尔的动向。

很快,驻守西北的舒赫德迎来了一次重大事件——准噶尔汗国爆发激烈的内讧,准噶尔大汗达瓦齐与准噶尔大贵族阿睦尔撒纳相互厮杀,最后达瓦齐取胜,阿睦尔撒纳败走,后者带领部族投降了清朝。

这个时候,有一个重大抉择摆在舒赫德面前:要不要完全信任阿睦尔撒纳的投诚。完全信任,意味着给阿睦尔撒纳极大的自主权,以此换得阿睦尔撒纳的好感和忠诚,但代价是阿睦尔撒纳一旦叛变,局面将很难控制;不完全信任,限制阿睦尔撒纳的部族人员,尽管会伤害阿睦尔撒纳的感情,但从客观上来说,若出了岔子,较好控制。

面对这一抉择,舒赫德对阿睦尔撒纳采取"不完全信任"的态度。毕竟是刚投降的敌国部落中的贵族,应当防一手的。史书记载:

阿睦尔撒纳来降。舒赫德与策楞议留阿睦尔撒纳及诸头人军中待命,以其孥移置苏尼特。[①]

舒赫德和将军策楞商量后,把阿睦尔撒纳和几个贵族留在了军营,然后把这些人的家属全转移到苏尼特旗控制起来了,简单来说,就是当作人质转移了。

---

① 赵尔巽等:《清史稿》卷三百十三,《列传一百·舒赫德》,中华书局,1977,第10684页。

结果，舒赫德的奏报送到中央，乾隆生气了。乾隆想的是：人家刚刚投降，你俩上手段也不能这么早吧？人家投降大清，是觉得投降了，日子能变好，结果舒赫德你跟策楞就这么把人家的妻儿、父母带走了，让他们与亲人分离，这都办的什么事！你俩现在不管操作到哪一步了，立刻把人带回来，让人家一家团聚。乾隆下令说：

阿睦尔撒纳等，系远方新归之人。岂有将伊妻子，如此分散之理？此必舒赫德意见。……此旨到时，无论阿睦尔撒纳等妻子，已经起程与否，着即行彻回，令其会集一处。①

乾隆很愤怒，不仅因为他觉得舒赫德跟策楞把事办糟了，还因为舒赫德他们在操作这件事时并非先请示，后操作，而是边请示，边操作，这就有点不听指挥的意思了。所以，乾隆非常严厉地斥责舒赫德道：

若将此等新降之人，未经承受朕恩以前，即如此处置，倘或心生怨望，激成事端，伊二人又将如何办理？……俟阿睦尔撒纳到卡以后，公同商议，再行奏请，亦不为迟。乃亟亟奏闻，且云一面已经办理，闻之实可骇异。总因策楞、舒赫德，全无勇往办事之心。一味畏葸怯懦，必欲坏国家大事，其居心尚可问耶？伊二人究系何人主见？②

你俩这么干，万一让阿睦尔撒纳心生怨念，降而复叛怎么办？还有，你俩不提前请示，就直接这么干，到底是怎么想的？

作为政治机器的乾隆，显然无法接受舒赫德擅作主张，所以，乾隆

---

① 见《清高宗实录》卷四百六十九，乾隆十九年七月二十四日。
② 同上。

下令将舒赫德革职，留在前线戴罪立功。这便有了舒赫德三落三起的第一落。

尽管乾隆真心实意厚待阿睦尔撒纳，但乾隆二十年（1755）的时候阿睦尔撒纳还是造反了。恰好，那时阿睦尔撒纳的老婆孩子依然在舒赫德领兵管辖的地域内。舒赫德察觉苗头不对，立刻领兵包围了阿睦尔撒纳的家眷，并且对身边的士卒说：

阿逆叛志已决，不可使得其家属傅虎以翼。余虽得罪，曾任大臣，出疆专命之罪，余甘任之。①

舒赫德的意思是：我知道我还是戴罪之身，临大事，不请旨，可能还要被皇上问罪。但此时，阿睦尔撒纳叛相已显，无论如何，我都不能让他再把家眷接走，即便会被问罪，我也心甘情愿。

然后，舒赫德不但派兵包围了阿睦尔撒纳的家眷，还成功击退了欲突袭的阿睦尔撒纳。消息传到中央，乾隆没有震怒，反而十分高兴，赞许舒赫德临危不惧，颇有担当，而后恢复了舒赫德副都统的职务。这次反复，也就是舒赫德的一落一起。

但舒赫德很快就遭遇了第二次打击。乾隆二十二年（1757），清军再次进攻准噶尔汗国，此次进攻，乾隆曾下严令：

此等贼人，断不宜稍示姑息。惟老幼羸弱之人，或可酌量存留，另筹安插。②

---

① 昭梿：《啸亭杂录》卷二，《舒文襄公预定阿逆之叛》，中华书局，1980，第57页。
② 见《清高宗实录》卷五百三十二，乾隆二十二年二月初六日。

这一轮进攻，准噶尔汗国的民众，除了老人与小孩，剩下的全部都要严肃处理，绝不可有半分姑息。

可舒赫德是怎么执行的呢？当时清军两路齐攻，西路军主帅是名将吴雅·兆惠，北路军主帅是喀尔喀蒙古亲王成衮扎布。而舒赫德在北路军跟随成衮扎布进剿。

北路军打到中途时，收服了两个准噶尔汗国的两个小部落，结果，舒赫德非但没有就地消灭这两个小部落，甚至没有严格管控，导致这两个部落降而复叛。史书记载：

> （舒赫德）招服克呼特、乌鲁特等游牧，当收其马以佐军；乃任令屯驻山中，致兵过复叛。[①]

舒赫德的疏忽不仅严重阻碍了进兵，还制造了本不该出现的麻烦。乾隆震怒之下，再次将舒赫德革职，舒赫德变成普通士兵。就此，舒赫德遭遇官场生涯的第二次打击。

那么，这轮打击过后，舒赫德又是如何翻身的呢？就在转年，乾隆二十三年（1758），平准战争胜利后，清朝成功收复天山以北，然而在天山以南的回疆，大、小和卓又兴兵作乱，乾隆便下令以兆惠为帅，南下征讨大、小和卓。兆惠为元帅，领兵在前，后方得有人来主管后勤。那么，既担任过兵部尚书，又担任过户部尚书的舒赫德显然是个合适的人选，只可惜，戴罪之身的舒赫德如今只是个普通士兵，寸功未立，乾隆也不好直接恢复舒赫德的官职，便下令让舒赫德以头等侍卫的身份到南疆的阿克苏去担任兆惠的后援。史书记载：

---

① 赵尔巽等：《清史稿》卷三百十三，《列传一百·舒赫德》，中华书局，1977，第10685页。

令舒赫德，以头等侍卫职衔，驻防阿克苏。①

不料，在平定大、小和卓的战争期间，兆惠因孤军深入，在进攻小和卓霍集占所据的叶尔羌城时被围困在黑水河。当兆惠的求援信送到阿克苏时，一件尴尬的事情发生了。

兆惠的求援信属于军情文报，以舒赫德头等侍卫的身份是没资格私自拆看的，拆了便可能被问罪。然而，当时阿克苏并无其他可以定夺的官员在场。无奈，舒赫德再一次冒险，他违规拆阅信件，随后，一边立即着手部署对兆惠的救援工作，一边将相关消息火速送交京城。

同时，舒赫德也向乾隆请罪说：

忽闻军营信息，凤夜靡宁，惟有速催兵马带领应援。至现在接到各处咨呈军营文报，俱系亟应办理之事，未便收贮，致滋迟误。臣识见浅陋，何敢妄行干预？因驻札并无大员，以公事为重，请将所接文报即行开看，酌量办理。②

意思是：皇上，臣知道自己本不该拆阅信件，但实在是形势所迫，不得已而为之。

最终，恰恰得益于舒赫德的不得已而为之，由于提前做好了部署准备，及时配合乾隆传令，乾隆二十四年（1759）年初，舒赫德与富德、阿里衮相互配合，取得呼尔满大捷，成功救出兆惠。清军也在当年成功平定大、小和卓，收复了天山以南新疆，从此收复新疆全境。舒赫德此前已因功得到升迁，补授工部尚书兼镶红旗满洲都统，在平回战争胜利后，他留

---

① 见《清高宗实录》卷五百七十一，乾隆二十三年九月二十七日。
② 傅恒：《平定准噶尔方略正编》卷六十四，四库全书本，第7页。

驻阿克苏，总理南疆的战后建设。这一年，舒赫德整整50岁，已然两落两起，波折仍未停息。

按理说，舒赫德已经是知天命的年纪，换成别人已到官场生涯末期了，舒赫德怎么还能再起波澜呢？

其实，平回战争胜利后，从乾隆二十四年到乾隆三十三年（1768），这近10年时间里，舒赫德的官场生涯是很平稳的，他当过刑部尚书，也调过工部尚书，中间还经常兼管户部，是深得乾隆器重的。地方出了案子，舒赫德也临时出任过陕甘总督。整体来看，就是个忠诚可靠的老臣。

接着，有一个意外出现了，也就是清缅战争。这场战争从乾隆三十年（1765）开打，一直打到乾隆三十四年（1769）年底才结束，前前后后打了四次。截止到乾隆三十三年，清军已经连输三场，失去了三位主帅，这其中还包括乾隆心爱的内侄——一等诚嘉毅勇公富察·明瑞。到乾隆三十四年第四次征缅时，乾隆派舒赫德为参赞大臣，跟随首席大军机傅恒一起南下征缅。

结果，舒赫德到了云南考察了前线情形后，直接给乾隆泼了一盆冷水。舒赫德指出了征缅的种种不利条件，直言不如招抚议和。这直接惹恼了乾隆，乾隆公开训斥他说：

至舒赫德在京，受朕调度，承办诸事，颇能尽心。而一离朕前，即有此冒昧乖张之举，实难倚任。[①]

一句话——舒赫德靠不住，留他在前线，除了动摇军心，毫无作用。于是，乾隆再次将舒赫德革职，扔往新疆，让舒赫德以副都统职衔任参赞大臣，继续管理南疆。这一年，舒赫德59岁，这也是他官场生涯中遭遇到的

---

① 见《清高宗实录》卷八百九，乾隆三十三年四月十九日。

第三次重大打击。

近花甲之年再遭贬斥的舒赫德,最终又是如何翻身的呢?这就涉及乾隆朝外交上的一个重大事件——土尔扈特部东归。

土尔扈特部原是蒙古的一个小部落。早在在明朝末期,受准噶尔汗国扩张的影响,土尔扈特部被迫西迁到俄罗斯境内,并接受了俄罗斯沙皇的册封,土尔扈特人成了俄罗斯属民。后来,不堪沙俄方面的压迫,乾隆三十六年(1771),土尔扈特部落选择东归中国。

面对土尔扈特部落的归来,新疆各处官员有不同的看法。许多官员认为土尔扈特部东归之举是诈降,但舒赫德认为土尔扈特部是值得争取并安抚的,其顺利回国也可以彰显天朝兴盛,古人新归。史书记载:

(乾隆)三十六年,土尔扈特汗渥巴锡等自俄罗斯来归,众疑其伪降,舒赫德力白无他志,命如伊犁宣抚,寻授伊犁将军。①

舒赫德力排众议,成功打动乾隆。乾隆命舒赫德前往伊犁,负责土尔扈特部东归的善后工作。

从粮食到牧场到衣物,舒赫德在各方面都做了妥帖安排,成功安顿好了土尔扈特部的一众人等。舒赫德也因为自己的勤勉表现,再次获得乾隆信任,被任命为伊犁将军。这一年,舒赫德62岁。

少年天才,风光四十年,又波折近二十载的老臣舒赫德,到如今也终于走到了自己仕途的收官阶段。

---

① 赵尔巽等:《清史稿》卷三百十三,《列传一百·舒赫德》,中华书局,1977,第10686页。

满臣门面的晚年

乾隆三十八年（1773），64岁的舒赫德重返京城。考虑到舒赫德此前已经先后掌管过兵部、户部、工部、刑部四部，经验丰富，可以统筹各方，因此，舒赫德直接被乾隆任命为武英殿大学士兼太子太保，入军机处，成为清朝核心决策圈的重要一员。而此时正逢乾隆朝满洲顶级官员凋零之际，乾隆朝第三任首席大军机富察·傅恒，已于三年前病逝；第四任首席大军机章佳·尹继善，同样已于两年病逝。

如今的军机处，放眼望去，刘统勋、刘纶和于敏中三位汉族官员位居前三。因此，彼时重返京城、重返军机处的舒赫德，已然成了满洲官员最后的门面。毕竟其他满洲官员的功勋相比参加过平准、平回战争，历任四部、统领天山的舒赫德，实在相差甚远。

而舒赫德重返军机处后不久，又发生了意外——乾隆朝第五任首席大军机刘统勋病逝在了上早朝的路上。

刘统勋去世后，乾隆朝第六任首席大军机究竟是谁，历史上是有争议的。按《清史稿·军机大臣年表一》的排位，刘统勋去世后，首席大军机应为于敏中。但按《乾隆朝上谕档》的署名排序，刘统勋死后，军机处由舒赫德领衔。这二位究竟谁是乾隆朝第六任首席大军机，至今无明确结论，但较多人认为是于敏中。不过，刘统勋临终前，似乎是有意让舒赫德接班首席大军机的。史书记载：

（舒赫德）后内任金吾，外掌军旅，皆以刚正见称，故刘文正公力挽为相。[1]

---

[1] 昭梿：《啸亭续录》卷三，《舒文襄公末节》，中华书局，1980，第452页。

舒赫德的刚直形象深入人心，因而刘统勋力荐舒赫德。

然而，无论于敏中与舒赫德究竟谁为乾隆朝第六任首席大军机，但有一点是确定的——从乾隆三十八年到乾隆四十二年（1777），这四年，乾隆朝满洲大臣中地位最高的人便是舒赫德。

舒赫德在军机处的那几年里，除了日常处理政务、编书之外，还在乾隆三十九年（1774），65岁高龄时办成了一件大事。当时，黄河需修筑坝口，舒赫德奉命离京督工。结果舒赫德刚一离京，便传来了山东爆发王伦起义的军报。

王伦本是贫苦农民出身，因不堪忍受政府的横征暴敛，在乾隆三十九年的八月份发动起义。由于山东当地官兵久疏战阵，难以招架，一时之间，王伦起义的声势如火如荼。史书记载：

（乾隆）三十九年八月，山东寿张民王伦为乱，破寿张、堂邑、阳谷，犯东昌及临清，夺粮艘为浮桥，欲渡运河。[①]

眼看着王伦起义的规模越来越大，乾隆一边调兵，一边让原本要去督工修河坝的舒赫德赶紧前往山东前线指挥作战。在西北打过不少仗的舒赫德，如今镇压农民起义，自然思路明确。最终，在舒赫德的指挥下，清军分三路围攻，未及一个月，王伦便力战不敌，自焚而死。

于王伦而言，舒赫德自然是镇压农民起义的恶贼；于乾隆而言，舒赫德却是危急时刻力挽狂澜的良臣。后来，凭借着平定王伦起义的战绩，在二平金川胜利后乾隆再绘紫光阁时，舒赫德尽管没能前往四川前线，依然在紫光阁获得了第二张属于自己的画像，这也成了舒赫德在乾隆朝的最后

[①] 赵尔巽等：《清史稿》卷三百二十四，《列传一百十一·周元理》，中华书局，1977，第10834页。

荣光。

平定王伦起义三年后，乾隆四十二年，舒赫德因病逝世，终年68岁。

回顾舒赫德一生，前40年顺风顺水，中间19年几经波折，最后的七八年老而弥坚。仕途虽三次遭到打击，但实话讲，除了第二次错放准噶尔部落确有错误之外，另外两次，舒赫德本人的判断并无什么错误。舒赫德认为阿睦尔撒纳不可全信，后阿睦尔撒纳果然叛乱；舒赫德认为缅甸不宜强攻，后第四次清缅战争也的确以议和收场，阿里衮和傅恒还因在缅甸染病相继去世。

只是舒赫德不管几经打击，其对形势的判断和对责任的担当，都从未令人失望。无论是兵围阿睦尔撒纳家属，还是强拆兆惠的军情文书，舒赫德从来考虑的都是何事该做，而不是如何免责。

这大概便是舒赫德一生纵有三落，也能三起，最终成为满臣门面的原因所在。

孝贤皇后

少年夫妻与初恋皇后

孝贤皇后富察氏，弘历皇子时期的嫡福晋，乾隆即位后的首任皇后，乃乾隆一生的挚爱。无奈，富察氏虽曾生了两儿两女，却三遇骨肉夭折，仅存活了一个女孩。富察氏不堪打击，在乾隆十三年便早早病逝。孝贤皇后的死无疑给乾隆帝带来了巨大的心理创伤，以至于后人提及乾隆执政风格的转变时，富察皇后的丧礼始终是绕不开的一个关键节点。

她是傅恒的亲姐姐，也是乾隆的孝贤皇后——富察氏。

我们今天在很多影视剧中都能看到富察氏。只不过可能是因为剧情需要，有的富察氏温柔体贴，有的富察氏"腹黑"、奸诈。历史上的富察氏到底是怎样的人呢？她和丈夫乾隆的感情又如何呢？

这位孝贤皇后，她的一生，让人无限惆怅。

嫁入深宫的女孩

富察氏，生于康熙五十一年（1712），满洲镶黄旗人。

前文提到过，她的父亲李荣保是康熙朝晚期的察哈尔总管，正三品，相当于一个军区司令。作为军区长官的女儿，富察氏的童年生活还是很幸福的，至少物质条件还不错。但不幸的是，她的父亲李荣保大概率在康熙朝末期就过世了。那时的富察氏仅10岁左右。

然而值得庆幸的是，李荣保虽然去世得早，但他两位亲哥哥——二哥马齐和三哥马武还活着。这两位哥哥不仅和李荣保关系很好，而且对侄女富察氏也照顾有加。最关键的是，这二人和雍正的关系始终都很亲密。

康熙六十一年（1722）年底，雍正在刚刚继位的情况下，就任命马齐、马武二人一个做总理大臣，一个做领侍卫内大臣。前者负责朝堂政务，后者负责宫中安保。在皇权交替的关键时刻，雍正能有这种任命显然对富察家族有一种超乎寻常的信任。

然而这还只是明面上的君臣关系，在私人关系方面，雍正和马武更是要好。雍正自己就曾亲口说过：

朕幼龄时，伊抱扶服事，备极小心。其情事宛然如昨。①

朕小时候还被马武抱过呢，朕到今天都还记得。

雍正能如此不忌讳地和大臣们公开谈及和马武有关的童年往事，二人的关系肯定是不一般的。所以，我们可以推测，雍正后来能选富察氏当自己的儿媳妇，在很大程度上是因为她是马武的亲侄女。

还有一件事也可佐证。雍正四年（1726），马武生病了，雍正派皇四子弘历去探病；且就在那一年年底，马武因病去世之后，弘历又过去给马武吊孝了。而我们今天翻阅《清世宗实录》时会发现，在雍正朝的13年中，弘历通常只出席皇家丧礼，他唯一祭拜过的大臣就是马武。

就在马武去世的第二年，雍正就宣布了让当时年仅16岁的富察氏入宫，和17岁的皇四子弘历成亲，让她正式成为自己的儿媳妇。

所以，富察氏嫁给弘历这门亲事，大概率在马武还活着的时候，雍正就和马武敲定了。否则，弘历这唯一一次去大臣家吊孝的行为看上去也太奇怪了。

那嫁入深宫之后，富察氏过得如何呢？非常好。

不管是和乾隆的夫妻关系，还是和她的公公婆婆，也就是雍正以及熹贵妃之间的关系，富察氏处理得都很好。

她和弘历成亲才三年，就先生了闺女，后生了儿子。很明显，生娃如此高效，小两口的夫妻感情是相当好的。

---

① 见《清世宗实录》卷五十一，雍正四年十二月初九日。

富察氏是如何对待婆婆钮祜禄氏的呢？史书记载：

皇后富察氏，……性贤淑节俭，上侍孝圣宪皇后，恪尽妇职。①

富察氏就是一个贤良淑德、让人挑不出任何毛病的好儿媳妇。

公公雍正对富察氏也很好。富察氏的儿子刚出生，雍正就亲自给孩子起了名字：永琏。"琏"是何意？只有一个意思，指的是在宗庙中盛黍和稷这些粮食的器皿。有宗庙、有粮食，这个"琏"字在某种程度上象征着清朝的江山社稷。连乾隆后来都说：

当日蒙我皇考，命为永琏，隐然示以承宗器之意。②

因此，生儿育女、夫妻感情和谐，富察氏在她刚嫁入宫中那些年，过得是非常舒服的。只可惜，人生是很难一帆风顺的，纵是天潢贵胄，也要面对这世事的无常。

天意弄人的夫妻

雍正十三年（1735），雍正驾崩，弘历继位，成了我们熟悉的乾隆皇帝。而乾隆也在继位当年就宣布要册封妻子富察氏为皇后。只不过正

---

① 昭梿：《啸亭续录》卷一，《纯皇后之贤德》，中华书局，1980，第371页。
② 见《清高宗实录》卷七十八，乾隆三年十月十二日。

式的册封典礼要等雍正27个月的丧期结束之后再办。最终，在乾隆二年（1737）年底，乾隆不但为富察氏搞了一个盛大的册封典礼，还宣布：

> 追封皇后之父，……李荣保，为一等公。①

一等公，已经是当时非皇族出身的人能获得的最高爵位了。不难看出，乾隆深爱着富察氏，要追封她的亡父，好让她更开心。

在册封典礼上，乾隆把自己能想到的所有美好的词语全都放到了富察氏身上。乾隆是这么说的：

> 以嫡妃富察氏，秀毓华门，礼娴内则。柔慎秉于粹性，温恭着乎令仪。殚诚敬以事庭闱，孝同孺慕；抒恪勤而持禁掖，德懋纯修。②

她，就是完美的。

富察氏对乾隆，可谓"双向奔赴"。

有一回，乾隆读康熙御制的《清文鉴》，书中说满洲人在入关以前比较穷，做衣服时喜欢拿鹿尾绒毛制成的线代替金线缝在袖口，这样显得好看一些。接着，有一年打猎时，乾隆可能是打到了一只小鹿，有感而发，就跟富察氏讲了一遍这个小故事，感慨祖先的不易。乾隆后来回忆道：

> 去秋塞外较猎，偶忆此事，告之先皇后。③

---

① 见《清高宗实录》卷五十八，乾隆二年十二月十五日。
② 见《清高宗实录》卷五十八，乾隆二年十二月初五日。
③ 弘历：《御制诗二集》《目录一》，四库全书本，第15页b。

说者无心，听者有意。转年，富察氏就专门给乾隆绣了一只用鹿尾绒毛线代替金线的荷包，当作新年礼物送给乾隆。史书记载：

岁时以鹿羔毮绒制为荷包进上。[1]

乾隆收到后特别感动，据记载，"上甚重之"[2]。

古今男女，能遇到一个在乎自己、肯花心思对自己好的人，真的非常不容易。富察氏对乾隆的付出，又何止绣一个荷包这么简单？

有一次，乾隆生病了，史书记载：

纯圣壮年，曾患疖，甫愈，医云：须养百日，元气可复。[3]

乾隆身上生疖了，而且还挺严重，虽然已经治好了，但得休养百日才能恢复元气。富察氏是怎么做的呢？她直接搬到了乾隆寝宫外边，找了间临时的小房间住着，伺候了乾隆整整100天才回去。

富察氏身为六宫之主，能亲自伺候乾隆100天，完全是因为感情；而乾隆作为一国之君，在自己病得虚弱、狼狈的时候，愿意连续100天都见到富察氏，足以证明乾隆对富察氏的感情远超过乾隆对其他妃子的感情。

乾隆正式即位后，就把将富察氏的儿子永琏立为皇太子的决定写进了密诏，并将密诏放到了正大光明匾的后边。

但是，富察氏她本该度过非常幸福的一生，却在日后接二连三地遭到打击。

---

[1] 赵尔巽等：《清史稿》卷二百十四，《列传一·高宗孝贤纯皇后》，中华书局，1977，第8916页。
[2] 同上。
[3] 陈康祺：《郎潜纪闻二笔》卷九，中华书局，1984，第479页。

乾隆三年（1738）十月，永琏突然感染寒疾，很快就死了，年仅9岁。面对这样一场意外，乾隆和富察氏都傻了。乾隆先是宣布要辍朝5日，接着吩咐道：永琏虽然只有9岁，但丧礼要按皇太子的规格来办。

永琏系朕嫡子，已定建储之计，与众子不同。一切典礼，着照皇太子仪注行。①

之后，乾隆还给永琏修建了一座特别大的规格超高的墓地——端慧皇太子园寝。

在乾隆用各种高规格的礼仪来填补自己内心的伤痛的同时，27岁的富察氏每天都以泪洗面。我们很难想象一位母亲失去儿子后到底会是怎样的心情。我们唯一能确定的就是，富察氏日后的心态越来越沮丧。

乾隆十年（1745），乾隆有一个叫高佳氏的妃子去世了。当时礼部给高佳氏定的谥号是"慧贤"。富察氏听说后，忽然就问了乾隆一句话：

吾他日期以"孝贤"，可乎？②

他日我去世之后，能不能给我"孝贤"这个谥号呢？

可见富察氏早在乾隆十年就已经想到了自己的死。而我们也该相信，乾隆在听到富察氏这一问的时候，内心肯定是很难受的，不然他也不会一直都记得这件事。

就在夫妻二人都忧伤不已的时候，乾隆和富察氏的生活突然又迎来了

---

① 见《清高宗实录》卷七十八，乾隆三年十月十二日。
② 赵尔巽等：《清史稿》卷二百十四，《列传一·高宗孝贤纯皇后》，中华书局，1977，第8916页。

一抹亮色——富察氏怀孕了，之后生下了一个男婴。乾隆无比激动，直接给这位七阿哥起名为永琮。"王"加"宗"，俨然又一位皇太子。

只可惜，谁也没想到，永琮比永琏还要短命。仅一岁多的时候，永琮就感染了天花，不治身亡了。

如此，乾隆十二年（1747）年底，36岁的富察氏在连续失去两个儿子之后彻底崩溃，身体每况愈下。

然后就发生了一件特别巧的事情。

在永琮感染天花之前，礼部就定下了乾隆十三年（1748）年初出巡山东的计划。在永琮死后，悲伤过度的富察氏做了一个梦，她告诉乾隆，她梦见儿子死后被山东泰山的碧霞元君召见并带走了。史书记载：

后以爱子去膝下，悲悼成疾，梦碧霞元君召之。①

这里的碧霞元君是道教里的一个神，相传是东岳大帝之女。而乾隆是从来不信那些道教传说的，他当初刚一登基就把雍正养的那些道士全从宫里赶走了。可这么一个从来不信教的皇帝，听完富察氏的话之后却立刻表示要让礼部调整行程——明年东巡，朕一定陪你好好祭拜一下这位碧霞元君，朕不信道教，但为了你，朕愿意拜她。

伴随着这场东巡开始，我们也由此来到了本篇的最后部分。

---

① 见程穆衡：《金川纪略》，转引自戴逸、李文海主编《清通鉴（8）》，卷一百五，山西人民出版社，1999，第3562页。

痛失爱妻的疯狂

乾隆一行人是在乾隆十三年二月初四启程的。18天后的二月二十二日，恰好是富察氏的37岁生日。乾隆在路上就组织起来，给富察氏办了一场盛大的生日宴。史书记载：

皇后千秋令节，赐扈从王公大臣等宴。①

只是当时的乾隆一定没想到，这会是他给富察氏过的最后一个生日。在这场生日宴过后不到20天，他眼前的结发妻子，就会香消玉殒。

这期间到底发生了什么呢？

二月二十四日，他们一行人到了曲阜，先祭孔；二月二十九日，富察氏和乾隆一起去爬泰山，祭拜了碧霞元君。

下山后，他们就前往济南。整个日程安排其实是既紧密又费力的，于是本就大病初愈、身体有些弱的富察氏，刚到济南又病倒了。这一天是三月初四。得知富察氏病倒了之后，乾隆立刻让大部队在济南就地驻扎。这显然是一个日程之外的安排，因为通过乾隆朝的起居注册的记载就能看出来：此前每天的行程从不重复的乾隆，在济南期间先后在三月初四和三月初七去了两次趵突泉——想来实在没地方可去，只好硬逛了。因为当时随行的除了富察氏之外，还有乾隆的母亲钮祜禄氏、十六叔允禄等一大批亲属，乾隆要是不逛逛，其他人也不好意思逛。

然而我们还是得说，富察氏真是太贤德了，她觉得不能因为自己一个人拖累大家的行程。于是她就跟乾隆说自己病好了，大部队可以动身了。

---

① 见《清高宗实录》卷三百九，乾隆十三年二月二十二日。

史书记载：

> 将息数天，（孝贤皇后）已觉渐愈，诚恐久驻劳众，重厪圣母之念，劝朕回銮。①

三月初八，乾隆宣布启程，三日十一日改水程，一行人就上了船。而富察氏原本病就没好，上船后受了寒，病就更重了，偏偏她自己还忍着不说，等到了半夜，她头昏脑涨、上吐下泻，太医们已经无力回天了。最终，在三月十一日的夜里，富察氏过世了，享年37岁。

富察氏的死，对乾隆而言，显然是一个巨大的打击。纵观乾隆的一生，不管是富察氏生前还是死后，乾隆提起自己的发妻时，永远都是只有赞美，没有批评。在他心里，富察氏就是完美的。

所以，当乾隆想要用一场完美的丧礼给妻子的人生画上句号的时候，他状若疯狂，做了许多诡异之事。

按康、雍两朝的惯例，皇后过世，只需要在京官员守孝。可乾隆说不行，他说不仅自己要辍朝9日，而且全国各省官员都要为富察氏守孝，同时，大小官员必须要严格遵守各项守孝要求，27天内不准嫁娶作乐，100天内不准剃头。

很多人说，乾隆之所以对富察氏的丧礼要求如此之高，并不是因为她对富察氏有多深厚的感情，而是他想借题发挥、整顿官场。这其实是很难令人认同的一种观点。因为乾隆当时的许多做法根本不像蓄意为之，更像是因为富察氏的突然死亡让他心理崩溃了，他在胡来。

比如乾隆让全国官员为富察氏守孝这件事，在《清会典》里，就从来没有任何皇后的丧礼能有这么高的规格。最后，逼着主持皇后丧礼的履亲

---

① 见《清高宗实录》卷三百十，乾隆十三年三月十二日。

王老十二允祹拿着前朝的《明会典》做依据来办这场丧礼。史书记载：

《明会典》载皇后丧仪，十三布政使司及直隶，礼部请敕差官讣告。①

乾隆作为一个清朝皇帝，发妻去氏，让一位满洲亲王根据明朝的会典办丧礼。这是自满洲入关以来，破天荒的一次。

这是借题发挥吗？不，这是失心疯。接下来，乾隆的一通操作则越显疯狂。

在京城内，乾隆因翻译谥文有错、祭祀用桌不洁、册文粗糙、礼制流程疏忽等一系列问题，前后革职或降级了4个尚书、7个侍郎、1个侍读学士、数个光禄寺卿②，外加许多礼部堂官。

京城外，各省的督抚、将军等被乾隆一次性处罚了50多人，因为他们没有第一时间上奏申请到京城为富察氏奔丧。

当时不管是中央的京城六部，还是地方的各省督抚，凡是在富察氏丧礼期间有瑕疵的官员，基本被乾隆惩治了一遍，而且乾隆是无差别攻击，根本不存在什么"拉一派、打一派"的政治倾向。所以，痛失爱妻的乾隆，他的许多做法是基于冲动的。举个典型的例子，乾隆本来已经以大不敬之罪判了刑部尚书阿克敦斩监候，可等他回过神来，又毫无理由地放了阿克敦。这些出尔反尔的做法，其实是很损害君主权威的。

所以，对乾隆这些疯狂的举动，最合理的解释就是他在富察氏刚去世的那段时间，因为伤心过度而处于一种很不理智的状态。他想给自己的亡妻一个无比隆重的葬礼，谁要是在戴孝期间做得不到位，就是不尊重富察氏、不尊重皇家、不尊重朕，那就得重罚。

---

① 见《清高宗实录》卷三百十一，乾隆十三年三月十九日。
② 官名，始设于南朝，主要掌管皇家膳食。

乾隆他自己，在富察氏丧礼的各个环节上都做得非常好。自从办丧礼开始，富察氏的初祭礼、大祭礼、满月礼、百日礼、暂安礼、周年礼、二周年礼、三周年礼等，只要是礼法上有要求的，不管当时手上有什么工作，乾隆一定会亲自去祭拜亡妻。

甚至有些日子跟祭祖有冲突，乾隆也会选择去给富察氏扫墓。像是富察氏去世当年的中元节，也就是所谓的"鬼节"，乾隆就派别人去祭祀皇陵，自己则守着富察氏的梓宫待了一晚上。

有人说这是乾隆在作秀，可问题是，乾隆有必要在这种事上作秀吗？

我们经常拿乾隆写诗这件事开玩笑，但大家也基本承认，乾隆一生中最高水平的诗，就是他悼念亡妻孝贤皇后的那些。像他最有名的那首：

廿载同心成逝水，两眶血泪洒东风。
早知失子兼亡母，何必当初盼梦熊？[①]

咱们夫妻二十年，携手同心，早知是如今这样的结局，哪怕不要那两个儿子，朕也想你能多陪陪朕啊！

尽管很多人都说乾隆是"政治动物"，但他对富察氏感情至深这件事，我们是不必怀疑的。还有两点可证明：

第一、乾隆这一辈子，只为富察氏这一个老婆庆祝过生日。自乾隆十三年富察氏死后，乾隆没有主动为任何一个妃子庆生过，"白月光"就是永远的"白月光"。

第二、因为富察氏是在济南染病去世的，乾隆在此后的几十年里，他数次南巡，都要求绕过济南。在富察氏过世后，乾隆终其一生都没有再踏进济南半步。

---

① 弘历：《御制诗二集》卷三，四库全书本，第26页。

乾隆在晚年选择退休，把皇位让给了嘉庆之后，他在嘉庆元年（1796）还带着新帝一起去祭拜了富察氏。

当时的乾隆已经86岁了，富察氏也已经走了48年了。或许乾隆也在想：朕如今当了太上皇，你要是还活着，就能当上皇太后了呀！

有些人说忘不了，那就是忘不了。甚至我们自己都以为自己忘了，但当我们突然看到曾经的一些东西时，记忆就会在顷刻间涌回脑海。

乾隆晚年在宫中收拾东西，忽然看到了富察氏当年给他绣的荷包，老皇帝一下子就感慨万千，吟道：

何事顿悲成旧物，音尘满眼泪潸然。[1]

---

[1] 弘历：《御制诗二集》卷四，四库全书本，第1页b。

继皇后

风波诡谲的断发迷案

继皇后乌喇那拉氏，乾隆帝的第二任皇后，以"断发事件"名留史书。在满洲旧俗中，妻子断发是对丈夫的极大诅咒。因这一极端举动，乌喇那拉氏个人命运急转直下，其子永璂亦受影响，最后郁郁而终。继皇后为何断发，也成了乾隆朝宫廷中的一件著名迷案。

继皇后，她是乾隆的第二任皇后乌喇那拉氏。

某种程度上，她可以说是清朝历史上结局最悲惨的皇后。死后，不但没有谥号，没有祭祀，甚至连独属于自己的墓地都没有。以至于人们今天提到乌喇那拉氏时，总会忍不住感慨：明明都已经成了皇后，怎么晚年就落得这样的下场呢？

乌喇那拉氏的一生，低开高走又轰然坠落。

为时太晚的相遇

乌喇那拉氏生于康熙五十七年（1718），她的父亲那尔布（一作讷尔布）是一个普通的满洲佐领[①]。这样的出身，虽然说不上很差，但肯定也算不上好。

但这也从侧面说明了，乌喇那拉氏能在家庭状况相对一般的情况下被雍正选为自己的儿媳，她的相貌和品行大概都是相当出众的。

然而比较可惜的是，乌喇那拉氏嫁给弘历的时间太晚了。

她直到17岁，也就是雍正十二年（1734）时，才嫁给弘历当侧福晋。当时，弘历都已经和正福晋富察氏生了三个孩子了，且二人正处于感情最

---

① 清代八旗组织中基层编制单位牛录的长官，秩正四品。

亲密的阶段。弘历有一位侧福晋高佳氏，当时也已入府多年。

所以，乌喇那拉氏在弘历当皇子的时期与弘历接触得并不多。而她嫁给弘历不到一年，雍正就驾崩了。因此，等到弘历继位册封后宫时，几位福晋的排位几乎是毫无悬念的。当时，弘历先把正福晋富察氏封为皇后。两位侧福晋呢？清朝新君登基时，一般只有一位妃子能获得贵妃身份，于是，侧福晋高佳氏被封为贵妃，乌喇那拉氏只有妃位。

不过，乌喇那拉氏的封号与她本人还是很契合的——娴妃，娴，文雅温婉。在册封时，乾隆对乌喇那拉氏的评价是：

持躬淑慎，赋性安和。①

乌喇那拉氏是一个知书达理，很内向、安静的女孩。

乾隆此时对乌喇那拉氏的评价，即便说不上多好，也肯定不算差。考虑到弘历登基时，乌喇那拉氏才刚刚18岁，她是完全有机会慢慢拉近自己和乾隆的关系的。但此后她和乾隆的关系又怎样呢？今天的我们只能说，这很难评价。因为关于早年间的乌喇那拉氏的资料非常少，几乎没有。人们普遍怀疑，关于她的记载应该都被乾隆销毁了。所以，当我们聊到乌喇那拉氏在乾隆朝早期的生活状况时，几乎只能靠一些残余的史料去做猜测，这其中我们需注意的地方有两处：

第一、乌喇那拉氏十几年未生育。截至乾隆十七年（1752）二月，42岁的"章总"，从他的皇子生涯算起，20多年的时间里，他先后和6位女性总共生过15个孩子。但这里面，没有一个孩子是他和乌喇那拉氏生的。考虑到乌喇那拉氏日后是有孩子的，所以我们可以推测，乾隆和乌喇那拉氏二人早期的感情并不亲密。

---

① 见《清高宗实录》卷五十八，乾隆二年十二月初四日。

第二、乌喇那拉氏的地位。尽管乌喇那拉氏早年间没有孩子，但若看当时乾隆朝后宫典礼文册的排序，乌喇那拉氏可是比许多有孩子的妃子的排位还要高。她的排位仅次于皇后富察氏和贵妃高佳氏，排第三。

因此，也许乾隆早期对乌喇那拉氏不怎么亲近，但他应该是很尊重乌喇那拉氏的。乾隆能有这份尊重，一方面是因为乌喇那拉氏是自己皇子时期的侧福晋；另一方面，也一定是因为乌喇那拉氏她平常的良好表现以及她对周围人的态度始终都是端庄守礼、合乎法度的。

于是，在这种丈夫对她虽然不亲密，但很尊重的情况下，乾隆十年（1745），28岁的乌喇那拉氏尽管还未生下一儿半女，依然被升为了贵妃。

假如乌喇那拉氏未来的人生轨迹始终保持这样平稳上升的状态的话，那她晚年的生活状况不会太差。因为按照规定和传统，身为贵妃的乌喇那拉氏，她活着的时候每天都会有8名宫女来伺候她；她死后，也大概率会被追封为皇贵妃，葬入地宫，享受祭祀香火。

可后来究竟发生了什么，改变了乌喇那拉氏她原本的人生轨迹呢？

"白月光"阴影下的继后

乌喇那拉氏能成为乾隆的第二任皇后，还真有点阴差阳错。

乌喇那拉氏在乾隆十年的十一月被封为贵妃，这一年正月，当时在后宫排在第二位的贵妃高佳氏病重，医治无效，去世了。接着，又过了不到三年，乾隆十三年（1748）的三月，后宫之首、乾隆的初恋，皇后富察氏在东巡过程中染病去世了。

三年时间过去，乾隆后宫中地位最高的两个人都相继离世了。乌喇那拉氏在后宫中的资历和地位也一下就从第三变第一了。这一年，娴贵妃乌喇那拉氏31岁。就在富察皇后去世的关键时刻，皇太后钮祜禄氏站出来推了乌喇那拉氏一把。

当时，富察皇后的丧期还没过，乾隆正伤心欲绝。皇太后突然找到乾隆，说了这么一段话：

> 皇后母仪天下，犹天地之相成，日月之继照。皇帝春秋鼎盛，内治需人。①

有天就要有地，有太阳就要有月亮，有皇帝就得有皇后。现在皇后没了，儿子你伤心归伤心，但立新皇后这事你也必须得放在心上。

立新皇后，选谁呢？钮祜禄氏接着说道：

> 娴贵妃那拉氏，系……所赐侧室妃，人亦端庄惠下。应效法圣祖成规，即以娴贵妃那拉氏继体坤宁，予心乃慰。②

娴贵妃乌喇那拉氏，论身份，是先帝所选；论人品，为人端庄、对下宽仁，也是绝对的典范。所以，只有立乌喇那拉氏当皇后，母亲我才放心。

就在富察氏的丧期之内，皇太后钮祜禄氏给乾隆施压，要他答应两件事：一、要另立新后；二、要立就得立乌喇那拉氏。

而乾隆当时的回应又是什么呢？

---

① 见《清高宗实录》卷三百十八，乾隆十三年七月初一日。
② 同上。

> 朕以二十余年伉俪之情，恩深谊挚，遽行册立，于心实所不忍。①

意思也很简单，儿子和富察氏的感情很好，现在富察氏刚走，无缝衔接这事，儿子接受不了，容儿子缓一缓。

最终，乾隆和钮祜禄氏达成了一个妥协方案——先找一个人以皇贵妃的身份代行皇后职能，主持六宫工作，等富察氏的丧期过了，再立这个人当皇后。

但此处是有争议的。选乌喇那拉氏当新任皇贵妃，也就是未来的皇后，到底是钮祜禄氏逼乾隆选的，还是乾隆他自己的意愿？大概是乾隆自己主动选了乌喇那拉氏。因为乾隆后来说过这样一句话：

> 因那拉氏，本系朕青宫时，皇考所赐之侧室福晋，位次相当，遂奏闻圣母皇太后：册为皇贵妃，摄六宫事。②

乾隆承认了，选乌喇那拉氏当皇贵妃是他自己主动向母亲奏请的，并非母亲钮祜禄氏强迫的。

31岁的乌喇那拉氏，在没有子嗣的情况下，跃升为皇贵妃，并且在未来会荣升皇后，按常理，她应该会很开心吧？这真不一定。

因为乾隆接下来的行为用实际行动证明了张爱玲的经典比喻——红的变了墙上的一抹蚊子血，白的还是"床前明月光"。在从贵妃到皇贵妃再到皇后的晋升过程中，每个乌喇那拉氏地位上升的关键时刻，乾隆总是要跳出来强调：其实，朕依旧深深地爱着富察氏。

关键的时间点，有三个。

---

① 见《清高宗实录》卷三百十八，乾隆十三年七月初一日。
② 见《清高宗实录》卷一千六十六，乾隆四十三年九月初九日。

第一个时间点是乾隆发布上谕，宣布要立乌喇那拉氏为皇贵妃和未来的皇后的时候。按理说，乌喇那拉氏应该是这篇上谕的主角。可谕旨不管是开场还是中间过渡，乾隆都在表达自己对亡妻富察氏的强烈怀念，话里话外，就9个字：富察氏很好，我很爱她。而当上谕中好不容易聊到"主角"乌喇那拉氏时，乾隆则把锅全甩给母亲钮祜禄氏了。他自己主动选择了乌喇那拉氏这件事，他一个字都没提，反而不断强调，选乌喇那拉氏完全是他母后的意思。

这个时候，若我们是乌喇那拉氏，心里虽然别扭，但可能想想也就忍了，毕竟此番跃迁还是赚了的。而"章总"的胡言乱语，就全当他是初恋刚走，太过伤心，以致忽略了旁人的感受。

第二个时间点，乾隆十四年（1749）正式册封乌喇那拉氏为皇贵妃的时候。此时，乾隆又开始折腾了。由于乌喇那拉氏当皇贵妃要摄六宫事、代行皇后职能，所以册封典礼各方面的规格都特别高，各种典礼中的物料都比往年要好。正当所有人都喜气洋洋的时候，乾隆出了幺蛾子。

当时礼部上奏，说要准备当天给各路公主、王妃、命妇的庆贺礼，乾隆给拦下了，说：这典礼呢，对内好一些就可以了，对外的贺礼实在没必要搞。

> 朕意初封即系贵妃者，公主王妃命妇，自应加敬行礼；若由妃晋封者，仪节较当酌减，此一定之差等。①

如果一开始便是贵妃，外边的这些公主、王妃、命妇倒是应该来行礼的；但如果一开始只是妃，慢慢升上来的，就没必要搞这套了。于是，对外的贺礼就取消了。

---

① 见《清高宗实录》卷三百三十八，乾隆十四年四月初一日。

此时的乌喇那拉氏，大概就只能对自己说，反正典礼快要开始了，忍，接着忍。然而，典礼结束没多久，"章总"又一个人在那儿写诗追忆往昔了。诗写得特别直白：

> 六宫此日添新庆，翻惹无端意惘然。①

今日的后宫啊，大家看起来都挺开心的，不过朕的心情，可是很一般啊。接着，乾隆还生怕别人看不懂，在前边加了注释：

> 遵慈旨册封摄六宫事，皇贵妃庆礼既成，回忆往事，辄益惘然。②

朕的母后大人逼着朕封了个皇贵妃，让朕在回忆往昔时好生难受啊。

我们很难想象，乌喇那拉氏看着乾隆隔三岔五在那写点打油诗是什么心情。不过，乌喇那拉氏心里应该还是有期待的——皇贵妃的典礼可以偷工减料，等富察氏丧期结束后，要举办皇后册封典礼，皇上您不可能再瞎折腾了吧？

乾隆的确没在皇后册封典礼上折腾。乾隆十五年（1750）八月初二，在富察氏丧期过后举行的那场乌喇那拉氏的皇后册封典礼，非常恢宏，一点毛病没有。毕竟皇后的册封礼也代表着皇家的脸面。可11天后的八月十三日，乾隆过生日时，他又开始写诗发牢骚了。诗名叫《万寿日题》，具体写了些什么呢？

> 中宫初正名偕位，万寿齐朝衣与冠。

---

① 弘历：《御制诗二集》卷九，四库全书本，第5页b。
② 同上书，第5页a。

> 有忆那忘桃月节,无言间倚桂风寒。①

新皇后立了,大家也来给朕过生日了,可朕现在这儿回忆起过去的日子,只觉得现在风好大、朕好冷。

乌喇那拉氏作为一个普通的佐领家庭之女,先是被雍正选中当弘历的侧福晋,再到之后被钮祜禄氏和乾隆认可,选为下一任皇后,她的外貌、气质、道德、涵养,一定都是很好的。这么好的条件摆在这儿,乾隆一定是看在眼里的,不然也不可能选乌喇那拉氏当皇后。

可乾隆他心里始终都放不下初恋富察氏,他不痛快。于是,在这种情况下,"章总"在乾隆十六年(1751)的孝贤皇后三周年忌辰,就写下了那首自问自答的著名诗句:

> 岂必新琴终不及?究输旧剑久相投。②

乾隆自己问自己:难道乌喇那拉氏真的比不过富察氏吗?他琢磨了一会儿,有了答案:唉,乌喇那拉氏就是比不上富察氏呀!

这可太难受了。有哪位女性能受得了,自己的老公每天在脑子里跟他的"白月光"前任上演苦情剧呢?这事也只能发生在封建社会,"章总"是皇帝,乌喇那拉氏拿他没有办法。

不过我们也得说,乾隆是有一点点进步的,最起码他开始反思了。"岂必新琴终不及?"说明乾隆也意识到了,乌喇那拉氏挺好的,内向温婉、模样不差、知礼守节。

于是,从这一年开始,乾隆和继后乌喇那拉氏之间的感情逐渐升温,

---

① 弘历:《御制诗二集》卷十九,四库全书本,第26页a。
② 同上书,卷二十五,第21页b。

之后，他们终于有孩子了，而且在三四年之间，连续生了2男1女，一共3个孩子。如此看来，乌喇那拉氏虽然曾经有那么几年是活在富察氏的阴影之下的，但如今也算是苦尽甘来了。

可她的晚年，又怎么会轰然坠落了呢？

不废而废的结局

乌喇那拉氏的人生悲剧，要从乾隆三十年（1765）讲起。

这一年"章总"55岁，乌喇那拉氏48岁，两口子正带着一众嫔妃、宗室和官员在南巡。闰二月十八日上午，两人还在一起吃早点呢。可到了晚上，突然就出事了。出什么事了呢？乾隆当时给京城的亲信捎的原话是：

皇后疯了。[1]

乌喇那拉氏到底干了什么，竟会让乾隆说她疯了？目前，我们能确定的只有一件事：在那一天的下午或晚上，乌喇那拉氏把身边的宫女、太监都请出房间之后，她自己一个人在房间里把头发给剪了。按满洲旧俗，只有家里死人了，才会剪头发，继皇后剪发，相当于公开诅咒乾隆。

乾隆发现这件事的时候，乌喇那拉氏非但不认错，还和乾隆吵起来了。史书记载：

---

[1] 见南京博物院藏《十五阿哥请安折》（两件），转引自王冕森：《清代后妃杂识》，上海社会科学院出版社，2022，第371页。

（乌喇那拉氏）乃至自行剪发，则国俗所最忌者，而彼竟悍然不顾。①

这事确实邪门。别说我们今天没有人确切地知道乌喇那拉氏为什么会突然剪头发，连"章总"自己都不明白乌喇那拉氏为什么会这样。以至于他当时能想到的唯一理由就是继皇后疯了。

接下来，乾隆立刻安排了两件事。第一，乌喇那拉氏剪了头发，第二天肯定不能见人了，所以当天晚上，乾隆就安排乌喇那拉氏回京去；第二，乾隆要求京中的亲信太监把乌喇那拉氏住过的地方给翻个底朝天，找找有无邪祟之物。

他平日恨我必深。宫外、圆明园他住处、净房，你同毛团（太监名）细细密看，不可令别人知道。若有邪道踪迹，等朕回宫再奏，密之又密。②

通过乾隆这段话，我们可以得出一个初步结论：乌喇那拉氏断发之后，肯定表现出了对乾隆的怨气，并且在争吵时大概率把乾隆骂了个狗血淋头，才会让乾隆说出"他平日恨必我深"这种话。甚至让乾隆担心有没有"邪道踪迹"，他忧虑乌喇那拉氏除了剪头发诅咒以外，还想用其他方式魇镇自己。从事后的情况看，乌喇那拉氏应该是没有魇镇乾隆的，否则乾隆不可能保留她的皇后封号。

目前为止，乾隆本人大概率处于蒙圈状态。毕竟他长这么大，从保送夺嫡到登基称帝，几十年来，谁敢这样对他？更让乾隆痛苦的在于，他是个好面子的人，当天晚上他把乌喇那拉氏送走之后，第二天人们很快就发

---

① 见《清高宗实录》卷一千六十六，乾隆四十三年九月初九日。
② 见南京博物院藏《十五阿哥请安折》（两件），转引自王冕森：《清代后妃杂识》，上海社会科学院出版社，2022，第371页。

现皇后不见了。于是谣言四起,传得到处都是。谣言的传播速度夸张到什么程度了呢?

举个例子。

乾隆四十一年(1776),这事都过去10多年了。继皇后这事又被一个叫严譄的人给翻出来了。这个严譄是一个山西的小官,他出于好意传递奏折给一朝廷大员,请其代奏给乾隆。其中一条是劝乾隆立后,然而,在提到继皇后的优点时,严譄说了这样一句话:

纳皇后(乌喇那拉氏)贤美节烈,多蒙宠爱。见皇上年过五旬,国事纷繁,若仍如前宠幸,恐非善养圣体,是以故加挺触、轻生。①

这位老哥说:当初乌喇那拉氏和乾隆吵架,是因为乾隆的夜生活过于"丰富",她怕乾隆年纪大了玩出事,才和乾隆吵起来的。

什么?!把他给朕抓起来,审!这些话,他到底是从哪里听来的?!

审出来的东西真了不得。令乾隆郁闷的是,严譄在供词里交代:

(乾隆)三十年,皇上南巡,在江南路上先送皇后回京,我那时在山西本籍即闻得有此事。人家都说:皇上在江南要立一个妃子,纳皇后不依,因此挺触,将头发剪去。②

乾隆在杭州和媳妇关着房门吵了一架,然后不到一年,连远在山西的人都听说了,并且选择了最博人眼球的版本进行广泛宣传。

乌喇那拉氏因为乾隆要立一个妃子和乾隆闹翻,这个理由是不太成立

---

① 尹耕云:《清代文字狱档(三)》《严譄私拟奏折请立正宫案》,第2页b。
② 同上书,第6页b。

295

的。道理很简单，第一，乌喇那拉氏就不是善妒的人，当年册封她为皇贵妃时，乾隆和钮祜禄氏共同表示乌喇那拉氏为人"端庄惠下"，她是非常有容人之量的；第二，更关键的在于，乌喇那拉氏20多岁的时候都没有因为争风吃醋闹出过丑闻，怎么可能当皇后多年、有皇子了，却在自己奔五十的时候因为乾隆要立某位妃子，就气得自己把头发剪了呢？

所以，乌喇那拉氏剪头发的原因肯定跟别的女的没多大关系。同时，更重要的一点是，不管遇到什么事，乌喇那拉氏都犯不上把头发剪了来诅咒乾隆。因为她把头发一剪，不但把自己糟践了，她自己的亲生儿子——皇十二子永璂也被糟践了。

不过诡异的是，从事后看，永璂虽然在一定程度上受到了母亲乌喇那拉氏断发事件的影响，比如死后没有爵位，在嘉庆年间才追封贝勒等。但其实，永璂本人生前并没有被乾隆过于区别对待。后来乾隆让永璂编书时，还夸过永璂：

汝所进书甚好。……汝所作之书亦甚费心矣。①

这都是宽慰永璂的话。

乌喇那拉氏剪发诅咒乾隆是真的，她多半真骂过乾隆；但"章总"此后没有废除掉她的皇后名号、没有冷落或打压永璂，也都是真的。

于是，当一切都无法从合理的角度解释清楚时，那个唯一的、不大可能的理由，有可能就是真正的原因——乌喇那拉氏在乾隆三十年闰二月十八日那天，她因为某些刺激突然疯了。

所以，乾隆一方面知道了乌喇那拉氏对自己有怨气，想诅咒自己；而另一方面又意识到，乌喇那拉氏可能是真受了什么委屈才疯了的，所以，

---

① 永璂：《日课诗稿（三）》诗注，哈佛大学燕京图书馆藏本，第25页b。

乌喇那拉氏虽"大不敬",乾隆亦选择保留了乌喇那拉氏的皇后名号,且有心安慰永璂。

只不过,乌喇那拉氏到底受了什么委屈,又或者到底是因为什么才疯,这就成了一个谜团。摆在乌喇那拉氏眼前的问题是,乾隆会如何面对一个剪了头发,形象不堪,又对自己有怨气、会胡说八道的疯皇后呢?答案就是两个字:幽禁。

乌喇那拉氏本来贵为皇后,身边应该是有10名宫女伺候的,但乌喇那拉氏一回京,10个宫女就全被乾隆撤了,换成了两个新人。乾隆的目的很简单,就是既要派人盯着乌喇那拉氏,又不能让太多人接触到她。

在幽禁之余,乾隆对乌喇那拉氏肯定也是有怨恨的。道理很简单,乌喇那拉氏的疯话都能让乾隆感受到"他平日恨我必深",可见乌喇那拉氏说的话一定是极其难听的。与此同时,没有人会喜欢讨厌自己的人。

所以,乾隆一回京就把自己给乌喇那拉氏的所有册宝都收回了。之后,在乌喇那拉氏被幽禁的日子里,乾隆满脑子想的都是该如何把这件事冷处理。

他既不想别人见到乌喇那拉氏,也不希望有人讨论乌喇那拉氏。当时的刑部侍郎觉罗阿永阿十分不开眼,他曾想替乌喇那拉氏说话,直接被乾隆流放到黑龙江了。之后,就再也没有官员敢为继皇后求情了。

而乌喇那拉氏,也就这样被乾隆幽禁在冰冷的深宫中,一年多以后病逝,终年49岁。

我们之所以说乌喇那拉氏的人生是个悲剧,在于乾隆对她的处理极其冷酷。乌喇那拉氏去世时,明明还有着皇后的名号,但乾隆却说她犯了错,丧礼只能按皇贵妃的标准办,并且乾隆还绕过了礼部下令,不允许政府官员来操办乌喇那拉氏的丧礼,最后由皇家内务府将这场丧礼草草办了。最后,把乌喇那拉氏的棺椁往之前去世的纯惠皇贵妃的陵寝里一塞,就完事了。

此后，乾隆更是既不允许礼部安排祭祀，也不允许官员商讨乌喇那拉氏的谥号。所以我们今天提到乌喇那拉氏时，都只能叫她一声继皇后，而不能像富察氏一样有"孝贤皇后"的称呼。

到最后，我们只能说，乌喇那拉氏疑似突然疯掉，不管是对她自己而言，还是对乾隆而言，都是一场悲剧。

尽管乾隆竭力地冷处理了，可乌喇那拉氏毕竟是皇后，从官场到民间，从国内到国外，到处都在传继皇后断发一事。传出了无数谣言，什么版本都有。什么"乾隆喜新厌旧"，什么"乌喇那拉氏监守自盗"……说什么的都有。最后，连乾隆都不得不承认：

皇后一事，天下人所共知共闻。①

乌喇那拉氏去世10多年后，人们还在谈论这件事，乾隆终于崩溃了。他开始像父亲雍正写《大义觉迷录》时一样，对人们赌咒发誓：

朕处此事，实为仁至义尽。……朕心事光明正大如此，洵可上对天祖，下对臣民。天下后世，又何从訾议乎？②

朕敢对老天、对祖宗发誓，乌喇那拉氏的事，朕对自己的处理问心无愧，你们爱说啥就说啥吧！

乾隆可能还觉得自己很冤——她都剪头发咒朕死了，朕还给她留着皇后的名号，你们还想怎么样啊？

不过到最后，我们还是要说，乾隆对乌喇那拉氏，肯定是有一些感情

---

① 见《清高宗实录》卷七百六十五，乾隆三十一年七月二十四日。
② 见《清高宗实录》卷一千六十六，乾隆四十三年九月初九日。

的，不然他不可能在富察氏死后主动选择了乌喇那拉氏；而乌喇那拉氏跟着乾隆也一定是受了委屈的，除了她刚当上皇贵妃又升皇后的那几年，乾隆隔三岔五地"公开"追念富察氏恶心人之外，她在晚年一定遇到了我们难以想象的事情，才会突然疯了。因为她的儿子永璂从小到大都挺优秀的，如果不是特别难以想象的事情，一位母亲不可能不顾儿子的前程，选择诅咒皇帝以发泄。

假如人死后真有灵魂的话，乌喇那拉氏在回顾自己的一生时，会不会后悔呢？假如她有选择的权力，她还会愿意在17岁时嫁给弘历，并经历后来的一切吗？又或者说，假如她最后真的疯了，而人疯了的那一刻，其实就是灵魂出窍的那一刻，她的灵魂又会怎么看待那个因崩溃选择断发且胡言乱语，最后被打入冷宫的自己呢？

而乾隆，不管之后他再怎么问心无愧，他最后对乌喇那拉氏的冷处理，仍然是太过无情的。

孝仪皇后

气运颇佳的宫廷少女

魏佳氏，乾隆帝的第三任皇后。魏佳氏原为宫女，正值花季进入后宫，因缘际会，一路晋升为皇贵妃，在儿子永琰承继大统后，被追封为孝仪皇后。魏佳氏的一生从卑微到显赫，堪称清朝后宫中最励志的逆袭故事。可她为自己的家族争过什么权与利吗？从来没有。或许，这便是她被乾隆帝看重的一大原因。

乾隆执政63年，他一共有过3位皇后，每一位都有着自己与众不同的地方。

第一位，孝贤皇后富察氏，这是乾隆一生的挚爱；第二位，继皇后乌喇那拉氏，性格内向、温柔，中年时却选择断发，与丈夫反目，晚景凄凉；第三位，就是孝仪皇后魏佳氏。

一方面，她是乾隆朝最后一位皇贵妃，是继皇后去世后，后宫中地位最高的妃子；另一方面，她的儿子——皇十五子永琰，由乾隆秘密立储，后顺利登基，成了清朝的第六代天子——清仁宗嘉庆。因此，某种程度上，魏佳氏才是在乾隆朝的众多妃子中真正笑到最后的。

然而，魏佳氏也有着自己的遗憾。她的皇后名号是在她去世了整整20年后才被追封的。笑到最后的魏佳氏，为什么没能在生前就更进一步，登上皇后的宝座呢？她的一生又到底都经历过什么呢？

孝仪皇后魏佳氏出身寒微，但她的一生又无比幸运。

扑朔迷离的身世

魏佳氏生于雍正五年（1727），比乾隆小了16岁。关于魏佳氏的早年经历，有一个来自民间的传说。

传说魏佳氏本是一个江南歌女，后来因为姿色不错被买入皇宫。这个传说虽然一度传播得很广，甚至有的影视剧也拍摄了这一传说的剧情，但这个传说其实是立不住的。关于这个传说，我们今天能找到的最早的文字记载，应当出自美国学者恒慕义主编的《清代名人传略》。书中关于魏佳氏的出身，有这样一段记载：

> 颙琰之母孝仪皇后原为苏州女伶，乃是掌管宫中娱乐的衙门升平署自苏州买来或雇用者。

这段记载，尽管看着"古色古香"，很有古代文学风采，但其中的一些细节其实是禁不住推敲的。

最明显的有三点。

第一，魏佳氏应该在乾隆八年（1743）以前就进入皇宫了。而这段记载出现于1943年，中间差了至少200年。巨大的时间差距让这一记载的可信度很有限。

第二，从历史逻辑上讲，这段记载也很难成立。因为魏佳氏出生于雍正五年，乾隆登基时，魏佳氏才9岁。因此，魏佳氏进宫一定是在乾隆登基之后。如此一来，她只能通过选秀女的途径进宫。而一旦涉及选秀，家世、身份都要被严格调查。因此，从历史逻辑上讲，魏佳氏也不可能是江南歌女出身。

第三，这也是最关键的一点，这段叙述提到魏佳氏是被升平署买进或雇进皇宫的，然而事实上，乾隆朝压根就没有升平署，当时负责宫廷演出的机构应该叫"南府"。

因此，从文献年代、历史逻辑、史料史实三个角度来讲，魏佳氏都不太可能是一个江南歌女。

魏佳氏真正的早年经历，应该就是《清史稿》中记载的那样：

魏佳氏，内管领清泰女。①

魏佳氏是内务府一个名叫魏清泰的包衣管领的女儿。

于是，有意思的地方出现了。

清朝皇家的选秀是分两个通道的，一个是八旗选秀，另一个是内务府选秀。八旗选秀选出来的女子可以直接当皇帝的后妃，起步至少是个答应；而内务府选秀选出来的女子，无论你多么优秀，你入宫的起点都只能是一介宫女。

因此，考虑到魏佳氏父亲魏清泰只是一个内务府的小管领，所以，魏佳氏刚入宫的时候，她的身份应该只是宫女。

一个宫女，后来又是怎么一步步成长为一朝皇后的呢？

温婉如水的宠妃

魏佳氏究竟是哪一年入宫的，我们今天已经找不到准确的记载了。但考虑到内务府选秀时，候选女子的年龄一般都在13岁至17岁之间，所以，魏佳氏多半是在乾隆四年（1739）到乾隆八年之间入宫的，最可能是她十四五岁的时候。

这里存在一个更重要的问题：少女时期的魏佳氏刚当宫女时，她伺候的那位主子会是谁呢？根据目前的资料推测，魏佳氏当时跟的主子应该就

---

① 赵尔巽等：《清史稿》卷二百十四，《列传一·后妃·孝仪纯皇后》，中华书局，1977，第8918页。

是乾隆的初恋、皇后富察氏。

证据就是，富察皇后是乾隆十三年（1748）去世的，魏佳氏是在乾隆四十年（1775）去世的，魏佳氏去世后，乾隆直接将魏佳氏葬在了富察皇后的地宫中。他还专门写诗解释了自己的安排：

旧日玉成侣，依然身傍陪。[1]

魏佳氏和富察皇后她俩生前是很亲近的，死后也让她俩做伴吧。至于二人亲近的原因，乾隆还写了批注：

令懿皇贵妃（魏佳氏）为皇后所教养者，今并附地宫。[2]

魏佳氏刚入宫时，宫里的大小规矩都是富察皇后教给她的。所以，魏佳氏入宫后大概率是在富察皇后身边当差的。

然而，最核心的问题是：魏佳氏是怎么从富察皇后身边的一个宫女，变成乾隆的后妃的呢？对于这个转变过程，史书上并没有具体的记载。实际上，它也没法被记载。

其实，这件事我们仔细想想就能知道原因。大概，在某种特殊的情况下，魏佳氏应该非常幸运地，一不小心和"章总"发生了一些美丽的"意外"，才从宫女升为后妃。因为史书中明确写道：

宫女子侍上，自常在、答应渐进至妃、嫔。[3]

---

[1] 弘历：《御制诗四集》卷三十五，四库全书本，第14页b。
[2] 同上。
[3] 赵尔巽等：《清史稿》卷二百十四，《列传一·后妃》，中华书局，1977，第8897页。

通常在这种情况下，一个宫女才能完成飞上枝头变凤凰的转变。

而且，我们在这里不妨做一个推测：魏佳氏当年之所以能得到乾隆的青睐，从一个宫女变成乾隆帝的后妃，很有可能是她的主子——富察皇后帮了忙。在魏佳氏之前，清朝有两个宫女变成后妃的案例，而这两个人都生活在康熙朝，一个是老八允禩的母亲卫氏，另一个是老十二允祹的母亲万琉哈氏。只不过，这二人当年能从宫女升为后妃都有一个很重要的前提——她俩都生下了皇子。

可魏佳氏不一样，她在乾隆十年（1745）被封为令嫔时，还没有孩子。换句话说，在母以子贵的后宫中，魏佳氏是没有子女可依仗的。

因此，魏佳氏当年能从宫女变成后妃，一方面应该是因为她和乾隆之间发生了一些故事；另一方面应该是因为富察皇后真的是一个特别好的人，她和魏佳氏的感情非常深厚，所以帮了魏佳氏一把。否则，身为正宫的富察氏若是不同意，魏佳氏在没有子嗣的情况下，多半无法实现从宫女到后妃的升级。

魏佳氏在得到了乾隆和富察皇后的双重肯定后，乾隆十年，她先从宫女被升为贵人，紧接着，在这一年十一月，魏佳氏被封为令嫔，有了自己的封号。

这个"令"字是什么意思呢？有两种说法，一说取自《诗经·大雅》的"如圭如璋，令闻令望"，意指气质高雅、品德美好；还有说这个"令"字取自满文"mergen"，是聪明、睿智的意思。

显然，满文、汉文的两种含义放在魏佳氏身上应该都是恰当的。

一方面是因为乾隆在册封魏佳氏时所说的是：

咨尔贵人魏氏，久娴姆教，长奉女箴礼法是宗。凛小心而严翼，敬勤

307

弗怠，遵内则以温恭。兹仰承皇太后慈谕，册封尔为令嫔。[①]

"章总"对魏佳氏的形容就是气质高雅又品德美好。

另一方面，魏佳氏从一个宫女一路升到皇贵妃，执掌六宫多年，没有留下任何乾隆对她不满的记录，还把一个儿子培养成了皇位继承人。所以，她不可能是不聪明的。

这样气质高雅、品德美好还聪明伶俐的魏佳氏十分惹人怜爱，不过她和乾隆的关系最开始却很平淡。

魏佳氏被封为令嫔以后，乾隆对魏佳氏长期处于一种有好感、愿亲近，但并不热情的状态。

说有好感、愿亲近，是因为魏佳氏在被封为令嫔后，仅仅过了三年，就被乾隆升为令妃。那一年，魏佳氏才22岁，她的升迁速度是非常快的。

还有一件事也能证明乾隆是比较在意魏佳氏的。

乾隆十六年（1751），魏佳氏25岁。这一年，魏清泰已因病去世了。魏清泰除了魏佳氏这个女儿之外，还有三个儿子。只不过这三个儿子能力有限，也不成器。总之，魏清泰去世后，他们一家人不但没攒下什么钱，反而在外面欠了800多两银子的外债。"章总"听说这件事之后，直接大手一挥，帮魏佳氏她家把这笔钱给还了，同时又额外赏了她的家人一些房子和土地。

所以，不管是从魏佳氏的升迁速度，还是从乾隆对其家人的关心，都能看出乾隆是很在意和关照魏佳氏的。

那为什么又说乾隆对魏佳氏并不热情呢？很简单，俩人没有孩子。魏佳氏最晚也得是乾隆八年入宫的，但她却直到乾隆二十一年（1756）才第一次生孩子。

因此，其间魏佳氏和"章总"的相处应该比较融洽，但相处得不多。

---

① 见《清高宗实录》卷二百五十三，乾隆十年十一月十七日。

在那个阶段，乾隆还是把更多的感情先后放在富察皇后和继皇后身上了。

不过即便只是这样不远不近的状态，魏佳氏应该也是非常知足的。

毕竟，她一个宫女出身的人能升到妃位，从伺候别人到被别人伺候，拥有这种翻天覆地的转变已经是非常幸福、幸运的了。史书记载：

宫女子额数，……妃位下六名。[①]

在魏佳氏和乾隆相处不多的那个阶段，她每天有6个宫女伺候着，每年的各种年例也不少，物质条件上是非常舒服的。况且，自己家里人的经济困难，"章总"也帮忙解决了。

在某种程度上，即便没有后来拥有的一切，魏佳氏只是这样在妃位上过一辈子，也算相当舒服的。不过，有时候缘分来了，真是挡都挡不住。

此前10年都没孩子的魏佳氏，从乾隆二十年（1755），她29岁那年开始，她和乾隆的关系突然就从之前的平淡如水，变得像火山爆发一样炽烈了。在"章总"的努力下，从乾隆二十年到乾隆三十年（1765），10年之间，魏佳氏居然怀孕了7次。不过可能因为怀孕实在是过于频繁，导致魏佳氏的身体得不到充分休息，所以在此期间魏佳氏虽怀孕了7次，但最终经历了1次流产和2次孩子的夭折。

幸好还有4个孩子长大成人了，一共两男两女，分别是皇十五子永琰、皇十七子永璘、七公主和九公主。值得一提的是，皇十七子永璘出生时，魏佳氏已经40岁了，即便放到医疗技术十分发达的今天，女性在40岁高龄生孩子也是很危险的。

于是，对于魏佳氏频繁怀孕、生育的这段经历，人们产生了两种截然

[①] 鄂尔泰、张廷玉等编纂《国朝宫史》卷之八，《典礼四》，北京古籍出版社，1994，第138页。

相反的评价。

第一种评价认为，魏佳氏十年七孕，毫无疑问地体现了乾隆对她的喜爱，及他们夫妻二人之间关系之亲密；第二种评价认为，令妃十年七孕，一次流产，两次孩子夭折，可见她的身体状况并不好，在这种情况下乾隆还让令妃频繁怀孕，就可见乾隆其实并不珍惜令妃。

这两种截然不同的评价都有道理，但第一种似乎更为恰当。就十年七孕而言，只能证明乾隆对魏佳氏的喜爱，并不能说乾隆不珍惜魏佳氏。

理由有二。

第一点，乾隆在类似的情况下是有"前科"的。他若真想和哪位妃子亲近，他就会在某个阶段和这位妃子反复、频繁地接触。富察皇后三年三孕、继皇后四年三孕、嘉妃金佳氏六年三孕，类似的情况之前都出现过。因此，对比来看，魏佳氏十年七孕虽然数字更大了，但实际上没有那么夸张，只能算是"章总"的常规操作。

与此同时，我们说乾隆并非不珍惜魏佳氏的第二点理由在于，当魏佳氏出状况时，乾隆的关怀是非常到位的。

乾隆二十四年（1759），魏佳氏流产了，乾隆立刻把魏佳氏升为贵妃以示安抚；而且，在册封仪式上，乾隆还专门安排了首席大军机傅恒和协办大学士刘统勋，一满一汉，当朝最有权势的两位大臣一起去举行这场册封礼；再加上，这本身是来自"章总"的命令。相当于魏佳氏33岁流产时，当时中国政治地位最高的三位男性绑在一块来安抚她、关心她，想让她尽量宽慰一些。

再考虑到之后魏佳氏在乾隆朝的节节高升，我们得承认，十年七孕这件事，绝对不是乾隆不珍惜魏佳氏的表现。这似乎就是"章总"一边宠爱，一边又情不自禁才会出现的情况。

于是，又一个重要的问题出现了：十年七孕、备受宠爱的魏佳氏，怎么就没能在生前更进一步，登上皇后的宝座呢？

难以立后的遗憾

首先，33岁的魏佳氏已被升为贵妃，之后如果还想再获得升迁就很难了。

按清朝后宫的妃位等级来看，贵妃以上，就只有皇后和皇贵妃这两个级别了。考虑到当时继皇后还在世，只要乌喇那拉氏不出事，魏佳氏就不可能当上皇后。那不当皇后，当皇贵妃，有机会吗？有机会，但不大。清朝后宫有一个不成文的规定：皇后活着时，是不立皇贵妃的。除非皇上特别宠爱，加上这个妃子又病重了，那么才有可能在临终前被加封为皇贵妃；或者皇后虽然活着，但皇后出现了极大的变故，不能再统率六宫了，皇帝才会设立皇贵妃，对后宫事务代为管理。

因此，只要继后乌喇那拉氏在世，并且保持一切正常，魏佳氏再受宠，也是不可能当上皇贵妃的，更不用说皇后了。

然而，我们都知道，乌喇那拉氏身上有一场意外很就要发生了。没错，就是前面提到的"断发事件"。因此，重大变故出现了，继皇后虽然还活着，但被幽禁了，她已经丧失了管理六宫的能力和资格。于是，在乾隆三十年（1765）的五月初九，乾隆正式册封魏佳氏为皇贵妃，主持六宫的日常工作。魏佳氏由此来到了自己的人生巅峰。

这里也产生了一个争议。因为乾隆三十年闰二月乌喇那拉氏断发被幽禁，五月初魏佳氏就被升为皇贵妃，两件事挨得太近了。于是有人猜测，继后断发，会不会就是因为乾隆对魏佳氏的偏爱招来继皇后的嫉妒，让后者一时冲动把自己的头发剪了呢？但从具体的情况来分析，乌喇那拉氏断发应该跟令妃是没有太大关系的。

我们梳理一下，乾隆三十年闰二月乌喇那拉氏断发时，她已经48岁了，她的儿子皇十二子永璂也成长得很好，再加上她自己的皇后位置很稳固，并且早年关于乌喇那拉氏性格的记载也都是"端庄惠下"之类的，因此，无论是从年纪、地位、孩子，还是性格而言，乌喇那拉氏都不可能为了争风吃醋就鱼死网破地把自己头发剪了、和乾隆翻脸的。

还有一点，乌喇那拉氏断发这件事，基本上是乾隆朝中期宫中最大的丑闻，是乾隆内心极其在意的一种百思不得其解的永恒伤痛。以"章总"的精明，如果魏佳氏在这件事上有一丝一毫的问题，他都不可能让魏佳氏去主持六宫工作整整10年的。因此，从乾隆的角度来看，魏佳氏也应该是清白的。

很多时候，尽管阴谋论听起来更有说服力，但实际原因可能非常简单——乌喇那拉氏突然受到某些刺激而真的发疯，把自己的头发给剪了。因为继皇后断发诅咒丈夫，更无法见人，震怒的"章总"必然要将她幽禁。于是，在后宫动荡的关键时刻，总得有个人来主持工作，那乾隆自然就会选择当时和自己亲近的可靠之人，也就是魏佳氏，来承担这份重任。随之，魏佳氏升为皇贵妃。

以上可能就是最符合时间线和逻辑的情况了。

可当乾隆三十一年（1766），继皇后去世后，身为皇贵妃的魏佳氏，怎么就没能更进一步登上皇后的宝座呢？

这其中的原因相对复杂。

首先，魏佳氏的出身是我们不能回避的。身为内务府管领的女儿，以宫女起步能做到皇贵妃，在清朝就已经是破天荒的案例了。如果再封为皇后，那要面对的政治阻力和压力太大了。说得直白一点，你爸爸就是个内务府的包衣，你能一路升到皇贵妃已是幸运非凡了，还想活着时就当正宫娘娘？

其次，当时乾隆的年纪太大了，不好立后。影视剧可能会给我们皇帝很年轻的错觉，可实际上，乾隆三十一年乌喇那拉氏去世时，"章总"已经56岁了。在立后这事上，年纪的压力就比较大，尤其是还有祖父康熙、父亲雍正的两组数据做对比。

康熙最后一位皇后是孝懿仁皇后佟佳氏，佟佳氏去世时，康熙36岁，之后就没再立过新皇后；雍正因为对女色的兴趣有限，生前就只有过孝敬宪皇后乌喇那拉氏这一位皇后，而乌喇那拉氏去世时，雍正54岁，他之后也没再立过新皇后。

在祖父36岁后就不立新皇后、父亲54岁后就不立新皇后的先例下，让"章总"在56岁时再立个新皇后，其实是很不合适的。而且，乾隆自己的两任皇后最终都很令人唏嘘：富察皇后，30多岁早早病逝；继皇后断发，反目成仇。把谁放到乾隆那个位置上，可能都没什么心情再立新皇后了。

所以，考虑到魏佳氏的出身以及"章总"的年纪和心理状态，魏佳氏没能成为第三任皇后其实才是最合常理的。

但不立为皇后，并不代表人家两口子的感情不好。

魏佳氏的两儿两女，乾隆待他们都不错。魏佳氏的大儿子皇十五子永琰，这是被秘密立储的储君；二儿子皇十七子永璘，20岁出头便封为多罗贝勒；大女儿七公主，嫁给了超勇亲王策凌的孙子拉旺多尔济；二女儿九公主，嫁给了一等武毅谋勇公兆惠的儿子札兰泰。

此外，魏佳氏的大女儿七公主出嫁时，封号是"固伦和静公主"。要知道，清朝的公主，只有皇后的女儿才能叫"固伦公主"，其他后妃生的女儿都只能被封为"和硕公主"。

所以，魏佳氏虽然在位次上不是皇后，但实际待遇等同皇后。一方面，魏佳氏是唯一的皇贵妃，六宫日常事务的实际负责人；另一方面，她的大儿子是储君，大女儿是固伦公主，享受的可全都是皇后子女的待遇。

只不过，历史和生活有时就是会充满遗憾。尽管夫妻和睦、儿女双全，但魏佳氏最终没能活到儿子永琰登基的那天。乾隆四十年的正月，先是魏佳氏的大女儿七公主突发意外，年仅20岁就因病去世了。之后，可能是受早年频繁怀孕的影响，魏佳氏的身体一直不大好，在丧女之痛的打击下，仅仅19天后，魏佳氏也撒手人寰了。终年49岁。

在魏佳氏去世后，或许是出于对过往的怀念，乾隆余生再没立过皇贵妃。他把魏佳氏生前所在的那个位置永远地空了下来。

最终，直到乾隆六十年（1795），皇十五子永琰的储君身份被公开后，乾隆才亲自宣布了追封魏佳氏为皇后的诏令：

> 立皇十五子嘉亲王颙琰为皇太子。……皇太子生母令懿皇贵妃，着赠为孝仪皇后，升祔奉先殿，列孝贤皇后之次。①

姐妹二人，又重新在一起了。

此时，魏佳氏已经去世整整20年了。而且母以子贵，到如今，也没人会刻意去提她只是内务府包衣的女儿了。人们只会感慨，魏佳氏好厉害，从一个宫女一步步走到了皇后之位。最后我们要说，魏佳氏自己很好，她遇到的人也很好。如果她在刚入宫时，遇到的不是富察氏，她很难在没有子嗣的情况下进入后宫，在后来跃升封嫔。而她自己，10年平淡，20年荣宠，始终小心翼翼，我们既没看到乾隆批评过她的记录，也没听说过她帮着家里人争取过什么权势，反倒是有说法称魏佳氏当年曾有意避免家族兄弟入朝为官。

我们不得不感慨，魏佳氏的一生正如她的封号那样"如圭如璋，令闻令望"，真是气质高雅、品德善良。

好了，魏佳氏的故事就暂且告一段落了。而乾隆三任皇后的故事，到此也就结束了。

---

① 见《清高宗实录》卷一千四百八十六，乾隆六十年九月初三日。

熹贵妃

母子情深的太后温情

钮祜禄氏是雍正朝的熹贵妃，也是乾隆朝的崇庆太后，她去世后被追封为孝圣宪皇后。钮祜禄氏活了86岁，被视为清代最幸福的太后之一。尽管有些影视剧中的钮祜禄氏一生跌宕起伏，难免冷酷、狠辣，但历史上的钮祜禄氏并未久经宫斗，且有着宫廷里难得的平和与温情。

她是乾隆的母亲孝圣宪皇后钮祜禄氏，也是影视剧《甄嬛传》中熹贵妃甄嬛的历史原型。

在许多影视剧中，钮祜禄氏一生中遭遇了无数宫廷斗争，逐渐从一只懵懂的小白兔，一步步变成了一位颇为腹黑的宫斗冠军，最终站到了雍正朝后宫的顶峰。

但这些跌宕起伏的经历大多都是影视作品富有创意的演绎桥段。历史上的钮祜禄氏，尽管她的确在雍正的一众嫔妃中笑到了最后，并在乾隆朝成了后宫中至高无上的圣母皇太后，可她本人的崛起过程却不像影视剧中设计的那样步步为营，实际上具有很大的传奇色彩。

那么，历史上的孝圣宪皇后钮祜禄氏在她漫长的80多年的人生中到底都经历过什么呢？这位清朝最高寿的皇太后，从出身寒微到天下奉养，她的人生不可谓不璀璨。

小门大姓的格格

钮祜禄氏生于康熙三十一年（1692），满洲镶黄旗人。

从姓氏和出身来说，钮祜禄是满洲八大姓之一，镶黄旗是满洲上三旗之一，因此，许多朋友可能会觉得钮祜禄氏出生在一个政治、经济条件都非常优渥的满洲贵族家庭。恰恰相反，钮祜禄氏本人的出身并不优渥，而且是相对贫寒的。

因为钮祜禄是个大姓，钮祜禄一族中有许多家族分支，这些纷繁的家族有强的也有弱的。

其中最强的当数额亦都家族。额亦都家族有多强呢？简单来说，额亦都本人是清朝的开国元勋，努尔哈赤时期的后金五大臣之一。他的儿子遏必隆是康熙朝初期的四大辅臣之一。此外，额亦都家族的四代人都是清朝的一等公爵，代代位高权重。

然而钮祜禄氏，她的家族虽然也姓钮祜禄，但和额亦都家族是完全没法比的。钮祜禄氏的曾祖父额宜腾是额亦都的堂兄弟，但是这对堂兄弟的关系比较疏远，两家亲戚也不怎么走动，后代关系也就越来越远。

额亦都家四代都是一等公，额宜腾家族却一代不如一代。比如钮祜禄氏的祖父吴禄和父亲凌柱，父子俩都属于朝廷的中下层官员，更别提一等公了。史书记载：

孝圣宪皇后，钮祜禄氏，四品典仪凌柱女。①

典仪是什么官呢？简单来说就是清朝的王公贵族家中带编制的服务员，负责接待客人，引导礼仪，会根据工龄长短和工作表现，给其下到八品、上至四品的职级。因此，凌柱的四品典仪一职，只能算是伺候人的高级服务生，没什么实权。

出生在这样的家庭，在满洲内部，钮祜禄氏肯定得算是出身寒微了。此外，各种坊间流言及钮祜禄氏后来的一些表现，都能印证她小时候应该干过粗活，有过一段苦日子。度过相对贫寒的童年之后，她在少女时期，

---

① 赵尔巽等：《清史稿》卷二百十四，《列传一·后妃·孝圣宪皇后》，中华书局，1977，第8914页。

也没有过多少好日子。

康熙四十三年（1704），也就是钮祜禄氏13岁那一年，她被送到了皇四子胤禛的府上，负责伺候胤禛。不过，钮祜禄氏那会儿是没名分的。因为那时老四胤禛的爵位是贝勒，作为贝勒，他的妻妾里真正带名分的一共有三位：一位嫡福晋，两位侧福晋。

钮祜禄氏刚到胤禛府上的待遇如何呢？史书记载：

后年十三，事世宗潜邸，号格格。[1]

钮祜禄氏进贝勒府时不是福晋，只是个格格。格格在满语里是"小姐"的意思，在清代早期是对妇女的一种泛称。

也许有人会问：13岁的钮祜禄氏没当上福晋，是因为胤禛当时家里的三个福晋名额满了吗？还真不是。康熙四十三年的时候，胤禛家中只有嫡福晋乌喇那拉氏和一位侧福晋李氏，还有一个侧福晋的位置空着。

这个侧福晋的位置，从钮祜禄氏到胤禛府上开始算起，一空就是七八年。最后谁得到了这个侧福晋的位置呢？有的朋友可能已经猜到了，这个名额最后给了年羹尧的妹妹年氏。康熙五十年（1711）前后，由康熙亲自指婚，年氏一进老四的家门，就是带着名分的侧福晋了。

这样老四家中的情况就很有意思了。两个侧福晋，一个姓李，一个姓年，却有位格格是大姓钮祜禄。不难看出，钮祜禄氏的出身和娘家的实力着实有限。

对比一下我们也能发现，胤禛这三位福晋的娘家人都是有背景的。嫡福晋乌喇那拉氏是康熙朝九门提督那拉·费扬古的亲闺女；侧福晋李氏是

---

[1] 赵尔巽等：《清史稿》卷二百十四，《列传一·后妃·孝圣宪皇后》，中华书局，1977，第8914页。

知府李文辉的女儿，知府虽然不是大官，但也算是地方大员；年氏，都不用说她的二哥年羹尧后来有多么权势滔天，单说她父亲年遐龄，那也是当过工部左侍郎和湖广巡抚的高官。

钮祜禄氏身为典仪的女儿，她在胤禛府里当格格的那段日子肯定是比较难受的。更关键的一点在于，钮祜禄氏身为一个生活在封建社会的女性，不但家庭条件一般，她本人的相貌似乎也不太可人。

这么说的理由有两点。

第一，从清朝到民国时期，几乎所有涉及钮祜禄氏相貌的流言都说钮祜禄氏的长相是相对一般的。比如著名编辑周黎庵在《清乾隆帝的出生》一文中就曾引用近代诗人冒广生的说法：

> 弘历再番南巡中，有奉皇太后巡幸者，江南命妇，得见太后颜色，口碑流传，多谓太后之貌奇寝。①

"奇寝"，就是非常不好看的意思。考虑到钮祜禄氏晚年是经常出游和百姓见面的，如果钮祜禄氏长得很漂亮，那流言很难是这样一水儿的差评。

第二，除了流言之外，我们今天也能通过钮祜禄氏晚年的画像去推测她年轻时的样貌。必须要说，"奇寝"这一形容有些过分。钮祜禄氏有着一副正常的平平无奇的长相，只能说在审美相对清秀的胤禛眼中，钮祜禄氏的相貌不足以扭转她家境方面的劣势。此外，我们能够发现，钮祜禄氏嫁到胤禛家之后，在长达6年的时间里，她都是没有怀孕的。

钮祜禄氏在少女时期，在她最初嫁给胤禛的那几年应该挺难熬的。毕竟，一个十几岁的女孩，家中条件一般，相貌也没有优势，丈夫跟自己也不亲近。这样下去，钮祜禄氏很可能就要像古代许多嫁给王公贵族的平

---

① 周黎庵：《清乾隆帝的出生》，《古今》，1944年第45期。

孝圣宪皇后画像

凡女性一样落寞一生。然而我们都知道，钮祜禄氏后来完成了一次绝地大翻盘。

那她具体是怎么翻盘的呢？正史没有记载，但是民国初任国史馆馆长王闿运在自己的笔记中写道：

宪皇帝肃俭勤学，靡有声色侍御之好，福晋别居，进见有时。[①]

胤禛年轻时，每天都很勤奋，学习也很认真，对女色的兴趣不大，和他那几个老婆都不太亲近，该见面时才见面。康熙四十九年（1710）的夏天，33岁的胤禛忽然得了一场严重的传染病。笔记记载：

会夏被时疾，御者多不乐往。孝圣奉妃命，旦夕服事唯谨。连五六旬，疾大愈，遂得留侍，生高宗焉。[②]

在胤禛生病时，大多数老婆不愿意去伺候，有一位福晋安排钮祜禄氏过去照顾胤禛。结果，钮祜禄氏就这么从早晨到晚上贴心地照顾胤禛，照顾了五六十天后，胤禛的病好了，钮祜禄氏也怀孕了。

转年，康熙五十年，钮祜禄氏就生下了她这一辈子唯一一个孩子——爱新觉罗·弘历。而接下来的故事，我们也都清楚了，在康熙朝晚年夺嫡之战最激烈的时刻，雍亲王胤禛非常希望自己能有一个优秀的儿子来讨父亲康熙的欢心。在长子弘晖和次子弘昀相继去世之后，胤禛在世的儿子就只剩下老三弘时、老四弘历、老五弘昼和没断奶的福宜阿哥了。弘历就是

[①] 王闿运：《湘绮楼诗文集》，《湘绮楼文》卷第五，《今列女传·母仪》，岳麓书社，2008，第153页。

[②] 同上。

最出色的那一个。

老三弘时因为某种我们不知道的原因，早早就得罪了康熙。老五弘昼虽然只比四哥弘历小一岁，但这对兄弟一起上学读书时，弘历的学业水平是远超弘昼的。当然从事后看，弘昼本人的脑子挺灵光的，学东西也很快。最合理解释就是，"章总"小时候太聪明了，对同龄人展现了碾压级的优势，像是什么背古文典籍，手到擒来。

所以，假如胤禛想把一个儿子介绍给康熙来讨老父亲的欢心，那就只能是弘历。乾隆自己后来回忆童年往事时都说：

皇考始有心奏皇祖，令予随侍学习。①

朕的父亲啊，老是想把朕介绍给他的父亲。

接着，机会来了。

在康熙执政的最后一年，康熙六十一年（1722）的某一天，康熙忽然到胤禛家串门，老四果断抓住时机，把儿子弘历介绍给康熙认识。而祖孙的见面，既改变了小弘历的命运，也改变了钮祜禄氏的命运。当时，小弘历聪明伶俐、表现出色，康熙一看就非常喜欢。史书记载：

（圣祖）见即惊爱，命宫中养育。②

这次串门之后，康熙就直接把小弘历带回宫中亲自调教、培养了。

小弘历被康熙接到宫中之后，这对祖孙平时都会聊些什么我们不得而

---

① 弘历：《游狮子园》诗注，见《御制诗五集》卷九十一，四库全书本，第6页b。
② 见《清高宗实录》卷一，雍正十三年八月。

知，但后来发生了一件特别有意思的事情。

在弘历被康熙接进宫中差不多半年之后，康熙又带着孙子弘历到胤禛家串门去了，还吃了顿饭。这顿饭，本来能参与的一共就4人，除了康熙、胤禛、弘历祖孙三人之外，还有一人是胤禛的嫡福晋乌喇那拉氏。结果，还没开饭，康熙突然提出，他想见见弘历的母亲。史书记载：

圣祖幸园中进膳，特命孝敬宪皇后率孝圣宪皇后，问安拜觐。①

公公康熙和儿媳妇钮祜禄氏见面的场景属实有趣。史书记载：

（圣祖）天颜喜溢，连称有福之人。②

康熙见了钮祜禄氏之后喜笑颜开。康熙非常喜欢钮祜禄氏，还称赞她为"有福之人"。

这一年的钮祜禄氏已经31岁了，她嫁给胤禛已经18年了。这18年里，她只怀过一次孕，生过一次孩子。而且，即便弘历那么优秀，钮祜禄氏仍然只是一个格格，早年间没留下任何胤禛对她的赏赐记录。在钮祜禄氏早期的婚姻生活中，她除了儿子，一无所有。

而现在，就在这桌她自己本来无法参与的家宴上，这个国家的最高掌权者、她的丈夫胤禛最想讨好的人——她的公公康熙，却连连赞道：钮祜禄氏，你是个有福之人。

于是，含辛茹苦31年的钮祜禄氏，似乎从这一刻开始，忽然开启了自己的逆袭之路。

---

① 见《清高宗实录》卷一，雍正十三年八月。
② 同上。

母以子贵的熹妃

康熙六十一年十一月十三日夜里，康熙驾崩。雍正元年（1723）二月，雍正在父亲康熙的百日丧期过后开始封妃。此时，就能看到钮祜禄氏的地位已经不一样了。

雍正先是封嫡福晋乌喇那拉氏为皇后，这是没悬念的。接着，雍正又封侧福晋年氏为贵妃，年羹尧在雍正夺嫡的关键时刻起了重要作用，年氏封贵妃也是必然。

而接下来，雍正封了侧福晋李氏为齐妃，又封了钮祜禄氏为熹妃。这样，钮祜禄氏不但和原本的知府女儿李氏平起平坐，而且成了当时雍亲王府所有格格中唯一一个升到妃位的。同样生下儿子的老五弘昼的母亲耿氏只被封为裕嫔，未到妃位。

> 谕礼部：奉皇太后懿旨，侧妃年氏，封为贵妃；侧妃李氏，封为齐妃；格格钮祜鲁（禄）氏，封为熹妃；……格格耿氏，封为裕嫔。[1]

到目前为止，钮祜禄氏在雍正的后宫中，至少也是地位明确的第四号人物。她前面的，分别是一号人物皇后，二号人物年贵妃，三号人物齐妃。

这就是命运的神奇之处。钮祜禄氏用实际行动证明了在封建社会的皇家宫廷之中，一位女性有健康的好身体和一个优秀的好儿子是多么重要的事情。

雍正三年（1725）十一月，最受雍正宠爱的年贵妃因病去世，钮祜禄氏在后宫中的地位也从四号升到了三号。齐妃李氏的儿子弘时，因为

---

[1] 见《清世宗实录》卷四，雍正元年二月十四日。

在父亲胤禛和八叔允禩的政治对抗中没有支持父亲胤禛,反而支持八叔允禩,被雍正断绝了父子关系。雍正四年(1726)二月,雍正降旨:

> 弘时为人断不可留于宫廷,是以令为允禩之子。[①]

让弘时去当允禩的儿子。失去了皇子的齐妃李氏也在后宫中被逐渐冷落。

就这样,从雍正四年起,35岁的钮祜禄氏就成了后宫中事实上仅次于皇后乌喇那拉氏的二号人物了。到了雍正八年(1730),在年仅20岁的儿子弘历出版了自己人生中的首套诗文作品选集——选用了1388首诗和许多文章的《乐善堂全集》——的同一年,39岁的钮祜禄氏被雍正晋升为熹贵妃。她也就此成了继年贵妃去世后,雍正后宫中唯一一位贵妃。从事实上到名义上,钮祜禄氏都成了雍正后宫中毫无悬念的二号人物。

二号人物还没当多久,转年的秋天,皇后乌喇那拉氏就因病去世了。钮祜禄氏一下子就在后宫登顶,成了六宫之首。

所以,钮祜禄氏当皇妃的经历,还真没那么多的宫斗。一共就3个对手,2个因病去世的,1个因儿子不争气而下擂台的。历史上的熹贵妃钮祜禄氏,什么都没干,对手就全倒下了。

但我们还是不得不说,雍正和钮祜禄氏的夫妻关系想来还是比较一般的。理由有三:

第一,这两口子在一起过了31年,钮祜禄氏就只怀孕过一次,二人肯定是不亲密的。

第二,在雍正九年(1731)皇后乌喇那拉氏去世后,整整4年时间,熹贵妃也没有再进一步升为皇贵妃或皇后,仅仅以贵妃的身份主持后宫工

[①] 《宫中档雍正朝奏折》第二十六辑,第291页;转引自杨珍《雍正杀子辨疑》,《清史研究》,1992年第3期。

作。虽然这是雍正遵循祖制的常规操作，但也能证明熹贵妃在雍正心中并不特殊。因为对雍正而言，要是真喜欢谁，祖制和祖宗规定之类的，他还真不当回事。他说要给老十三允祥一顶铁帽子，就真给允祥一顶铁帽子；说让张廷玉一个汉臣配享太庙，就在遗诏中让张廷玉配享太庙。没让熹贵妃更进一步，其实是因为她不足以让雍正更进一步。

第三，也是最要命的一点，31年前，钮祜禄氏嫁给胤禛时，钮祜禄氏的父亲是四品典仪，31年过去了，钮祜禄氏的父亲还是四品典仪。雍正如此对钮祜禄氏的家人，其实就是因为感情不够。

但不管怎样，钮祜禄氏还是赢了。因为她有顶好的儿子——爱新觉罗·弘历。在雍正十三年（1735）八月雍正帝驾崩之后，弘历继位，弘历成为乾隆皇帝之后，钮祜禄氏的人生立刻有了无与伦比的跃升。根据后续的发展来看，很明显，"章总"想把母亲大人曾经失去过的、没有享受过的，全部补偿给她。

这一年，钮祜禄氏44岁。

福寿双全的太后

雍正十三年八月二十三日，雍正帝去世。同年年底，乾隆封母亲钮祜禄氏为圣母皇太后，尊号"崇庆"。乾隆的外公，钮祜禄氏的父亲凌柱当时还在世，乾隆大手一挥，给凌柱封了个一等公爵。光凌柱是一等公还不够，乾隆还追封凌柱的父亲吴禄、祖父额宜腾为一等公。当年额亦都家族不是代代一等公吗？现在我母亲家的这一支钮祜家族，也得是代代一等公。父皇不给，朕给。

崇庆皇太后，曾祖父额宜腾、祖父吴禄，俱追封为一等公；妻俱追封公妻一品夫人。父，现任四品典仪官凌柱，封为一等公；妻，封为公妻一品夫人，世袭罔替。①

除此之外，乾隆还给外公凌柱升了官。他把凌柱升为从一品的内大臣，清朝宫廷侍卫处的二把手。此外，像什么许紫禁城骑马之类的特殊优待和荣誉，也都不吝送出。乾隆的封赏理由是什么呢？

外祖凌柱之先人，世敦淳朴，克笃忠诚，积厚流光，惠及后裔。诞育我圣母皇太后，播懿德于宫闱，懋坤仪于邦国。②

朕外公这一家，代代都是老实人，生养朕的母亲钮祜禄氏更是母仪天下，朕怎么赏都是应该的。

就凭乾隆对外公的慷慨，我们能想象到，"章总"对母亲钮祜禄氏只会更好。史书记载：

纯皇侍奉孝圣宪皇后极为孝养，每巡幸木兰、江、浙等处，必首奉慈舆，朝夕侍养。③

乾隆对钮祜禄氏可谓超级孝顺，自己出去旅游，肯定会带着母亲一起。

乾隆一生曾6次南巡，5次东巡，4次回东北老家，48次到热河行猎。在钮祜禄氏去世之前，乾隆不管到哪儿，都要带着母亲一起，让老太太跟着

---

① 见《清高宗实录》卷六，雍正十三年十一月十三日。
② 见《清高宗实录》卷七，雍正十三年十一月十六日。
③ 昭梿：《啸亭杂录》卷一，《孝亲》，中华书局，1980，第21页。

自己去感受各地臣民山呼万岁。钮祜禄氏活到了86岁,想必老太太的身体是相当好的,对她而言,外出旅游只会是消遣,而不是折磨。

不过有意思的在于,钮祜禄氏因为年轻时过过苦日子,偶尔乾隆想给钮祜禄氏整些有意思的、符合自己审美的雅致景观时,钮祜禄氏往往有自己的独特想法。乾隆二十年(1755)清明节前后,圆明园的桃花开了。可能是有工匠专门修剪过枝丫,总之,景色不错,乾隆就邀请母亲一起来赏花。结果,钮祜禄氏看了许久后,忽然和乾隆说:比起桃花,我还是更喜欢园外农田里的小麦。

像这种太后和皇帝之间的家长里短,我们如今是怎么知道的呢?主要还是这事发生之后,"章总"忽然来了感觉,写了首诗,把这件小事给记下来了。诗的名字也很直白,叫《御园仲春恭奉皇太后赏桃花之作》。诗里写道:

> 雨后园林霁景披,山桃灼灼发琼姿。
> …………
> 懿情别有承欢处,指顾连塍绿麦滋。[①]

钮祜禄氏的心态可能也很微妙——我已经是太后了,我已经是这个国家最有权势的女人了,我也知道桃花很美,但我很清楚,桃花再美也和我没关系,真正能让我内心安宁的,还是园外那不起眼的庄稼。

可老太太越是这样,这当儿子的,就越想给老妈整点"上档次"的。从钮祜禄氏60岁的生日庆典上就能看出来,因为庆典从头到尾都充满了"章总"式的喜庆风格。

乾隆十六年(1751),钮祜禄氏过六十大寿时,乾隆就生动形象地展示了什么叫作"砸钱",我们此处只举一个例子。

---

① 弘历:《御制诗三集》卷三十七,四库全书本,第25页。

钮祜禄氏平时住在畅春园，但寿礼庆典要在紫禁城办，中间有差不多4个小时的路程。那这4个小时的路程应该怎么办呢？让老太太提前坐轿子去紫禁城等着吗？乾隆说：不行，老太太爱住哪儿就住哪儿，过生日也不能惊扰她。这样吧，在庆典开始当天，请老太太从畅春园出发。老太太爱看戏，咱们就在这一路上铺满各种戏台子，天南地北的全都有，到时候老太太爱看什么就看什么，让她慢慢走。史书记载：

乾隆十六年届六十慈寿，中外臣僚纷集京师，举行大庆。自西华门至西直门外之高梁桥，十余里中，各有分地，张设灯彩，结撰楼阁。天街本广阔，两旁遂不见市廛。锦绣山河，金银宫阙，剪彩为花，铺锦为屋，九华之灯，七宝之座，丹碧相映，不可名状。每数十步间一戏台，南腔北调，备四方之乐。①

本来街面还挺开阔，戏台子一搭，路就变挤了。真等钮祜禄氏要从畅春园出来时，还得专门安排人员在前面开路，不然轿子不好走。

那谁来给太后开路呢？朕来，朕亲自为太后开路过寿。据记载：

二十四日，皇太后銮舆自郊园进城，上亲骑而导，金根所过，纤尘不兴。②

这排场可太大了，乾隆亲自在前面开路，京城里则：

文武千官以至大臣命妇、京师士女，簪缨冠帔，跪伏满途。③

---

① 赵翼：《檐曝杂记》卷一，《庆典》，中华书局，1982，第9-10页。
② 同上，第10页。
③ 同上。

路上跪满了人，场面极其宏大。

钮祜禄氏本人肯定是很开心的，只是钮祜禄氏骨子里是节俭的，她认为六十大寿庆典过于铺张浪费了，所以钮祜禄氏主动要求乾隆以后别搞那么隆重。钮祜禄氏七十大寿时，庆典简单了一点。不过乾隆真想干什么，钮祜禄氏也拦不住。于是，钮祜禄氏八十大寿时，场面比六十大寿更高了一格。

有趣的是，因为钮祜禄氏比乾隆大19岁，所以，钮祜禄氏过八十大寿的前一年，恰好乾隆过六十大寿。六十的儿，八十的妈，放到今天都算是大喜事，放到200多年前的清朝，更是令乾隆龙颜大悦。如此喜事，不光朕和母亲开心，天下人都得开心。朕决定，天下百姓免税一年。

今年朕六十诞辰，明岁恭逢圣母八旬万寿，普天忭祝。庆洽频年，尤从来史册所未有。是宜更沛非常之恩，以协天心而彰国庆。……着自乾隆三十五年为始，将各省应征钱粮，通行蠲免一次。……按各省额赋，均匀搭配，分三年轮免。①

"章总"的用意很简单：老太太过生日，朕不仅要让母亲大人开心，朕也得让全天下的人都念着老太太的好才行。

钮祜禄氏这一辈子，能有乾隆这样一个儿子，真是非常幸运了，即便有一两个要求，钮祜禄氏提了，乾隆没答应，我们也可以理解。纵观乾隆的所作所为，我们不得不承认："章总"是个大孝子，钮祜禄氏毫无疑问是清朝历史上最幸福的太后。

能有乾隆这样的儿子，钮祜禄氏自己也很感念。就像她临终前所表现的那样，场面是非常温暖且感人的。

---

① 见《清高宗实录》卷八百五十，乾隆三十五年正月初一日。

乾隆四十二年（1777）的正月，钮祜禄氏86岁了，乾隆也已经67岁了。二人虽说是母子，其实也已是两个老人了。元宵节的前夜，钮祜禄氏身体不舒服，乾隆连忙赶到母亲身边照看，让太医进药，自己也跟着一起吃了晚饭。之后，钮祜禄氏在明知自己病情越来越重的情况下，在乾隆每次来问安时都装作自己很好。不久后，正月二十三日子时，86岁的钮祜禄氏没能熬过去，来到了自己生命的最后一刻。67岁的儿子乾隆守在钮祜禄氏的病榻边。

钮祜禄氏在临终前忍不住跟儿子说了好多话，如：

> 予以薄德，只膺昊苍眷佑。列圣笃祥，诞育帝躬。[①]

钮祜禄氏很谦虚，她说自己的道德修行不够，配不上如今享有的这一切，只因上天保佑她，才让她有了"章总"这样的儿子。之后，她回忆了他们母子这几十年的朝夕相处、各地巡游：

> 视膳问安，晨夕靡间。每当巡幸所至，必扈辇同行，亲见亿兆呼嵩。尊亲并笃，合万国欢，以天下养。[②]

在封建社会，很多事只能男人上，女人帮不上忙，尤其是她这个天子儿子。钮祜禄氏也知道，很多事她根本帮不上忙，但她还是担心。她说：

> 皇帝……平定准夷回部，广拓幅员，而近年征剿两金川，宵旰焦劳，

---

① 见《清高宗实录》卷一千二十五，乾隆四十二年正月二十三日。
② 同上。

运筹五载，大功幸得告成。皇帝之心始宽，予怀亦因以大慰。①

钮祜禄氏亲眼见证了乾隆在平准、平回、两征金川的那些年里每天过的是什么日子，当妈的心疼儿子，却帮不上忙，等大功告成了，钮祜禄氏的心才安定一些。只不过钮祜禄氏心里安定的理由并不是什么开疆拓土之功，而是看到儿子终于不用再为战事焦虑了。

最后，钮祜禄氏嘱咐乾隆说：

予寿已八十有六。母仪尊养，四十二年，……今予福寿考终，夫复何憾？惟念皇帝孝思肫笃，……今大故忽婴，虑必过于悲痛，宜勉自节哀，勿致稍毁，惟当以国事为重。……其丧制悉遵典礼，皇帝持服，当依以日易月之制，二十七日而除。②

妈妈活了86岁，当了42年的太后，已经享过太多福，没有遗憾了。只是皇帝你呀，妈妈走后，你不要太难过，要以国事为重，按理说你得守孝服丧27个月，妈妈不要你那么累，以日易月，你守孝27日就好了。

说完已是二十三日丑时，钮祜禄氏撒手人寰了。

看到母亲去世，67岁的乾隆痛哭流涕，情难自已。史书记载：

皇太后崩。上哀痛号呼，擗踊无数。摘冠缨，易素服，命备黄舆，恭奉大行皇太后还宫。上哭无停声，……辰刻，大行皇太后黄舆至慈宁宫。上剪发、服缟素，跪迎于永康左门外，亲扶安奉大行皇太后于慈宁宫正殿。礼部奏奉升梓宫吉时，豫陈仪驾。张幕，设供。届时，大行皇太后大

---

① 见《清高宗实录》卷一千二十五，乾隆四十二年正月二十三日。
② 同上。

333

殓，一切仪服隆备，尽礼尽诚。上痛哭失声，擗踊不已。①

"擗踊不已"，就是说乾隆当时哭得浑身发抖，不停地拍胸。

钮祜禄氏是在二十三日凌晨过世的，而乾隆从当日的凌晨到黄昏，一直守着钮祜禄氏哭个不停。他一口饭不吃，一口水不喝，旁边的大臣劝不动，只能跟着乾隆一起哭。

自中夜迄日暮，上哀恸深切，水浆不御。群臣环跪，恳上节哀。上悲不自胜，左右皆感泣，莫忍仰视。②

最终，乾隆一边忍着悲伤，一边布置丧礼。太后说让朕只守孝27天，可朕当初给父皇守孝守了100天，朕不能这么对太后，朕也得守孝100天。第二天，乾隆找来大学士，对他们说：太后过世了，按规矩，应该你们这些大学士给太后商议谥号，可朕的心太疼了，朕等不了你们了，朕亲自给太后取一个"圣"字当谥号可以吗？

朕心哀痛，不能稍释。敬稽典礼，宜隆谥号，以表尊崇。第至德难名，实非臣下拟议所能切当。朕欲亲尊为孝圣宪皇后。其令大学士、九卿、公议可否如是？③

大学士们此时又能说什么呢？最后，钮祜禄氏的谥号就定为了我们熟悉的孝圣宪皇后。

---

① 见《清高宗实录》卷一千二十五，乾隆四十二年正月二十三日。
② 同上。
③ 见《清高宗实录》卷一千二十五，乾隆四十二年正月二十四日。

在为钮祜禄氏守灵的第一天夜里，乾隆守着棺材，望着星空，写下了可能是他这一生中最为优美、感人的句子：

此后谁怜我，向前止任其。[1]

这世上再也没有怜惜朕的人了，之后的路，朕只能一个人走了。

守孝百天之后，清高宗乾隆正式护送钮祜禄氏的棺椁葬入泰东陵地宫。清朝最长寿的皇太后——崇庆太后，我们熟知的孝圣宪皇后、熹贵妃，那个雍亲王府的格格、四品典仪凌柱之女钮祜禄氏就此入土为安。

回首钮祜禄氏的一生，从大姓寒门到清朝太后，她这一辈子尽管只有乾隆这一个儿子，但也非常幸福。从她临终前所说的话，我们也能看出，她这一辈子，真的没有遗憾了。

与影视剧中母子二人相互猜忌的情节不同，钮祜禄氏晚年和儿子乾隆在一起的那段日子，舐犊情深，令人动容。

祝全天下的妈妈身体健康。

---

[1] 弘历：《御制诗四集》卷四十二，四库全书本，第20页b。

苏培盛

三朝太监的起落浮沉

苏培盛，康、雍、乾三朝的著名宦官。在康熙朝，入职懋勤殿达20年之久，每日与翰林为伍；在雍正朝，他深得皇帝信任，升任宫廷太监总管，面对皇亲贵戚间依旧谈笑自得。然而，乾隆帝在继位之初便对其严加申斥管教，宦寺风气由此一正，苏培盛晚年则如履薄冰。

他不仅是《甄嬛传》中的一个影视形象，在历史上也确有其人。

苏培盛服侍过康熙、雍正、乾隆三位君主。在雍正朝，他极为受宠。有碑文记载：

> 世宗宪皇帝朝，……（苏培盛）宠遇为诸内臣冠。[1]

雍正在位期间，苏培盛宠冠紫禁城，雍正最喜欢的太监就是他。

苏培盛到底有什么过人之处，让雍正对他青睐有加？在乾隆朝，他又为什么活得如履薄冰？

从落榜书生到太监总管，苏培盛有着不同于常人的别样人生。

三十而阉的书生

苏培盛生于康熙十二年（1673）。与人们传统印象中大字不识几个的太监不同，苏培盛具有颇高的文化水平。按记载：

---

[1] 见陈邦彦撰并正书《苏培盛墓志》拓片，北京市海淀区恩济庄馆藏。

> 苏氏讳培盛，顺天大兴县人，幼而端重，稍长好学知书。①

苏培盛从小就是一个性格稳重、学习认真的人。他最初大概也是想读书、考科举的。而且，读书这件事，苏培盛大概坚持了很多年。

在清朝，通常情况下，太监入宫的年龄比较小。《大清律例》中便有明确规定：

> 新进太监，由内务府验明，年在十六岁以下，并未娶有妻室者。②

究其原因，一方面是因为岁数小的人沾染的坏习惯少，进宫后调教起来比较简单；另一方面是因为岁数小的人其阉割风险较小——伤口小，容易愈合。相比之下，成年人的风险就大多了，搞不好是要出人命的。

苏培盛是多大年纪进宫的呢？30岁左右。苏培盛，他是一个标准的大龄太监。苏培盛读书读得好好的，怎么突然在约莫30岁时，就冒着生命危险把自己阉了，进宫当太监去了？

其实原因也比较简单，在古代，绝大多数人选择当太监是因为家里太穷，想减轻家里的压力，只好进宫谋生活。《钦定大清会典事例》中提到，清朝宫中招太监，一般要满足两个条件：第一是"系贫难度日，……别无他故"，家里特别穷，没有特殊目的人才行；第二是"民间有四五子以上，愿以一子报官阉割者"，你的家中兄弟得多，不能因为你当太监就让家里绝嗣了，这有伤天理。

所以，苏培盛在30岁左右忽然去当了太监，大概是因为他家里太穷

---

① 见陈邦彦撰并正书《苏培盛墓志》拓片，北京市海淀区恩济庄馆藏。
② 哈佛大学燕京图书馆藏《大清律例》卷三十四，《刑律杂犯》，同治九年修改本，第2页a。

了，他还有弟弟要养活，因而被迫入宫当了太监。不过，苏培盛去当太监立竿见影地缓解了家中的经济困难。因为，相对普通百姓而言，太监的收入着实丰厚。史书记载：

且向例太监于投进当差时，止赏给银五两。其每月坐得分例，不过二两。①

苏培盛只要成功当选太监，立刻就能拿到5两银子的赏钱，而且以后每月还有大概2两银子的工资。虽然看着不多，但在康熙朝，1两银子是能买差不多150斤大米的。5两银子对普通老百姓而言，娶媳妇肯定够用了。

因此，苏培盛大龄当太监，还真是牺牲他一个，幸福整个家。

当而立之年的苏培盛告别了自己的读书生涯，进宫当了太监之后，他的命运又将迎来怎样的转变呢？

宠冠内臣的总管

说起来，苏培盛过去读了许多年书，积攒了一定的知识，这放到科举考场上也许不算什么，但放到宫廷的太监里，马上就显得鹤立鸡群了。苏培盛进宫后没多久，这一优势就被康熙发现了。康熙表扬说这个大龄太监的知识水平还不错，给他升个职吧。按碑文记载：

---

① 中国第一历史档案馆藏《钦定大清会典事例（二）》卷六百四十二，《刑部五十九》，第31页a。

341

> （苏培盛）受圣祖仁皇帝擢置首领，入侍懋勤殿。①

康熙不但提拔苏培盛当了个小首领，还专门安排他去懋勤殿当差。

懋勤殿，虽然听起来比较陌生，但这是当时的宫廷中文化气息最浓厚的地方。首先，康熙小时候就在懋勤殿读书；其次，康熙长大后收藏的书画等也放在懋勤殿；最后，懋勤殿后来还成了翰林院官员修书的地方。

读书时没能考取功名的苏培盛，在当了太监之后，反而和当时中国顶级的文人——翰林——在懋勤殿相遇了。

接下来的日子里，苏培盛不管是传达康熙命令，还是协调翰林官员的日常事务，处处小心谨慎，事情更是办得滴水不漏。以至于上上下下对这个中年太监的印象都很不错。碑文记载：

> 掌文翰者垂二十年，一以小心将事。②

在康熙朝，连翰林官员都没几个能在懋勤殿连续工作20年的，没想到，只是个太监的苏培盛却在懋勤殿的文化花坛中游览了20年。

于是，原本就有一定文化积累的苏培盛，经过这20年的熏陶后，到了50岁时，他可说是宫廷内最有文化的太监了。而且，他也被康熙从懋勤殿的首领太监升为当时宫廷太监的副总管。

因此，历史上的苏培盛，早在康熙朝就受到了重用。等康熙驾崩，皇四子胤禛继位，成为雍正皇帝之后，本就爱好文艺的雍正，看苏培盛就更顺眼了。毕竟同样是太监，有文化的苏培盛就是比其他太监更懂雍正的心思。于是，也就有了碑文记载的那句"宠遇为诸内臣冠。"

---

① 见陈邦彦撰并正书《苏培盛墓志》拓片，北京市海淀区恩济庄馆藏。
② 同上。

在雍正朝初期，年过五十的苏培盛由宫廷的副总管升为了总管，成了宫廷太监的一把手。而苏培盛和雍正主仆二人的默契，当时又好到了什么程度呢？

简单来说，雍正当时不管是想烧制各种用具，还是想派人去跟佛家寺庙沟通，或是想向王公大臣传旨，方方面面都会安排苏培盛去办。

而且，雍正对苏培盛也是真的好。有时候，一个领导对下属好与不好，标准其实很简单——看领导舍不舍得给钱。雍正可能知道苏培盛等太监家里条件一般，他主动赏给了他们一笔2万两的生息银：

今特赏尔等银二万两，永远滋生。……每两以一分起息，……遇有红白之事及出外当差需用，尔等酌量动支此项银两。①

所谓"生息银"，就是雍正允许苏培盛等太监的家里人凭借皇家内务府的支持，用这2万两白银去找专门的商业行会，进行低息放款，然后所产生的利息基本都归他们自己了。而且雍正说了，这2万两白银"永远滋生"，换句话说，只要清朝存在一天，这些太监的家人就能吃一天利息。算下来，2万两白银，一分起息，每年产生的利息至少有2000两。在没有养廉银补贴的情况下，清朝一个县令一年的工资只有45两，而太监的家人一年光拿利息，就能拿至少2000两，这是非常多的。甚至，雍正连红白事的随礼支出都给苏培盛等人考虑进去了，可谓相当贴心。

而且，雍正对苏培盛的保护和提醒也很到位。

在康熙朝，一家人都很穷的时候，苏家人都还挺老实的。可随着苏培盛在宫廷内的地位水涨船高，他家里有人仗着苏培盛的势力做了些出格的

---

① 鄂尔泰、张廷玉等编纂《国朝宫史》卷之三，《训谕三》，北京古籍出版社，1994，第27-28页。

事。雍正后来专门敲打过苏培盛：

> 上谕总管……苏培盛……尔太监等在内廷当差，岂知本乡事务及尔伯叔、兄弟、子侄之贤不肖？嗣后各当切实劝化本家人等，居乡不可仗内监势力，作非礼不法之事。[1]

你们这些太监长期在朕身边当差，有时候并不清楚老家的真实情况，你们那些穷亲戚如今的人品到底是好是坏，你们真的了解吗？从今天开始，你们都叮嘱好家里人，不要让他们觉得自己在宫中有亲戚，就可以在当地胡作非为。

很明显，雍正这是在提醒苏培盛：管好你家里人，千万别捅娄子。紧接着，雍正还特地强调道：

> 如有事犯潜逃来京者，本处州县行文到内务府衙门，指名是某太监家属，内务府大人同总管商议，即行按例发落，不必奏知。[2]

你们家里人要是真犯了事，逃到京城了，只要下级政府报上来，你们一定立刻要表明态度，坚持依法处理，不要找朕求情，省得你们为难，朕也为难。雍正的态度，正应了那句俗语——有些事情，不上秤，没有二两重；上了秤，一千斤也打不住。

不过从事后看，苏培盛应该很好地控制了家里人，没出现过大问题。毕竟，其他太监在自己家里可能只是弟弟，没有威望；但苏培盛是个大龄

---

[1] 鄂尔泰、张廷玉等编纂《国朝宫史》卷之三，《训谕三》，北京古籍出版社，第22页。

[2] 同上书，第22-23页。

太监，他在家里非常有可能是大哥，有威望、压得住。

最终，凭借着康熙与雍正两代君主的重用与信任，花甲之年的苏培盛也算达到了自己太监生涯的顶峰。然而，雍正十三年（1735），清世宗雍正驾崩之后，面对新皇帝乾隆，苏培盛是否依然会得到青睐呢？

如履薄冰的晚年

因为自身年龄大，又是太监总管，且还深受康熙和雍正两代皇帝的信任，所以在雍正朝后期，苏培盛在某些事情的处理上，还真丢失了他最初的那份谨慎。只不过，鉴于雍正对苏培盛的宠幸，也就没什么人追究过这些细节。

比如在宫廷之中，太监永远是奴才，是必须要注意尊卑之分的。见到皇室人员，是得跪下请安的。可到了雍正朝后期，苏培盛除了见到雍正本人会下跪之外，遇到其他人，不管对方是亲王还是贝勒，苏培盛几乎不下跪，半跪就算给足面子了，很多时候他只是一拱手就完事了。

至于平常相处的礼仪，苏培盛在雍正朝后期表现得就更随便了。

清朝为了杜绝太监干政，理论上，宫廷内所有太监都要受内务府大臣的严格约束。简言之，在面对内务府大臣时，无论是什么太监，永远都只有跪着或站着的份。而苏培盛在面对雍正朝的内务府大臣兼铁帽子亲王、康熙的皇十六子、雍正的亲弟弟庄亲王允禄时，这老哥俩居然经常并排坐在一起聊闲天。史书记载：

甚至庄亲王并坐接谈。①

并排坐着聊天这事，尽管肯定有允禄本人太不讲究的原因，但苏培盛也确实有些罔顾尊卑了。

如果说苏培盛只对允禄这样"不拘小节"也还好，但是，他对"心胸开阔"的"章总"也这么干了。

当时，弘历还没登基，只是皇子。彼时，圆明园要举办一场典礼，老四弘历和老五弘昼准备去观礼，结果哥俩到的时候，苏培盛已经在现场吃上饭了。按理说，弘历和弘昼两位皇子来了，苏培盛这个当下人的赶紧躲开就行了。没想到，苏培盛竟然一招手，问弘历、弘昼要不要一起坐下来吃点。

当时弘历一下子就气得不行了，可还没等他发飙，五弟弘昼竟已经上桌跟着苏培盛一起吃上了。乾隆后来回忆道：

前朕与和亲王（弘昼）等，在九洲（州）清晏瞻礼时，值苏培盛等在彼饮馔，伊等不但不行回避，且复延坐共食。而阿哥等亦有贪其口腹，与之同餐者。②

可以说，从这顿饭开始，弘历就看苏培盛极其不爽——你这个老太监，有什么资格跟我坐在一张桌子上吃饭？当时他们观礼的地方叫"九州清晏"。从这顿饭开始到"章总"登基，"九州清晏"举办的所有宴席，"章总"一场都没去过。《清实录》记载，"章总"说：

---

① 见《清高宗实录》卷四，雍正十三年十月十一日。
② 同上。

嗣是朕即不复在九州清晏用饭。①

因此，早在老爹咽气之前，弘历就看苏培盛不顺眼了。等到雍正驾崩后，弘历刚登基没两个月就公开发表上谕给内务府，对着63岁的苏培盛劈头盖脸就是一通骂，而且是指名道姓地骂：

即如苏培盛，乃一愚昧无知人耳。得蒙皇考加恩，授为宫殿监督领侍，赏赐四品官职，非分已极。乃伊不知惶愧感恩，竟敢肆行狂妄。向日于朕弟兄前，或半跪请安，或执手问询，甚至庄亲王并坐接谈，毫无礼节。……而苏培盛狂妄骄恣，公然与皇子等并坐而食。似此种种悖乱，不可枚举，此皆朕躬所亲见者也。②

总之，"章总"把过往的一切全翻出来骂了一遍。骂完之后，他表示：

朕今即将苏培盛，问以不敬之律，未为不可。③

朕以大不敬之罪为名杀了苏培盛都不过分！

但好在乾隆之后又话锋一转：

然朕君临天下，惟以大公至正为心。因念苏培盛之偶尔失仪，尚属糊涂可赦之罪，未至汉唐宋明宦寺之放纵也。然星星之火，尚能燎原；涓涓

---

① 见《清高宗实录》卷四，雍正十三年十月十一日。
② 同上。
③ 同上。

不杜，终成江河。①

朕是宽仁的皇帝，苏培盛的罪过说到底只是犯糊涂，并非乱政，只要他改了，朕还是可以赦免他的。

乾隆准备让苏培盛怎么改呢？一句话——当太监的必须要注意尊卑之别。

所有太监，见到宫廷内任何皇室中人，太监请安时必须下跪，哪怕对方只是后宫的一个答应，也得下跪请安。

即内宫之宫眷，虽答应之微，尔总管不可不跪拜也。②

乾隆还提出新规定：只要有皇室成员在场，太监永远不能坐在椅子上，即便亲王、阿哥等说了赐座，当太监的也只能席地而坐。

苏培盛骨子里还是非常谨慎和稳重的，因此，当乾隆提了新要求之后，尽管苏培盛已经60多岁，有些腿脚不便了，但他依然是后宫太监里执行得最标准的一个。这使得乾隆尽管刚开始看苏培盛很不爽，但他依然让苏培盛继续担任太监总管的职位长达12年之久。而苏培盛也在小心谨慎中，于乾隆十二年（1747）的七月十二日寿终正寝，死在了太监总管任上，终年75岁。

回顾苏培盛的一生，他前半生家境贫寒、读书不第；大概30岁时冒险进宫，用近20年的时间升到了太监总管的位置，宠冠内侍，能跟满洲的铁帽子亲王并坐接谈。虽说他晚年极其谨慎，过得如履薄冰，可对封建社会的穷人家庭而言，家中能出一个苏培盛这样的人物，已经难能可贵了。尽

---

① 见《清高宗实录》卷四，雍正十三年十月十一日。
② 同上。

管史书没有记载,但我们应该相信,因为苏培盛的牺牲,他的弟弟们一定都过上了相对幸福的生活。

此前,我们看了乾隆朝诸多贵族的人生起落,在本书接近尾声之际,我们也算看到了在封建王朝统治之下,穷苦百姓的一种别样人生。

乔治·马戛尔尼

远方来客的机遇与遗憾

马戛尔尼，18世纪英国著名政治家与外交家。一生中两次前往东方，先后拜见过俄国女皇叶卡捷琳娜二世与中国清朝君主乾隆。其率使团对中国的出访，更被后世许多人视为古代中国追上西方工业文明社会的重要机遇。然而，这场中英交流却以乾隆帝的全盘否定宣告结束。如今的人们常常指责乾隆帝故步自封，却少有人关心英使彼时到底提出了怎样的诉求。事实上，马戛尔尼使团带来的礼物中并没有蒸汽机，他所提出的诉求也远不止贸易。

提起马戛尔尼，大家对他的第一印象或许是他曾作为英国公使，带了大批礼物前往中国拜见乾隆，试图实现英国的外交诉求，最后铩羽而归。

大家谈及这一事件时也常会批评乾隆的保守与自大。然而，马戛尔尼具体提出了哪些外交诉求，以及乾隆拒绝与之沟通的具体原因，很多人却选择性忽略了。

在本书的结尾之篇，让我们共同走进马戛尔尼的人生与那次著名的英使访华事件。

三地奔波的半生

乔治·马戛尔尼在1737年，即乾隆二年出生于爱尔兰。他的父亲老马戛尔尼是爱尔兰安特里姆郡当地的一位高级治安官员。总的来说，马戛尔尼的家庭虽算不上大富大贵，但好歹是一个标准的中产阶级家庭，不愁吃喝，马戛尔尼也可以安心读书。

马戛尔尼的学习天赋高超，学习态度也很好，其读书生涯一路高歌猛进。马戛尔尼考入了爱尔兰当地的都柏林三一学院，1759年从三一学院毕业后，23岁的马戛尔尼又考入了伦敦坦普尔大学的法学院。

考虑到彼时的欧洲社会正处于整体向资本主义社会转型的关键时期，在政治、经济领域，法律的重要性日益突显。作为热门专业的优秀学生，马戛尔尼很快引起了一些大人物的关注，如英国勋爵霍兰德。

成功结识英国的上层人物后，1764年，28岁的马戛尔尼获得了一次改变自己前途命运的机会。这一年，马戛尔尼被任命为英王特使，前往俄国圣彼得堡去跟女皇叶卡捷琳娜二世商讨英、俄两国的商贸和结盟事宜。受国际形势影响，马戛尔尼未能百分百地达成使命，但马戛尔尼成功获得了俄国当地的大量情报，因此受到英国政府高层认可。5年后，1769年，33岁的马戛尔尼返回爱尔兰时，他已经完成从学生到爱尔兰议会议员兼爱尔兰事务大臣的华丽转变。

与此同时，18世纪的英国恰好处于对外扩张、建立日不落帝国的关键时期，拥有大量的海外殖民地。英国政府为了更好地管理这些殖民地，会派遣英国官员前往各殖民地担任总督，让总督来管理甚至可说奴役当地人民，攫取利益。

于是，本就在俄国积累了不少外交经验的马戛尔尼成了英属殖民地总督的重要人选。马戛尔尼先是在39岁那年担任了加勒比群岛总督；后来，44岁那年他又担任了印度马德拉斯总督，并管理当地长达6年之久。因为表现出色，马戛尔尼的政治地位不断上升，先后获封男爵与伯爵身份，成了英国贵族的一员。

可以说，到18世纪中后期，马戛尔尼已经成为英国同外国打交道经验最丰富的贵族官员之一，他还拥有同大国交涉的履历和出色的文化修养。最终，凭借着这几项条件，1792年，时年56岁的马戛尔尼伯爵被赋予了一项重大使命——前往东方，访问中国，觐见当时的清朝皇帝乾隆。

那么，在此前已奔赴俄国、加勒比群岛与印度三地的马戛尔尼，去往乾隆统治下的中国后，又会拥有什么独特的经历呢？

精心准备的出访

1792年处于18世纪末期，此时的英国已经开展了多年的工业革命，生产力飞速发展，英国当时最主要的需求是为本国商品寻求更多的倾销地，以获取财富和利益。56岁的马戛尔尼踏上前往中国之路的核心目的也是打开中国市场，倾销英国商品。

马戛尔尼使团的副使乔治·斯当东后来在回忆录中写过这样两段话：

> 大家都知道，英国是一个商业国家，商人是社会中最活跃最富裕的组成部分。商人的利益和活动随时受到政府极大的注意，并在许多方面影响政府的措施。因此，英国派遣一个使节团到中国访问，自然它是为了商业的目的而去的。[1]

> 发展对外贸易，在中国看来算不了一回事，值不得万里迢迢前来，但对欧洲国家来说则是一件头等大事。[2]

然而，抱着强烈商业目的的英国政府和使团想要接触乾隆治下的中国却面临着一大阻碍——此前中、英两国从未有过正式交流。作为主动来访的一方，英国使团必须表现出极大的诚意。于是，为了达成目的，英国政府和马戛尔尼先后做了两大准备，一是名义上的，一是物质上的。

名义上，英国政府将"为庆祝大清皇帝八十大寿"作为此次出访的口号。当时，英国方面曾委托清朝时任广东巡抚的郭世勋提前给乾隆递交了

---

[1] 斯当东：《英使谒见乾隆纪实》，叶笃义译，商务印书馆，1963，第17页。
[2] 同上书，第444-445页。

一封信，信中写道：

> 最仁慈的英王陛下听说：贵国皇帝庆祝八十万寿的时候，本来准备着英国住广州的臣民推派代表前往北京奉申祝敬，但据说该代表等未能如期派出，陛下感到十分遗憾。为了对贵国皇帝树立友谊，为了改进北京和伦敦两个王朝的友好来往，为了增进贵我双方臣民之间的商业关系，英王陛下特派遣自己的中表和参议官、贤明干练的马戛尔尼勋爵作为全权特使代表英王本人谒见中国皇帝，深望通过他来奠定两者之间的永久和好。①

英国方面的意思是：早在得知乾隆八十岁生日那年，就想派人祝贺，可惜因为意外未能成行，如今为了弥补之前未及时祝贺的歉意，欲派马戛尔尼携使者过来祝寿。

有了一个恰当的名目后，即可进行物质准备。不得不说，英国方面给乾隆准备的生日礼物十分丰厚。其中包括各种英国相对先进的天文仪器、家居用品、科技产品、世界地图、精巧艺术品，甚至还有西洋枪炮以及战船模型。可以说，英国政府当时准备的礼物非常有诚意。但我们仍然要辟谣，无论中外记录中，马戛尔尼带来的礼物里都是没有蒸汽机的。我们听说的乾隆因骄傲自大，拒绝接受蒸汽机这事，其实是不存在的。

总之，无论是名义上，还是物质上，马戛尔尼带领的英国使团都是非常有诚意的。而且，英国政府和马戛尔尼为了本次访华准备了近两年，等马戛尔尼抵达中国时，已经是乾隆五十八年（1793）了。这一年，马戛尔尼57岁。

乾隆听到马戛尔尼的使团即将到来时，起初也秉持着非常开放和重视的态度。举个例子，按清朝规定，西洋外国使团来到中国需要从广东入境，再走陆路前往京城。但马戛尔尼一行人因为带的礼物太多，担心中途

---

① 斯当东：《英使谒见乾隆纪实》，叶笃义译，商务印书馆，1963，第38页。

损坏，便申请走海路，从天津登陆。面对马戛尔尼的申请，乾隆不但答应了，还嘱咐沿海各地官员遇到英国使团要多加照顾。

（英吉利国）今遣使臣吗嘎尔呢（马戛尔尼）进贡，由海道至天津赴京等语，并译出原禀进呈。阅其情词，极为恭顺恳挚。因俯允所请，以遂其航海向化之忱，并以海洋风信靡常，该贡使船只，或于闽、浙、江南、山东等处近海口岸收泊，亦未可定。因降旨海疆各督抚，如遇该国贡船进口，即委员照料护送进京。①

因此，马戛尔尼使团在出发前往清朝的路途中，双方对这次会面都充满正面、积极的期待。而且，马戛尔尼使团正式抵达中国后，受到了清廷极大的优待。

马戛尔尼他们是夏天到的，那时乾隆正在热河的避暑山庄休养、办公。马戛尔尼一行人从天津到北京再到热河的一路上，至少在食宿方面，英国使团能明显感受到清政府极大的善意。正如使团成员爱尼斯·安德逊所回忆的那样：

我们吃得舒服而且丰富。今天朝晨七点钟我们就收到一大批熟鸡蛋、茶和面包以供早餐。②

伙食的供应上我们迄今是有很少理由可以提出异议的。关于这一方面我们所受的待遇不仅是优渥，而且是慷慨到极点。③

---

① 见《清高宗实录》卷一千四百二十一，乾隆五十八年正月十八日。
② 爱尼斯·安德逊：《英使访华录》，费振东译，商务印书馆，1963，第125页。
③ 同上书，第126页。

然而，正当一切都看起来顺顺利利的时候，马戛尔尼却没有意识到，一切美好其实都来自双方对彼此的误读。

以马戛尔尼代表的英国使团此刻思考的是：我们一定要打开中国市场，输出商品好赚钱；另一边，乾隆想的则是：连此前从未正式交往的远方国家英国都来朝贡，派使臣为自己祝寿了，可见大清蒸蒸日上。

于是，双方没见面时，还可以沉溺在自己的想象里，享受着对方的诚意，正式接触后，马戛尔尼和乾隆很快便意识到了，对面好像跟自己想的不太一样。

不欢而散的告别

马戛尔尼来到中国后首先产生的迷惑与矛盾，就是礼仪的问题——马戛尔尼在向乾隆行礼时，要不要三跪九叩首？清朝告知马戛尔尼必须行此礼，马戛尔尼则坚持拒绝。

这里的礼仪矛盾涉及制度方面的背景。中国长期以来奉行的是朝贡体系，通过册封与朝贡制度建立起中国与周边国家之间的等级明确的政治秩序体系。不仅周边各国的使臣来天朝后要三跪九叩首，周边各国的君主来了，也要三跪九叩首。史书记载：

以各处藩封，到天朝进贡觐光者。不特陪臣俱行三跪九叩首之礼，即国王亲自来朝，亦同此礼。①

---

① 见《清高宗实录》卷一千四百三十二，乾隆五十八年七月初八日。

在乾隆眼里，朝贡等级分明，是不能有任何例外的，否则其他藩属国效仿，朝贡体系就会有崩溃的风险。因此，乾隆和清廷都坚持马戛尔尼必须下跪，且要三跪九叩首。

然而，当清朝在用朝贡体系构筑以天朝为中心的国际秩序时，英国奉行的却是欧洲的威斯特发里亚体系。简单来说，在满洲入关之后，欧洲刚刚结束三十年战争，在战后建立起了一套以主权国家平等、协商解决争端为原则的欧洲国际关系体系。因该体系源自《威斯特发里亚和约》，而该和约在德意志的威斯特发里亚地区签订，故称和约奠定的国际关系体系为威斯特发里亚体系。

所以，马戛尔尼到访中国时，英国奉行这套强调主权国家平等的威斯特发里亚体系已经快150年了，马戛尔尼自然很难接受清廷的朝贡体系。

双方动机合理、理由充分，这场关于是否三跪九叩首的礼仪之争便展开了。在此期间，清朝方面为了逼迫马戛尔尼妥协，做出了一件我们今天看起来比较幼稚的事情——减少饮食供应，饿一饿马戛尔尼他们。据《乾隆英使觐见记》的记载，

谓中国人已决定一种办法，倘钦使不肯用中国礼节，即减缩钦使及其部下员役之食物，令人人饿至无可奈何，然后向华官自请改用华礼。[①]

当然，用断炊逼迫英使妥协这事不靠谱，清朝这边断了不到两顿饭就恢复了，这纯粹是瞎胡闹。眼看僵持不下，马戛尔尼也进行了一次沟通，说如果清政府方面愿意派一位和自己地位身份相同的官员穿着朝服对英王画像进行三跪九叩首，那马戛尔尼就愿意对乾隆三跪九叩首。

---

① 濮兰德、白克好司：《乾隆英使觐见记》，李广生整理，珠海出版社，1995，第59页。

马戛尔尼的想法很简单,双方的君主都享受了大礼,那么既可以保证两国的平等外交关系,自己也尊重了清朝的国家礼仪风俗。然而,马戛尔尼的提议被乾隆断然拒绝。因为三跪九叩首之礼本就是为了彰显等级的,对等礼拜毫无意义。

为此,乾隆表态说:

> (英吉利国)使臣等前来热河,于礼节多未谙悉,朕心深为不惬。[1]

马戛尔尼他们不懂规矩,朕不开心。

那这次三跪九叩首的礼仪之争其最终结局是什么呢?实话说,这已经是一个历史谜团了。因为中、英两边的记载是不一样的。

以马戛尔尼为代表的英国使团在记录中都说马戛尔尼没有三跪九叩首,只是按照欧洲使臣觐见国王的礼仪标准进行单膝下跪;然而,清朝的官方记录则是马戛尔尼依据清朝的礼仪要求进行了朝觐。根据《清高宗实录》的记载,乾隆说:

> 本日正副使前来,先行谒见军机大臣,礼节极为恭顺。伊等航海远来,因初到天朝,未谙体制,不得不稍加裁抑。今既诚心效顺,一遵天朝法度,自应仍加恩视,以遂其远道瞻觐之诚。[2]

按乾隆的说法,马戛尔尼等人"礼节极为恭顺""一遵天朝法度",这话显然是说马戛尔尼方面进行了三跪九叩首的行礼。

面对中、英两边不同记载,我们如今已然很难探知当年究竟发生了什

---

[1] 见《清高宗实录》卷一千四百三十四,乾隆五十八年八月初五日。
[2] 见《清高宗实录》卷一千四百三十四,乾隆五十八年八月初七日。

么。然而，无论这场礼仪之争的真相到底如何，但有一点是确定的——当乾隆发现英国的态度并非臣服时，他对英使是保持高度警惕的，中、英双方本次会见的友善时刻也到此结束。接下来，双方的交往越来越尴尬。

马戛尔尼原本想用礼物作为敲门砖，好提出外交诉求，但事实上起了反作用。马戛尔尼使团到华之前，英国方面致信说使团带来的英国礼物"极大极好"，带有一些炫耀口吻，可当乾隆看到这些礼物时，一方面，他感受到了英国的确具有一定的科技水平；另一方面，那批礼物中的科技产品，如天文仪器等，乾隆之前便从其他欧洲传教士那里获得了，自然不觉新奇。因此，收到礼物的乾隆，比起惊喜与开心，更多的是沉默与警惕。当英国使团呈交礼物完成祝寿后，马戛尔尼也暴露了自己的真实目的，开始与清政府谈判，表达自己的外交诉求。

今天有许多人会片面地指责乾隆当年故步自封，拒绝了马戛尔尼的外交诉求，继续闭关锁国，导致近代中国落后于西方。但很少有人真的去了解马戛尔尼的外交诉求到底是什么。

依据史料，马戛尔尼代表英国政府主要向清政府提出了7点要求：

1.英国商人在舟山或宁波港，以及在天津，象（像）在广州一样经商；他们必须服从中国的法律和习俗，并安分守规矩；

2.英国商人有权按俄国人从前在中国通商之例，在北京设立一所货栈，以便出售商品；

3.英国商人可以在舟山附近拥有一个小岛或一小块空地，以保存他们未能卖掉的商品。在那里他们将尽可能与中国分开以避免任何争端或纠纷。英国人不要求设立任何象（像）澳门那样的防御工事，也不要求派驻军队，而只是一块对他们自身及其财产安全可靠的地方。

4.同样，他们希望在广州附近获准拥有一块同样性质、用于同一目的的地方；或至少被允许在需要时可长年住在广州……

5.对航行在广州和澳门之间或在珠江上航行的英国商人不必征收任何关税或捐税……

6.对英国商品或船只不征收任何关税或捐税,除非皇帝签署的文件有所规定,这时应给英国商人副本,让他们明确知道他们必须支付什么税项,以避免向他们征收得过多。

此外,英使还提出允许英国人在华自由传教的要求。①

马戛尔尼的7点要求,只有前两点勉强与商业有关,后面的几点都试图干涉中国的主权。第三、四两点要求就是变相地要求中国在舟山和广州两地割让部分土地给英国,这显然是破坏我国的领土主权;第五、六两点要求申请免税、减税,无疑会破坏中国的关税主权;还有第七点,这是在挑战中国对境内宗教事务的管理权。可以说,马戛尔尼代表英国政府提出的7点要求是典型的破坏他国主权的殖民统治诉求。

那么,本来对英国的意图便十分警惕的乾隆,听到马戛尔尼提出的条件后,没有留下任何讨论余地,断然拒绝了。尽管乾隆年纪大了,但他拒绝的理由依然十分得体,乾隆说:

今尔国使臣于定例之外,多有陈乞,大乖仰体天朝加惠远人抚育四夷之道。且天朝统驭万国,一视同仁,即在广东贸易者,亦不仅尔英吉利一国,若俱纷纷效尤,以难行之事,妄行干渎,岂能曲徇所请。②

中国在广东和各国做生意向来一视同仁,你们英国现在想搞特殊、要优待,假如朕答应了,到时候其他国家纷纷效法,事情就没办法处理了,因

---

① 中国第一历史档案馆编《英使马戛尔尼访华档案史料汇编》,国际文化出版公司,1996,第78-79页。
② 同上书,第79页。

此，朕只能拒绝。

最终，马戛尔尼使团的访华之旅没能达成任何一项外交目的便失败而归。正如当年在俄罗斯的外交活动一样，尽管原本的外交目的没能实现，但马戛尔尼却记录了大量的中国风土人情与政治生态，将笔记带回了欧洲，使西方对中国的认识进一步深化。

访华失败的两年后，60岁的马戛尔尼被任命为好望角总督。又过了两年，马戛尔尼因健康原因辞去总督一职，告老退休，在1806年寿终正寝，享年70岁。

马戛尔尼去世了34年后，中英鸦片战争爆发，英国使团当年访华时提出的7点诉求，在《南京条约》中得以实现，中国自此逐渐沦为半殖民地半封建社会。

因此，回望这段历史，常常有人感慨，假如当年乾隆能答应马戛尔尼的外交诉求，可能一切都会不一样。但事实是，马戛尔尼当年的要求是带有强烈殖民色彩的，乾隆的拒绝其实故步自封的意味很少，他考虑得更多的是维护国家利益。

诚然，乾隆彼时若接受马戛尔尼的要求的确能让那时的中国更早地接触到西方的先进工业产品，从而有了更快发展的可能。但纵观乾隆的执政生涯，他掌权63年，青年时代，再造朝堂，革故鼎新；人到中年，力排众议，征准平回，结束清准百年战争，收复新疆；耄耋晚年，依然能反击廓尔喀、保卫西藏。乾隆一生以十全武功开疆拓土，创造了清朝版图的极盛时代，秋海棠叶归于一统。他从来都是一位极有魄力、意志力强大的皇帝。

要求这样一位君主在83岁的高龄面对一位外国使臣的拜访，放弃贸易主权、领土主权、关税主权以及对宗教的管理权，只为了换得一个未知的同外界联系的机会，这实在有些苛求古人了。乾隆若真是这样的韬光养晦的隐忍性格，可能也很难取得他在位期间的诸多成就。

只能说，乾隆这一生造就清朝版图巅峰的同时，也注定会留有一些遗憾。

图书在版编目（CIP）数据

乾隆制造 / 李正著 . -- 长沙：岳麓书社，2024.
11. -- ISBN 978-7-5538-2156-6
Ⅰ . K249.09
中国国家版本馆 CIP 数据核字第 202436JP44 号

QIANLONG ZHIZAO

乾隆制造

著　　者：李　正
责任编辑：丁　利
监　　制：秦　青
特约编辑：列　夫　盛　柔
营销支持：杜　莎　kk
封面设计：X+1 的 X
版式设计：李　洁
内文排版：蚂蚁字坊
封面插图：台北故宫博物院藏
岳麓书社出版
地址：湖南省长沙市爱民路 47 号
直销电话：0731-88804152　88885616
邮编：410006
2024 年 11 月第 1 版　2024 年 11 月第 1 次印刷
开本：680×955　1/16
印张：24.5
字数：327 千字
书号：ISBN 978-7-5538-2156-6
定价：78.00 元
承印：北京嘉业印刷厂

若有质量问题，请致电质量监督电话：010-59096394
团购电话：010-59320018